edition lebensbilder

ISBN: 978-3-96337-009-0
Druck: edition lebensbilder, 2017
Die edition lebensbilder ist ein Imprint der Diplomica Verlag GmbH.

http://www.diplomica-verlag.de
Printed in Germany

Philipp Witkop

Leo Tolstoi

Biografie

lebens bilder

Leo Tolstoy

Dr. Karl Nötzel
und dem Andenken Sinaida Nötzels

Inhalt

Vorklang 9

Kindheit – Knabenalter – Jünglingsjahre 12

Der Morgen des Gutsherrn 36

Die Kosaken 45

Die Sewastopoler Erzählungen 56

Der Schneesturm – Eheglück 68

Albert – Luzern 77

Drei Tode 84

Polikuschka 92

Krieg und Frieden 102

Anna Karenina 129

Die Krise 155

Der Tod des Iwan Iljitsch – Das Leben – Der Herr und sein Knecht 181

Volkserzählungen 193

Volksdramen: Die Macht der Finsternis 200

Die Kreutzersonate – Der Teufel 210

Das Reich Gottes ist in Euch – Der junge Zar – Aufzeichnungen des Mönches Fedor Kusmytsch – Vater Sergius 220

Auferstehung 237

Hadschi Murat 248

Der lebende Leichnam 257

Und das Licht scheinet in der Finsternis 264

VORKLANG

„Einmal [1901] sah ich ihn" – so zeichnet Maxim Gorki Tolstoi in seinen „Erinnerungen" –, „wie ihn vielleicht keiner gesehen hat. Ich ging gerade die Küste [des Schwarzen Meeres] entlang zu ihm nach Gaspra, und hinter Jussupars Anwesen sah ich am Ufer zwischen den Steinen seine hagere, eckige Gestalt in einem grauen, zerknitterten, abgetragenen Rock und einem zerknüllten Hut. Er saß, den Kopf auf die Hände gelegt, der Wind blies ihm die Silberhaare seines Barts durch die Finger; er sah in die Ferne auf das Meer hinaus, und die kleinen, grünlichen Wellen rollten sich gehorsam zu seinen Füßen und streichelten sie, als wollten sie dem alten Magier etwas von sich erzählen. Es war ein sonniger, wolkiger Tag, und die Schatten der Wolken glitten über die Steine, und mit den Steinen erschien der alte Mann bald hell, bald dunkel. Die Steine waren groß, von Rissen gespalten und mit scharf riechendem Seegras bedeckt: die Flut war hochgegangen. Er auch erschien mir wie ein uralter, lebendig gewordener Stein, der Anfang und Ausgang aller Dinge weiß, und bedenkt, wann und wie das Ende der Steine, der Gräser, der Erde, der Wasser des Meeres, des ganzen Weltalls vom Sandkorn bis zur Sonne sein wird. Und das Meer ist ein Teil seiner Seele, und alles um ihn kommt von ihm, aus ihm. In der sinnenden Regungslosigkeit des alten Mannes empfand ich etwas Schicksalvolles, Magisches, etwas, das in die Dunkelheit unter ihm tauchte und wie ein Scheinwerfer in die blaue Leere über der Erde tastete, als wäre es sein konzentrierter Wille, was die Wellen zu ihm heranzöge und abstieße, was die Verwandlungen von Wolken und Schatten regierte, was die Steine zum Leben erweckte. Plötzlich in einem Augenblick der Entrücktheit fühlte ich: es ist möglich, er wird aufstehen, die Hand heben – und das Meer wird fest und gläsern werden, die Steine werden sich bewegen und rufen, alles um ihn wird lebendig werden, eine Stimme erhalten und jedes in seiner Sprache von sich, von ihm, zu ihm sprechen. Ich kann es nicht in Worten ausdrücken, was ich in jenem Augenblicke mehr fühlte als dachte; in meinem Herzen war Jubel und Furcht, und dann schmolz alles in einem einzigen seligen Gefühl: Ich bin nicht verwaist auf Erden, solange dieser Mann auf ihr lebt!“

Tolstois mythisches Bild: in legendärer Größe gibt es ihn, überpersönlich, Mensch gewordene Natur, Gott Pan – aber nicht der Pan der Antike: ein alt gewordener Pan, umwittert von Geheimnissen, in dem nicht nur die Schönheit und Fülle der Erde Gestalt gewonnen, sondern auch die dunklen Kräfte, die in ihren Tiefen wirken, auch die kosmischen Rätsel, die sie umbrauen.

Und dies Bild ist den wirklichen Bildern des Achtzigjährigen wesenseins: auch da die Antlitz gewordene Natur, ein Bauerngesicht von urwüchsiger Einfalt, Schwere und Größe: Steppen, Wälder und Meere, die menschliche Züge angenommen haben – aber dahinter dunkeln, fragen, bohren zwei Augen, die in diese Urnatur alles Weh und Wissen, alle metaphysische Einsamkeit der Menschenseele tragen.

Einmal noch wollte sich uns Erdentrissenen, Überbewußten in Tolstoi und seinen Dichtungen die Natur offenbaren. – „Ohne falsche Bescheidenheit," hat er selbst von „Krieg und Frieden" gesagt, „es ist wie die Ilias" – aber wenn sie diesen Dichter nicht mehr im zersetzten Europa, nur im europäischen Rußland zu wecken vermochte, den Hauch asiatischer Steppen ihm einblies, so stellte sie ihn damit auch in eine Welt, die mehr als jede andere zerrissen war, in den Zwiespalt von ungebändigter Natur und fremd übernommener Geistigkeit, von Leibeigenschaft und Zivilisation, von orthodoxer Gläubigkeit und radikalem Marxismus. Nirgendwo klafften die Gegensätze unseres Lebens weiter und brückenloser. Und der Dichter, der berufen war, die alte Kraft und Schönheit der Natur zu künden – und in vielen seiner Dichtungen sie noch einmal unvergänglich gebildet hat –, wurde so aus ihrer Einheit und Liebe hinausgestoßen in den Kampf zwischen Natur und Geist, Volk und Individuum, Körper und Seele, Welt und Gott. Nie ist dieser Kampf erschütternder, größer, heiliger ausgefochten und gestaltet worden.

Kindheit – Knabenalter – Jünglingsjahre

Graf Lew Nikolajewitsch Tolstoi – geboren am 28. August, nach unserer Zeitrechnung am 9. September 1828, unweit Tula in Jasnaja Poljana (zu deutsch: Lichte Waldwiese) – war durch Vater und Mutter alten, vornehmen Adelsgeschlechtern verbunden: den Tolstois und Wolkonskijs, und durch sie der maßlosen Natur, der leid- und schuldvollen Geschichte seines Landes. Bis auf das Jahr 1353 führen die Tolstois – nicht ohne Protest des Grafen Leo – ihr Geschlecht zurück; damals sei ihr Vorfahr Indris mit zwei Söhnen und dreitausend Mann von Deutschland nach Tschernigow eingewandert, zur orthodoxen Kirche übergetreten und auf den Namen Leonti getauft worden. Sein Urenkel übersiedelte nach Moskau und erhielt vom Großfürsten Wasili den Beinamen Tolstoi, das heißt: der Dicke. 1724 wurde dem Geschlecht der Grafentitel verliehen mit Peter Andrejewitsch Tolstoi, der unter Peter dem Großen eine bedeutende und bedenkliche Rolle spielte. Er war es, der Peters geflüchteten Sohn Alexej im Kastell San Elmo bei Neapel auffand und mit falschen Versprechungen zur Rückkehr bewog, um dann an seiner Verurteilung und heimlichen Hinrichtung mitzuwirken. Ein Tagebuch seiner westeuropäischen Reise (1697–1699), seine Beschreibung des Schwarzen Meeres, seine Übersetzung der Metamorphosen Ovids und seine „Verwaltung des türkischen Reiches" führen die Tolstois in das aufkeimende literarische Leben Rußlands ein. Tolstois Vater machte als siebzehnjähriger den Feldzug von 1812 mit und geriet 1814 in französische Gefangenschaft. Aus den Schulden, die ihm sein verschwenderischer und vertrauensseliger Vater, der Gouverneur von Kasan, hinterlassen, rettete er sich durch eine Heirat mit der reichen Fürstin Marie Wolkonskij, die ihr Geschlecht bis auf Rurik zurückführte. Auf ihrem väterlichen Stammgut Jasnaja Poljana lebten sie neun Jahre ein stilles, glückliches Eheleben, dem fünf Kinder entsprossen, vier Söhne und eine Tochter; die Geburt der Tochter nahm der Mutter das Leben, als Leo, der jüngste der Söhne, erst anderthalb Jahre alt war. Die Mutter war von ungewöhnlicher Geistes- und Herzensbildung, beherrschte die französische, deutsche, englische und italienische Sprache, spielte vorzüglich Klavier und galt als unerschöpfliche Märchenerzählerin. Ein Hauch von Schwermut und Reinheit umschwebte die Schlichte, Gütige, Seelenvolle, deren erster frühgeliebter Bräutigam kurz vor der Hochzeit gestorben war, und die an der Seite des unbedeutenderen, aber liebenswürdigen, sanguinischen Gatten in der Sorge und Liebe zu ihren Kindern aufging, von denen sie Leo, ihren „kleinen Benjamin", besonders ins Herz schloß. „Sie war für mich", so endet dieser seine Erinnerungen an die Frühgestorbene, „stets ein so hohes, reines geistiges Wesen, daß ich in der mittleren Periode meines Lebens oft im Kampf mit den übermächtigen Versuchungen zu ihrer Seele betete und sie um Beistand bat, und nie ist dieses Gebet vergeblich gewesen."

Eine entfernte Verwandte, „Tantchen" Tatjana Alexandrowna Jergolskij, die als Waise im Hause von Tolstois Großmutter aufgewachsen war und ihre frühe Liebe zu Tolstois Vater geopfert hatte, um der reichen Heirat und der Gesundung seiner zerrütteten Vermögensverhältnisse nicht im Wege zu stehen, nahm in selbstloser, treuer Liebe die Erziehung der verwaisten Kinder auf sich.

Im Herbst 1836 siedelte man zur Ausbildung der beiden ältesten Söhne nach Moskau über, aber im Sommer darauf starb der Vater plötzlich auf einer Geschäftsreise in Tula, seine Mutter folgte ihm aus Kummer nach wenigen Monaten, und die drei jüngeren Kinder kehrten mit „Tantchen" nach Jasnaja Poljana zurück. Zum Vormund wurde die älteste Schwester des Vaters bestellt, die Gräfin Alexandra Iljinischna Osten-Sacken, schon im Herbst 1841 starb sie, und ihre jüngere Schwester Pelagea Iljinischna Juschkoff in Kasan übernahm die Vormundschaft. Im Hause dieser Tante zu Kasan verbrachte Tolstoi sein dreizehntes bis sechzehntes Lebensjahr: 1841 bis 1844.

Das stille Landleben zwischen den Wiesen, Wäldern und Hügeln Jasnaja Poljanas hat Tolstois Kindheit der Natur und dem Volke verbunden. Und sein Vater, dieser lebhafte, liebenswürdige Sanguiniker mit den immer schwermütigen Augen, war ihm darin eins. „Am deutlichsten erinnere ich mich seiner bei der Hetzjagd. Ich erinnere mich, wie es war, wenn er zur Jagd ausritt. Es schien mir später immer, als habe

Puschkin seinen Ausritt des Ehemannes zur Jagd in ‚Graf Nulin' nach diesem Vorbild geschrieben. Ich weiß, wie wir mit ihm spazierengingen und wie die jungen Windhunde, die mitgelaufen waren, übermütig durch die ungemähten Wiesen um uns her sprangen, deren hohes Gras sie peitschte und am Bauche kitzelte, und wie der Vater sich über sie freute. Ich weiß, wie wir am Jagdfeiertag, dem 1. September, alle in der Linejka zum Walde fuhren, wo ein Fuchs versteckt war und wie die Meute ihn verfolgte und wie irgendwo – wo, sahen wir nicht mehr – die Windhunde ihn fingen. Besonders deutlich erinnere ich mich einer Wolfshetze, dicht bei unserem Hause …"

Die Jagd, der Urtrieb des Nomaden, war Tolstois stärkste und längste Leidenschaft. Noch vom achtzigjährigen, der aus religiöser Liebe zu allen Geschöpfen der Jagd und der Fleischkost entsagt hatte, erzählt Maxim Gorki: „Plötzlich sprang vor unseren Füßen ein Hase auf. Lew Nikolajewitsch schnellte aufgeregt empor, sein Gesicht erhellte sich, und er ließ einen Jagdruf hören wie ein richtiger alter Sportsmann. Dann sah er mich mit einem neugierigen Lächeln an und lachte herzlich und menschlich. Er war bezaubernd in diesem Augenblick."

Wie im Kräftespiel und -kampf ist er der Natur auch in Liebe und Hingabe immer neu verbunden. Sie erlöst ihn von seinem Sonderdasein, das ihn oft befremdet und belastet: „Mehr als alles andre gibt die Natur jenes höchste Entzücken im Leben: Vergessen der eigenen, unerträglichen Persönlichkeit. Man fühlt sein Leben nicht mehr, es gibt weder Vergangenheit noch Zukunft, nur die Eine Gegenwart spult sich leise fließend ab und verschwindet wie ein Knäuel" (an

Gräfin A. A. Tolstoi, Mai 1857). „Ich liebe die Natur, wenn sie mich von allen Seiten umgibt,“ so schildert er 1857 sehnsüchtig von der Schweiz aus die Stunden heimischer Naturversunkenheit, „wenn mich von allen Seiten die warme Luft einhüllt, die sich in der unendlichen Weite ausbreitet, wenn dieses nämliche fette Gras, das ich beim Lagern niedergedrückt habe, die endlosen Felder begrünt, wenn diese nämlichen Blätter, vom Windhauch bewegt, mein Gesicht beschatten, die das dunkle Blau des fernen Waldes bilden, wenn diese nämliche Luft, die ich atme, den hellblauen Grund des unendlichen Himmels füllt, wenn nicht ich allein die Natur genieße, wenn rings um mich Millionen von Insekten surren und schwirren und die Vögel singen. Der höchste Naturgenuß ist mir, wenn ich mich an allem teilhaben fühle.“

Bis in den Blut- und Kraft-Umlauf geht Tolstois Einheit mit der Natur: im Frühling fühlt er sich wie neugeboren, fühlt er bis in Seelentiefen „eine innere Wandlung, eine Reinigung, einen Prozeß, den niemand begreifen kann, der das nicht selbst empfunden hat“ (an Gräfin A. A. Tolstoi, April 1858). „Seit ich begonnen habe, ein unabhängiges Leben zu führen, hat das Frühjahr stets die Neigung zum Guten in mir erweckt … stets ist es der Winter, der mich zu Fall bringt“ (8. März 1851). „März und April“, schreibt er dem Freunde Feth, „sind für mich die besten Arbeitsmonate“ (23. März 1877). Im Spätherbst verstummt er, erstarrt er: „Es ist für mich die toteste Jahreszeit, ich denke nicht, ich schreibe nicht, ich fühle mich angenehm verblödet“ (21. Oktober 1869).

Zur Natur gehört das Volk, zumal das russische. Und wie der Natur, so ist Tolstoi dem Volke eins und treu gewesen sein Leben lang. Immer tiefer hat er es geliebt, gedeutet, gestaltet, zum Vorbild erhöht, hat er auch in ihm „Vergessen der eigenen, unerträglichen Persönlichkeit“ gesucht und gefunden. Und trotz der Leibeigenschaft hat Jasnaja Poljana seiner Kindheit den Zusammenhang mit dem Volke zuerst gegeben. Da war das Haus- und Hofgesinde, mit der natürlichen Liebe, dem angeborenen Verständnis des einfachen Russen für die ihm verwandte Kinderseele, da waren die Bauern des Dorfes, da waren die „Pilger, Gottesnarren, Mönche und Armen, von denen einige immer bei uns im Hause lebten, andere die Tante (Alexandra Iljinischna) nur besuchten“. Einen langen Stab in der Hand, ein blechernes Trinkgefäß am Gürtel, den Sack auf dem Rücken, zogen sie im groben Gewand von einem Wallfahrtsort zum andern. „Gottesleute verkehrten viele und von mancherlei Art in unserem Hause, und ich gewöhnte mich daran – und ich bin tief dankbar dafür meinen Erziehern – mit großer Achtung auf sie zu schauen … Die eigentliche Aufgabe ihres Lebens war – wenn auch in praktischer Hinsicht töricht – eine so hohe, daß ich froh bin, von Kindheit an die Höhe ihres Tuns unbewußt begriffen zu haben … Auch einen wirklichen Idioten habe ich als Knaben gekannt, den Gärtnergehilfen Akim, und es hat großen Eindruck auf mich gemacht, wie der betete und mit Gott wie mit einem lebendigen Wesen verkehrte: ‚Du bist mein Arzt, du bist mein Apotheker‘ sprach er mit eindringlicher Stimme, und dann sang er Verse vom Jüngsten Gericht, wie Gott die Sünder von den Gerechten scheidet und ihnen gelben Sand in die Augen streut.“

Diese unbedingt russische Gläubigkeit ist es, die auch den Seelen der Ärmsten und Leibeigenen die Freiheit, Würde, Gotteskindschaft wahrt, so wie die russische Kirche sich unter dem Tartarenjoch 1224–1480 und der Zarendespotie bewahrt hat, weil ihr Reich nicht von dieser Welt ist, weil sie um die irdische Lebensgestaltung, selbst um die Schule sich nicht kümmert und sich nur das Reich der Seele vorbehält. Sie ist es, die Bildungs- und Standesunterschiede mildert und aus Knechtung und Roheit immer wieder die metaphysische Brüderlichkeit des Menschen aufleuchten läßt. Jenseits des aristokratischen, rein philosophischen Elementes in der römischen Kirche wurzelt die griechische Kirche – platonischen und plotinischen Überlieferungen eins – im Gefühl, im Glauben, im Bild, und bleibt so im Kern dem Volke nah. Ihre Zeremonien, Bilder, Legenden, die Gleichnisse und Erzählungen der Evangelien übernimmt die Anschauungsfreude des Volkes und bildet sie weiter. Kirchen- und Volksdichtung reihen sich zu jenen Zeugnissen, die der reife Tolstoi „als die höchste Kunst" preist: „das Epos der Bibel, die Gleichnisse des Evangeliums, die Volkslegende, das Märchen, das Volkslied" („Was ist Kunst?").

Einen mythischen Träger der Volksdichtung schildern Tolstois Erinnerungen in dem leibeigenen, blinden Greis, der – nur zum Erzählen von Märchen gekauft – der Großmutter die schlaflosen Nächte vertreibt. „So sehr war ich überwältigt durch Großmutters geheimnisvoll weißes Aussehen (sie lag ganz weiß, in Weiß, auf Weiß, und weiß zugedeckt hoch in den Kissen), ihren auf der Wand hin und her schwankenden Schatten und den Greis mit den weißen Augen, wie er reglos auf dem Fensterbrett saß und mit langsamer Stimme seltsame, mir feierlich erscheinende Worte sprach, die eintönig in dem halbdunklen, nur durch das Öllämpchen erleuchteten Zimmer hallten."

So zeigten sich Tolstois Kindheit Natur, Volk und Gott in gewachsener Einheit. Und so lebt sie in ihm weiter als Sehnsucht und Erinnerung. „Ich kann mich nicht losreißen von der Kindheit, der lichten, lieblichen, poetischen, von Liebe erfüllten, geheimnisvollen Kindheit“, schreibt der Fünfundsiebzigjährige, der auf sein Leben zurückblickt.

In kindlichen Spielen löste sich den Geschwistern der Zwieklang der Menschen: „Eines Tages erklärte uns Nikolai, er wisse ein Geheimnis, durch dessen Enthüllung alle Menschen glücklich werden könnten; niemand mehr würde seinem Nächsten zürnen, alle einander lieben und ‚Ameisenbrüder‘ werden (Nikolai meinte wohl die ‚Mährischen Brüder‘, von denen er gehört oder gelesen haben mochte, wir aber dachten an das Wort ‚murawej‘ – Ameise – und sagten ‚Ameisenbrüder‘) … Wir ersannen uns ein Ameisenbrüder-Spiel, das darin bestand, daß wir uns unter Stühle setzten, sie mit Schubladen verstellten, mit Tüchern behingen und dort, eng aneinandergeschmiegt, in der Dunkelheit saßen. Ich entsinne mich, dabei ein ganz besonderes Gefühl der Liebe und Rührung empfunden zu haben, und ich liebte dieses Spiel sehr.“ In geheimnisvollen Märchensymbolen ward ihnen die Welt vollkommen: „Wie man es anfangen müsse, daß die Menschen kein Unglück mehr kennten, sich nicht mehr streiten oder ärgern sollten, sondern immer glücklich sein, dies Geheimnis, so sagte uns Nikolai, sei von ihm auf ein grünes Stäbchen geschrieben, und dieses Stäbchen sei eingegraben am Wege, am Rande des Abhangs beim alten ‚Sakas‘ an dem Orte, an welchem ich – da man nun doch einmal irgendwo meinen Leichnam begraben muß – bestattet zu werden wünsche zum Gedächtnis an Nikolai.“

Und das ist denn auch geschehen: Der greise Prophet und Dichter ruht neben dem grünen Stäbchen, dessen Geheimnis er sein ganzes Leben gesucht hat, gewiß, „daß es diese Wahrheit gibt und daß sie den Menschen enthüllt werden wird und daß sie ihnen bringen wird, was sie verheißt."

Aber in die harmonischen Erlebnisse und Spiele dieser Kindheit brachen die Dissonanzen des russischen Lebens. Die Leibeigenschaft, die diese gutmütigen, ja oft gütigen Diener und Bauern, diese Brüder in Christo prügelte, verschenkte und verkaufte, enthüllte sich ihr. Tolstois Erinnerungen zeichnen, wie er – nach dem Tode des immer milden Vaters – eines Tages dem geliebten Kutscher begegnet, der zur Prügelstrafe geführt wird („ich kann das Gefühl des Schreckens kaum beschreiben, das mich befiel, als ich den gutmütigen und betrübten Kusma ansah"), oder wie er einen Gutsnachbarn, einen gutmütigen, lieben Menschen, so obenhin erzählen hört, er habe seinen Kutscher unter die Soldaten gesteckt, weil er in der Fastenzeit Fleisch gegessen habe.

Gäste, die zu Besuch kommen, eigene Besuche und Reisen, schließlich die Übersiedlung nach Kasan führten den Knaben aus der Sphäre des ländlichen Lebens in die der Gesellschaft, in die übernommene Sprache, Sitte, Tänze und Literatur Frankreichs, in die vielfach schon zersetzten, leeren Formen einer Ausgangskultur, die der jungen Urnatur des Russentums nicht entsprach. Das Ideal des „comme il faut" gewinnt im Ehrgeiz des Knaben und Jünglings Raum, „dieser verderblichste und verlogenste Begriff in meinem Leben, den Erziehung und Gesellschaft in mir großgezogen". „Es ist seltsam, daß bei mir, der ich von Natur durchaus unfähig zum comme il faut war, dieser Begriff eine so große Rolle spielte" („Jünglingsjahre").

Französische Romane gaben den Jünglingsträumen des müßig Schlendernden Nahrung und Richtung. Aber „wenn ich bei solchen Spaziergängen Bauern oder Bäuerinnen auf dem Felde traf, so empfand ich immer eine unbewußte, heftige Verlegenheit und gab mir Mühe, von ihnen nicht gesehen zu werden" („Jünglingsjahre").

Solche Dissonanzen treiben Tolstoi früh aus der unbewußten, kindlich-naturhaften Einheit mit der Umwelt in Bewußtheit, Beobachtung und Kritik, zumal auch die Grunddissonanz des Lebens, der Tod, im Tod der Mutter, des Vaters, der Großmutter ihm vorzeitig entgegenschrillt. Schon als Knabe verliert er sich in einen „Skeptizismus, der mich eine Zeitlang in einen dem Wahnsinn nahen Zustand versetzte. Ich bildete mir ein, es gebe außer mir niemand und nichts in der ganzen Welt, die Dinge wären keine Dinge, sondern Bilder, die nur dann erscheinen, wenn ich sie beachte, und die sofort verschwinden, wenn ich aufhöre, an sie zu denken ... Es gab Augenblicke, wo ich den Wahnsinn so weit trieb, daß ich mich schnell umsah, in der Hoffnung, plötzlich das Nichts dort vorzufinden, wo ich nicht war" („Knabenalter").

„Mein schwacher Geist konnte nicht in das Undurchdringliche dringen, und von der übermäßigen Anstrengung verlor ich nach und nach die Überzeugungen, die ich um meines Lebensglückes willen nie hätte antasten dürfen."

„Aus dieser ganzen schweren Denkarbeit trug ich nichts davon als eine gewisse Biegsamkeit des Geistes, die meine Willenskraft schwächte, und die

Gewohnheit ständiger Analyse, die mir die Frische des Empfindens und die Klarheit des Verstandes raubte" („Knabenalter").

In diesem Zwiespalt entdeckt er Rousseau und in ihm sein Evangelium. „Ich empfand für ihn mehr als Enthusiasmus, ich betete ihn an. Mit fünfzehn Jahren trug ich an Stelle des gewohnten Kreuzes ein Medaillon mit seinem Bilde um den Hals" (Unterhaltungen mit Paul Boyer, Le Temps, 28. August 1901). Die Natur in ihm stellt sich an Rousseaus Seite gegen die Gesellschaft, gegen die Leere und Lüge der Zivilisation. In der sentimentalen Natursehnsucht des Genfer Psychopathen wird die naive Urnatur des Russen sich ihrer Kraft und Notwendigkeit bewußt. Tolstois erste philosophische Versuche (1846–1847) sind Erläuterungen zu Rousseaus „Discours".

Der Eintritt des Sechzehnjährigen in die Universität Kasan (Herbst 1844) als Student der orientalischen Sprachen konnte diesen Problemen keine Klärung bringen. „Was unsere Professoren in Kasan vortrugen, vermochte mich nur wenig zu interessieren" (zu R. Löwenfeld). Er höhnte über die „Anhäufung von Fabeln und nutzlosen Einzelheiten, mit einer Menge unnötiger Daten und Eigennamen vermischt", die ihnen als „die Geschichte" vorgetragen wurden (zu Nasarjew), er spottete über den „Tempel der Wissenschaft". „Was werden wir aus diesem Tempel mit uns nehmen, wenn wir auf das Land zurückkehren? Was werden wir dann mit uns anzufangen wissen?"

Was galten ihm die Tatsachen und ihre Zusammenhänge, die ganze Welt des Seins, die allein die Wissenschaft vermitteln kann! Ihn verlangte nach der

Welt des Sollens, nach Lebensgesetzen und -richtungen, die nur das unbedingte Gefühl, der Glaube nur zu geben vermögen.

„Der in meiner Jugend eingeflößte Glaube entschwand mir langsam. Mit fünfzehn Jahren hatte ich philosophische Werke zu lesen begonnen. Von meinem sechzehnten Lebensjahre an hörte ich auf zu beten, dem Gottesdienst mit Überzeugung beizuwohnen oder zu fasten.“

„Ich gab mich nicht mehr mit meinem Kinderglauben zufrieden, sondern hatte einen unbestimmten Glauben an Etwas, wenngleich ich mir nicht darüber klar war, was dieses Etwas sei. Ich glaubte an einen Gott, oder vielmehr ich leugnete das Vorhandensein eines Gottes nicht, wäre jedoch nicht imstande gewesen, die Natur der Gottheit näher in Worte zu fassen; ich verleugnete weder Christus noch seine Lehre. Worin seine Lehre bestand, hätte ich jedoch nicht zu sagen gewußt.“

„Wenn ich heute an diese Zeit zurückdenke, sehe ich klar, daß alles, was ich je an Religion besaß, der einzige Glaube, der mein Leben lenkte, das Vertrauen in die Möglichkeit der Vollkommenheit war … Ich trachtete, in intellektuellen Fähigkeiten Vollkommenheit zu erlangen; ich dehnte meine Studien auf alles aus, womit mich mein Leben in Berührung brachte; ich strebte meine Willenskraft zu stärken, indem ich mir selbst Gebote gab; ich tat mein Bestes, meine Körperkraft zu entwickeln durch jede Übung, die diese erhöhen und verfeinern konnte; ich setzte mich selbst freiwilligen Prüfungen und Entbehrungen aus, um mich an Ausdauer und Entsagung zu gewöhnen. All dies erschien mir nötig, um die Vollkommenheit, nach der ich strebte, zu erreichen. Zuerst erschien mir selbstverständlich die seelische Vollkommenheit als der vornehmste Zweck, bald aber ertappte ich mich dabei, daß ich in ihr nur ein Ideal konventioneller Vollkommenheit suchte, in anderen Worten: ich wollte wohl besser sein, doch nicht in meinen Augen, noch in jenen Gottes, sondern in den Augen der anderen Menschen. Dieses Gefühl führte bald zu einem anderen: dem Wunsche, mehr Macht zu besitzen als andere, mir einen größeren Anteil an Ruhm, sozialer Stellung und Reichtum zu sichern" („Wie ich gläubig wurde").

Jugend und Ehrgeiz Tolstois schienen in der Kasaner Gesellschaft aufzugehen. Er führte ein „müßiges, dem Luxus ergebenes, doch nicht lasterhaftes Leben". Im Hause des Gouverneurs, des Adelsmarschalls, im Institut für adelige Töchter war der Enkel des einstigen Gouverneurs von Kasan willkommen. Bälle, Maskeraden, lebende Bilder, Konzerte jagten sich. Nur eine gewisse Eckigkeit und Verlegenheit ließ ahnen, daß er sich nicht wohl fühlte in der Rolle, die er da spielte. Und in Stunden der Einkehr und Selbstbeobachtung stellte er hart und ehrlich fest: „Mein Äußeres war nicht nur nicht hübsch, ich konnte mich nicht einmal trösten mit den sonst üblichen Ausflüchten: ich konnte nicht sagen, daß ich ein ausdrucksvolles, kluges oder edles Gesicht mein eigen nenne ... Mein Gesicht war das eines gewöhnlichen Bauern, und besonders große Füße und Hände hatte ich."

Es ist begreiflich, daß die erste Halbjahrsprüfung der Universität ein kärgliches, die zweite ein ungenügendes Ergebnis brachte. Um nicht den ganzen Kurs wiederholen zu müssen, trat Tolstoi in die juristische

Fakultät über. Hier widmete er sich dem Studium ein wenig ernster, besonders fesselte ihn eine Aufgabe des Zivilrechtlers Prof. Meyer: die Vergleichung von Montesquieus „Esprit des lois“ mit der „Instruktion“ Katharinas II., dieser Zarin, die mit den französischen Enzyklopädisten geistvolle Briefe wechselte, für die Menschenrechte schwärmte und 1762 die volle Leibeigenschaft durchführte. Auch in ihrer „Instruktion“ fand Tolstoi diese Unwahrheit, „zwei verschiedene, einander widerstreitende Tendenzen: den revolutionären Geist, unter dessen Einfluß damals ganz Europa stand, und den Geist des Despotismus, von dem sich loszusagen, ihre Eitelkeit ihr nicht erlaubte“ (Tagebuch März 1847). Der Einblick in diese Verlogenheit der russischen Regierung öffnete dem – bis dahin politisch unkritischen – konservativen Grafen „eine neue Sphäre unabhängiger geistiger Arbeit, der die Universität nicht nur nicht günstig, sondern direkt hinderlich war“ (Randbemerkung Tolstois zu Birjukows Biographie).

Eine Krankheit, die ihn im März 1847 in das Hospital zu Kasan führte, mag die Selbsteinkehr und -umkehr Tolstois gefördert haben. Am 12. April 1847 reichte er bei der Universität sein Entlassungsgesuch ein. Am 17. April schreibt er in sein Tagebuch: „In meinem Leben muß eine Veränderung eintreten, doch nicht die äußeren Umstände – meine Seele ist es, die sie bewirken muß.“

Zur dichterischen Darstellung dieser Werdezeit gelangt Tolstoi erst in den Jahren 1852, 1854 und 1855–1857 mit den autobiographischen Werken „Kindheit“, „Knabenalter“, „Jünglingsjahre“, denen noch

„Mannesjahre“ folgen sollten, um so „Die Lebensalter“ musterhaft zu gestalten. Einen Beitrag zu den „Mannesjahren“ bildet „Der Morgen des Gutsherrn“ mit seinem Untertitel „Bruchstücke eines unvollendeten Romans: Der russische Gutsherr“. Nur diesen problematischen Ausschnitt aus einem Mannesalter vermochte Tolstoi zu geben, weil auch sein Leben erst diesen Ausschnitt gesichtet und – nicht bewältigt hatte.

Und eben das, was die Vollendung des letzten Teiles hemmte, stand der Vollkommenheit der ersten im Wege. Der Vier-, Sechs- und Siebenundzwanzigjährige stand noch in, nicht über dieser Entwicklung. Seine autobiographische Darstellung verharrt – bei geringen Umbildungen zumeist in der Darstellung der Eltern – in ihrem engsten Kreis, ihrer nächsten Umwelt, bei Eltern und Geschwistern, Gästen, Freunden und Gesinde. Sie sieht diese Umwelt noch nicht in ihren weiteren kulturellen, politischen, sozialen und geschichtlichen Zusammenhängen. Nur in der sehr bedeutsamen, wahren und gerechten Schilderung der proletarischen Studenten wächst sie darüber hinaus. So weitet sich die Lebenslinie nicht von der Kindheit zu den Jünglingsjahren in konzentrischem, spiralem Aufstieg, sondern die Menschen und Bilder folgen sich im bloßen biographischen Neben- und Nacheinander. Goethes „Dichtung und Wahrheit“ zeigt – aus der überlegenen Schau des reifen Dichters gestaltet – das Gegenteil.

Alle Naturbilder und -szenen sind mit unerhörter Unmittelbarkeit, Eindringlichkeit und Sinnenfülle gestaltet. Hier spürt man den kommenden großen Epiker, den sinnenfreudigsten und sinnenstärksten der neueren Zeit. Man sieht und hört nicht nur, man riecht, schmeckt, tastet diese Naturvorgänge. Rund stehen die Menschen, Tiere und Pflanzen da, und alle sind umwittert von Atmosphäre. Da ist in der „Kindheit“ das Kapitel „Die Jagd“, das Vorspiel zu den stofflich gleichen Meisterkapiteln von „Krieg und Frieden“ und „Anna Karenina“, da ist das erste Kapitel der „Knabenalter“, „Die Reise“ nach Moskau. Wie gibt es den Reisetag in aller Sinnenfülle! Augen, Ohren, Nase, Zunge, Haut und Nerven leben ihn mit. Nichts ist Beobachtung, alles ist Erlebnis, nichts steht vereinzelt, alles geht ein in das große, atmosphärische Leben und Weben der Natur.

Und dann das Glanzstück, die Meisterprobe des fünfundzwanzigjährigen Dichters: „Das Gewitter“. Man kann in der Weltliteratur nach Ähnlichem suchen. Ein üblicher Naturvorgang, gespiegelt in einer Knabenseele – nichts weiter! Aber mit welcher genialen Spannung, Steigerung, Gipfelung, Entfesselung, Lösung und Beruhigung ist das gestaltet! Wie wird das vorbereitet von der nebeligen Frühe des Reisetages durch die Morgenwärme zur Mittagshitze und Nachmittagsschwüle. Die Kutscher dösen schwarzverstaubten Gesichts. Zerstreute Wölkchen ballen sich zur Wolke, ferne Blitze zucken, ferne Donner rollen, „die Kutscher ziehen die Leibröcke an, und bei jedem Donnerschlag nehmen sie die Mütze ab und bekreuzen sich. Die Pferde spitzen die Ohren, blähen die Nüstern, als schnupperten sie die frische Luft, die mit der heraufziehenden Wolke sich verbreitet, und schneller rollt der Wagen die staubige Landstraße entlang. Mir wird es unbehaglich, und ich fühle mein Blut schneller durch die Adern rinnen. Doch schon beginnen die vordersten Wolken die Sonne zu decken; nun blickt sie zum letzten Male zwischen ihnen hindurch, beleuchtet die schauerlich finstere Hälfte des Horizonts und verschwindet. Die ganze Umgebung ist plötzlich verändert und hat ein düsteres Aussehen. Der Espenhain erzittert, die Blätter nehmen eine weißlich-trübe Färbung an, die sich scharf gegen den lila Hintergrund der Wolke abzeichnet, sie rauschen und beben; die Gipfel der großen Birken beginnen zu schwanken, Büschel dürren Grases werden über die Straße geweht. Weißbrüstige und Ufer-Schwalben streichen rund um den Wagen und fliegen dicht vor den Pferden vorbei, als wollten sie uns aufhalten; die Saatkrähen fliegen mit struppigen Federn seitlich gegen den Wind; die Ränder der ledernen Wagendecke, in die wir eingeknöpft sind, beginnen sich zu heben, lassen die feuchten Windstöße zu uns hinein und schlagen flatternd gegen den Kasten des Wagens. Der Blitz zuckt so nah, als sei er im Wagen selbst, blendet die Augen und beleuchtet für einige Sekunden das graue Tuch, die Borten und die in die Ecke gedrückte Gestalt Wolodjas. Im gleichen Augenblick ertönt dicht über unseren Häuptern ein mächtiger Donnerschlag, der, wie in einer gewaltigen Spirale immer höher und höher steigend, gleichmäßig anwächst und in ein betäubendes Geknatter übergeht, das einen unwillkürlich erzittern und den Atem anhalten läßt. Gottes Zorn!" – Hier scheint die Höhe der Schilderung erreicht, aber die meisterliche Gipfelung folgt erst: während der Wagen vor dem Gewitter in Angst und Flucht davonjagt, reißt mitten auf einer Holzbrücke ein Strangholz ab. Mitten auf einer Brücke müssen sie halten unter unaufhörlichen, betäubenden Donnerschlägen. Mit dikken schwärzlichen Fingern knüpft der Kutscher die

Schlinge. Stärker wird das Gewitter, und vor dem Augenblick seiner letzten Entfesselung, der letzten großen Stille haben die Gefühle quälender, banger Unruhe „einen solchen Grad erreicht, daß ich, wenn dieser Zustand noch eine Viertelstunde länger währte, – so glaube ich fest, vor Aufregung sterben müßte".

„In diesem Augenblicke tauchte unter der Brücke eine nur mit einem durchlöcherten Hemd bekleidete menschliche Gestalt auf, mit verquollenem, blödem Gesicht, wackelndem, kurzgeschorenem Schädel, krummen Beinen ohne Muskeln und einem rohen glänzenden Stumpf statt einer Hand, den er gerade in den Wagen hineinsteckte: ‚Ge – e – e – bt einem A – a – r – men was, um Chri – i – sti wi – i – llen!' tönt eine jammernde Stimme; der Bettler bekreuzt sich bei jedem Wort und neigt sich bis zur Erde. – Ich kann das Gefühl kalten Schauders, das mich überläuft, nicht beschreiben. Ich spüre es bis an die Haarwurzeln; meine Augen sind in sinnloser Angst starr auf den Bettler gerichtet …"

Sinnlichste Gegenständlichkeit, innerste Stimmungsgewalt, überlegene Rhythmik durchdringen sich. Dieser große Realist ist – in seltener Einheit – zugleich eine musikalische Urnatur; die Stimmungs- und Baukraft russischer Volkslieder und Kirchenchöre eignen ihm. In ebenso reicher Skala, wie sich die Symphonie dieses Gewitters dunkel geballt hat, löst und lichtet sie sich. „… Ich empfinde ein unaussprechlich schönes Gefühl der Hoffnung auf Leben, dem das schwere Angstgefühl rasch Platz gemacht hat. Meine Seele lächelt ebenso wie die er- frischte, froh gewordene Natur. Wassili klappt den Mantelkragen zurück und nimmt die Mütze ab, um sie auszuschütteln; Wolodja schlägt die Decke zurück; ich beuge mich aus dem Wagen und atme gierig die erfrischte, duftende Luft ein. Der blanke, frischgewaschene Kutschkasten mit den draufgepackten und angebundenen Koffern schwankt vor uns her; die Pferderücken, Stränge, Zügel, der Beschlag der Räder, alles ist naß und glänzt in der Sonne wie lackiert. Auf der einen Seite des Weges breitet sich ein unübersehbares Feld mit Wintersaat aus, hier und da von flachen Senkungen unterbrochen, es glänzt von frischem Grün und feuchter Erde und zieht sich wie ein dunkler Teppich bis an den Horizont; auf der anderen Seite ist ein Espenwäldchen mit Haselsträuchern und Traubelkirschen als Unterholz; es steht arglos da, wie von einem Übermaß von Glück überwältigt, und streut langsam die schimmernden Regentropfen auf das dürre Laub vom vergangenen Jahr. Überall steigen fröhlich singende Haubenlerchen auf und lassen sich rasch wieder zur Erde fallen; im nassen Gesträuch hört man das geschäftige Zwitschern und Flattern der kleinen Vögel, und aus der Tiefe des Waldes tönt deutlich der Kuckucksruf."

„So bezaubernd ist diese herrliche Waldesluft nach dem Frühlingsregen, der Duft von Birken, Veilchen, Morcheln, Faulbaumblüten, daß ich es im Wagen nicht länger aushalte, vom Trittbrett springe, zu den Büschen laufe und, obgleich ich mit Regentropfen überschüttet werde, ein paar feuchte Blütenzweige vom Faulbaum abreiße, mich damit ins Gesicht schlage und den herrlichen Duft einatme. Ohne darauf zu achten, daß an meinen Stiefeln große Lehmklumpen kleben und meine Strümpfe längst naß sind, laufe ich, durch den Schmutz patschend, zum Kutschenfenster hinüber: ‚Liubotschka! Katenka!‘ schreie ich, einige Zweige hineinreichend, ‚seht nur, wie schön!‘ Die Mädchen quieken und rufen Ach und Oh; Mimi schreit, ich solle mich davonmachen, sonst würde ich bestimmt überfahren. ‚Riech doch nur, wie es duftet‘ schreie ich …“

Dieser genialen Naturschilderung der „Knabenalter“ – der in den „Jünglingsjahren“ „Der Frühling“ des 2. und die Mondnacht des 32. Kapitels nahekommt – steht als zweiter Höhepunkt der „Lebensalter“ eine Volksschilderung gegenüber: Grischa, der Pilger und Gottesnarr (5. und 12. Kapitel der „Kindheit“). In ihm hat der junge Tolstoi das einfache russische Volk und seine Frömmigkeit, die tiefer ist denn alle Vernunft, zu mythischer, erschütternder Einfalt und Größe gesteigert und gestaltet.

„Nachdem er seinen Stab mit einem Gebet in die Ecke gestellt hatte, begann er sich auszuziehen. Den alten schwarzen Ledergürtel aufschnallend, nahm er langsam seinen zerrissenen langen Nankingrock ab, legte ihn sorgsam zusammen und hängte ihn über die Stuhllehne. Sein Gesicht hatte jetzt nicht wie sonst den Ausdruck von Hast und Blödheit; im Gegenteil, es war ruhig, nachdenklich und sogar erhaben. Seine Bewegungen waren langsam und überlegt.“

„In der bloßen Unterwäsche ließ er sich sacht auf das Bett nieder, bekreuzte es von allen Seiten und schob dann mit deutlich sichtbarer Anstrengung die Ketten unter seinem Hemd zurecht. Nachdem er ein Weilchen gesessen und besorgt seine an mehreren Stellen zerrissene Wäsche betrachtet hatte, stand er auf, erhob mit einem Gebet die Kerze bis zur Höhe des Heiligenschreins, in dem einige Bilder standen, bekreuzte sich vor ihnen und drehte die Kerze mit der Flamme nach unten. Sie erlosch knisternd."

„Durch die Fenster, die zum Walde gelegen waren, fiel grell das Mondlicht. Die lange, weiße Gestalt des Narren war von einer Seite durch die bleichen, silbernen Strahlen des Mondes beleuchtet, nach der andern fiel sein Schatten, der mit dem des Fensterrahmens über den Fußboden und die Wand lief und bis zur Decke reichte. Auf dem Hof schlug der Nachtwächter gegen die Eisenplatte."

„Die riesigen Hände auf der Brust gefaltet, den Kopf gesenkt und unter beständigen schweren Seufzern stand Grischa schweigend vor den Heiligenbildern, dann sank er mit Anstrengung in die Knie und begann zu beten."

„Zuerst sprach er leise die gebräuchlichen Gebete, nur wenige Worte betonend, dann wiederholte er sie, doch lauter und lebhafter. Er begann seine eigenen Worte zu sprechen, mit sichtlicher Anstrengung bemüht, kirchenslawische Wendungen zu gebrauchen. Seine Worte waren unzusammenhängend, aber ergreifend. Er betete für alle seine Wohltäter (so nannte er jene, die ihm Obdach gewährten), darunter auch für unsere Mutter und uns; er betete für sich selbst, bat, Gott möge ihm seine schweren Sünden vergeben, und wiederholte immerzu: ‚Herr Gott, vergib meinen Feinden!' Ächzend richtete er sich auf, und immer und immer wieder die gleichen Worte murmelnd, beugte er sich zur Erde, richtete sich wieder auf, ungeachtet des Gewichts der Ketten, die beim Aufschlagen auf den Boden einen scharfen, trockenen Klang gaben …"

„Bald wiederholte er ein Mal ums andere: ‚Herr Gott, erbarme dich!‘, doch jedesmal mit neuer Kraft und Ausdruck; dann wieder sprach er: ‚Vergib mir, Herr, lehre mich, was ich tun soll … lehre mich, was ich tun soll, Herr!‘ mit einem Ausdruck, als erwarte er sofort Antwort auf seine Worte; dann wieder war nichts vernehmbar als klägliches Schluchzen … Er erhob sich auf die Knie, faltete die Hände auf der Brust und verstummte … Seiner Brust entrangen sich schwere Seufzer; in der trüben Pupille seines blinden Auges, das vom Mond beschienen war, stand eine Träne. ‚Dein Wille geschehe!‘ schrie er plötzlich mit unnachahmlichem Ausdruck, fiel mit der Stirn auf die Erde und schluchzte wie ein Kind.“

Neben diesem Gottesnarren steht die alte Dienerin Natalia Sawischna als Verkörperung des einfachen russischen Volkes in gleich vorbildlicher Reinheit und Größe. Als Zimmermädchen, Kinderfrau und Wirtschafterin hat sie dem Hause in selbstloser Liebe und Aufopferung sechzig Jahre gedient. Einen Freibrief hat sie gekränkt und schluchzend zurückgewiesen. Zwei Generationen der Familie hat sie mit unermüdlicher Zärtlichkeit und Treue großgezogen, eifersüchtig als Wirtschafterin die Interessen der Herrschaft gegen die anderen Dienstboten verfochten – ihr eigener Nachlaß beträgt nur 25 Papierrubel. Und still, sicher und freudig, wie sie gelebt hat, stirbt sie auch. Bis auf die kleinsten Kleinigkeiten ordnet sie alles für ihr Begräbnis, revidiert sie den Inhalt der herrschaftlichen Kisten und Truhen und überliefert das genaue Verzeichnis, vermacht ihre sorgsam erhaltenen Staatskleider den geliebten Kindern der Herrschaft zu Schlafröcken, überweist den Armen des Dorfes 10

Rubel, beichtet, empfängt das Abendmahl und die letzte Ölung, bittet alle Hausgenossen um Vergebung für die Kränkungen, die sie ihnen zugefügt haben könnte, läßt noch einmal durch den Beichtvater der Herrschaft für ihre Güte danken – „dann bekreuzte sie sich, streckte sich aus und seufzte zum letzten Male, wobei sie mit frohem Lächeln den Namen Gottes aussprach."

Vor diesen Urbildern der Natur und des Volkes wirken die Gesellschafts-Menschen und -Szenen – so sehr auch sie rund und mit eigener Mitte gestaltet sind – zufällig, sie haben mehr sonderliche, historische als menschheitliche Bedeutung. Große epische Kunstformen setzen epische Lebensformen voraus. Die eigneten dem russischen Volke, aber nicht seiner zivilisierten Gesellschaft. Ihre Menschen und Bräuche konnten auch unter Tolstois Feder nur interessant, nicht sinn- und vorbildlich werden. Und zwischen diesen Gegensätzen steht der junge Held der „Lebensalter", beunruhigt und gequält von ihnen, ohne sie zu durchschauen. Das ergibt die gleiche frühe Reflexion, Analyse, Selbstbeobachtung und Selbstzerfaserung wie in Tolstois eigenem Leben. Das nimmt dieser Kindheit- und Knabengeschichte jene naive Lebenseinheit, die diesem Alter wesensgemäß ist, und nimmt ihr so die „reine Menschlichkeit". Will man individuell und historisch befangene und typisch reine Lebensformen gegeneinanderhalten, so mag man der „Kindheit" Tolstois die fast gleichzeitig geschriebene Kindheitsgeschichte des „Grünen Heinrich" entgegenstellen.

Der Psychologismus der Darstellung, der dieser in seiner Umwelt bedingten Zwiespältigkeit entwächst, wird gesteigert durch Tolstois rücksichtslosen Enthüllungsdrang, der an seinen Liebling Rousseau erinnert, aber den selbstgefälligen Genfer an Demut und Aufrichtigkeit weit übertrifft. „Ich spreche immer nur die Dinge aus, deren Bekenntnis mir schwerfällt", läßt Tolstoi schon den fünfzehnjährigen Helden seiner „Lebensalter" sagen. Immer bangt seine Ehrlichkeit, sich und den anderen besser zu erscheinen als er ist. Unerbittlich deckt er auch hinter der besten Handlung selbstsüchtige oder eitle Motive auf. Wie sollen wir, wie soll die Welt vollkommen werden, wenn wir nicht wahr sind bis zum Grunde, bis in die Tiefen des Unbewußten! Dem, der von der Natur herkommt, der zutiefst selber Natur ist, erscheinen die Menschen und Mächte der Gesellschaft – erscheint er selber, soweit er Glied dieser Gesellschaft ist – fragwürdig und bedenklich; mißtrauisch tastet er hinter ihre Außenseite und zerrt an ihren Hüllen. So groß seine Menschheitsliebe ist und wachsen wird, er will keine Liebe ohne die Wahrheit. Dieser große Liebende ist zugleich von Anfang an der unerbittliche Richter. Schon vom ersten Buche gilt sein Wort aus den Sewastopoler Erzählungen: „Die Heldin meiner Schriften, die ich mit der ganzen Kraft meiner Seele liebe, die immer schön war und ist und sein wird, ist die Wahrheit."

Der Morgen des Gutsherrn

„Jetz frage ich mich: Was wird die Aufgabe meines Lebens im Dorfe für die nächsten zwei Jahre sein? 1. Gründlich den ganzen Kursus der Jurisprudenz durchnehmen, was zum Schlußexamen an der Universität nötig ist; 2. gründlich durchnehmen die praktische Medizin und einen Teil der theoretischen; 3. gründlich die folgenden Sprachen studieren: Französisch, Russisch, Deutsch, Italienisch und Lateinisch; 4. gründlich die Landwirtschaft erlernen, theoretisch sowohl als auch praktisch; 5. gründlich Geschichte, Geographie und Statistik studieren; 6. Mathematik studieren, Gymnasialkursus; 7. eine Dissertation schreiben; 8. den höchsten Grad der Vollkommenheit erreichen in Musik und Malerei; 9. Regeln schreiben; 10. einige Kenntnisse aus den Naturwissenschaften erwerben; 11. eine schriftliche Zusammenfassung dessen, was ich zu studieren habe, herstellen."

Diese wohlnumerierten Lebensaufgaben hatte sich der neunzehnjährige Student für die Zeit in Jasnaja Poljana, das ihm erblich zugefallen war, in seinem Tagebuch vorgemerkt! Es waren Aufgaben, wie sie ein strebsamer Wille aus den üblichen Anschauungen der gebildeten Gesellschaft herleiten konnte.

Ganz andere stellte ihm die Wirklichkeit, als er nach sechs Jahren Natur und Volk seiner Heimat wiedersah. Drei Jahre lang setzt das Tagebuch aus. Erschütterungen, Pläne, Enttäuschungen jagen ihn. Erst 1852 offenbart die dichterische Gestaltung: die Novelle „Der Morgen des Gutsherrn“, was ihm begegnet ist.

Der Jüngling kehrte in die Welt zurück, die er als Kind im wohlbehüteten Kreise seiner Verwandten und Lehrer, mit den Augen seiner Verwandten und Lehrer kennengelernt hatte; als Herr und Besitzer kam er, als verantwortlicher Leiter. Und er erschrak, da er die tiefe soziale Not und Ungerechtigkeit gewahr wurde, auf der diese seine Welt sich aufbaute. Das ganze Elend der Leibeigenschaft, die seelische Entwürdigung, die körperliche Verkümmerung, die ungeahnte Verarmung enthüllte sich und verstörte ihn. „Ihm wurde“, heißt es in der Novelle, „unsäglich schwer und traurig zumute, als peinigte ihn die Erinnerung an ein einst vollbrachtes, ungesühntes Verbrechen.“

Mit dem reinen Willen, dem gläubigen Enthusiasmus des Jünglings, dem es immer noch „eine leicht ausführbare Sache schien, die ganze Menschheit zu bessern und alle Laster und Leiden aus der Welt zu schaffen“ („Knabenalter“), wollte er eilends helfen und heilen. „Er sah ein unendliches Arbeitsfeld vor sich für sein ganzes Leben, das er nur dem Wohltun widmen wollte, und darin er also glücklich sein würde. Er brauchte das Gebiet seiner Tätigkeit nicht zu suchen, es war da; er hatte eine natürliche Verpflichtung – er hatte Bauern ..., welche beseligende und dankbare Arbeit: einzuwirken auf diese schlichte, empfängliche, unverdorbene Volksschicht, sie von der Armut zu befreien, ihren Wohlstand zu heben, den Bauern Bildung zu vermitteln, ihre Fehler zu verbessern, die Unwissenheit und Aberglauben erzeugt haben, ihre Sittlichkeit zu heben, sie zur Liebe und zum Guten anzuleiten."

Ein Lebensprogramm hat sich Tolstoi aufgetan, und schon begreift er es tiefer und allgemeiner: „Wie töricht ist all das, was ich gewußt habe … Die Liebe und Selbstverleugnung, das ist das einzig wahre, vom Zufall unabhängige Glück." Auch der Achtzigjährige hat nichts Größeres gewußt, die gleichen schlichten Worte kehren in den Tagebüchern des Greises wieder.

Aber was der Einbildung des jungen Herzens entquillt, leicht und nicht ohne Selbstgefälligkeit, will durch schwere Jahrzehnte vertieft, bezahlt, geweiht werden, bis es Lebenswahrheit und Menschheits-bedeutung gewinnt. Jetzt erfährt der junge Tolstoi nur, wie die Welt der Wirklichkeit sich der Welt seines Herzens entgegenstemmt. Mißerfolg auf Mißerfolg! „Den Bauern ist nicht wohler, und mir wird mit jedem Tage schwerer zumute." Qualvoll erfährt er, wie furchtbar sich soziale Schuld verkettet und verhärtet. Was Generationen gefrevelt haben, kann ein einzelner auch in seinem engen Kreise nicht plötzlich wandeln. Mit vollendeter Meisterschaft der Menschen- und Welt-Gestaltung – vorerst der bürgerlichen Menschen, der dörflichen Welt – mit vollkommener Objektivierung und Typisierung des Problems hat der vierundzwanzigjährige Dichter dargestellt, wie Armut und Gewöhnung, Unbildung und Mißtrauen der Bauern sich dem guten Willen des neunzehnjährigen Gutsherrn in den Weg stellen.

Leo Tolstoi

Und das Schwerste: er ist allein. Niemand begreift ihn, jeder widerrät ihm. Die Tante erklärt ihm: „Um ein guter Landwirt zu werden, muß man ein kühler und strenger Mensch sein.“ Die alte Amme verweist ihn: „Sie sind immer so nachsichtig, daß kein Mensch Respekt hat. Tun das Herren? Das ist gewiß nicht gut. – Du richtest dich nur selbst zugrunde, und auch das Volk wird verdorben. Unser Volk ist einmal so, es versteht das nicht.“

„Ein aus Mattigkeit, Scham, Ohnmacht und Reue gemischtes Gefühl“ überkommt ihn. Er weiß nicht ein noch aus. Da er den Weg zum Volke nicht findet, sucht er aufs neue den Weg zur Gesellschaft: im Herbst 1847 übersiedelt er nach Petersburg.

Er denkt daran, für immer dort zu bleiben, feine Universitätsstudien abzuschließen und eine Anstellung im Staatsdienst zu suchen. „Ich bin“, schreibt er dem Bruder Sergius, „völlig davon überzeugt, daß man von abstraktem Denken und Philosophieren nicht zu leben vermag, daß es eine unbedingte Notwendigkeit ist, ein positives Leben zu führen, das heißt, ein praktischer Mann zu sein. Dies ist ein großer Schritt nach vorwärts.“ (13. Februar 1848) Im März 1848 stellt er sich zur juristischen Schlußprüfung, besteht zwei Stationen des Examens und – geht nicht weiter hin. Er fühlt die Unmöglichkeit dieses Weges.

Weg- und ratlos verliert er sich in die Lebenslokkungen der Hauptstadt. Da er sich nicht finden kann, will er sich vergessen. Spiel, Gelage, Zigeuner, Musik und Frauen – am 1. Mai 1848 schreibt er in Scham und Reue dem Bruder: „Serjoscha! – Du sagst nun wohl, ich sei der allernichtigste Bursche, und Du sagst damit die Wahrheit. Gott allein weiß, womit ich die Zeit verbrachte. Ich fuhr ohne jeden Grund nach

Petersburg – dort habe ich nichts Vernünftiges getan, sondern nur eine Unmenge Geld durchgebracht und Schulden gemacht! Dumm! Unerträglich dumm! Du vermagst Dir nicht vorzustellen, wie mich das quält. Die Schulden vor allem, die ich bezahlen muß und so rasch als möglich, weil ich sonst mit dem Gelde auch meinen guten Ruf einbüße. Ehe ich meine Bezüge vom nächsten Jahr erhalte, werde ich unbedingt 3500 Rubel brauchen: 1200 für den Vormundschaftsrat, 1600 meine Schulden zu bezahlen und 700 zum täglichen Leben. Ich weiß, Du wirst entsetzt sein – doch was soll ich tun? Solche Dummheiten macht man nur einmal im Leben. Ich mußte für meine Freiheit büßen (es war keiner da, der mich geprügelt hätte: das war das Hauptunglück) und für meine Philosophie – und nun büße ich eben. Sei so gütig und hilf mir aus der falschen und widerlichen Lage … Mehrmals bin ich während des Schreibens aufgestanden, weil mir der Brief die Schamröte ins Gesicht trieb … so Gott will, werde ich mich bessern und noch einmal ein ordentlicher Mensch werden …“

Reuig kehrte er nach Jasnaja Poljana heim, in Gesellschaft eines verbummelten, begabten deutschen Musikers. Da er zur Welt der Erscheinung keinen Zugang gefunden hat, sucht er Heimat im Reich der Musik, die vor und über aller Erscheinung ist.

Drei Jahre verstürmt er dann zwischen Jasnaja Poljana und Moskau, zwischen Sich-Suchen und Sich-Vergessen, zwischen asketischen Selbstbetrachtungen, ja Selbstpeinigungen und großstädtischen Sinnenfreuden. „Im Winter des dritten Jahres“, schreibt er in sein Tagebuch, „lebte ich in Moskau, lebte sehr liederlich, ohne Dienst, ohne Beschäftigung, ohne Zweck und Ziel … in der Moskauer Gesellschaft ist die Position

‚eines jungen Mannes', bei dem Bildung, ein guter Name und etwa 10 bis 20 Tausend Einkommen zusammentreffen, sehr angenehm und vollkommen sorglos … Alle Salons stehen ihm offen, auf jedes heiratsfähige Mädchen hat er Aussicht." Er scheint sich den Anschauungen der Gesellschaft zu unterwerfen. „Ich habe mich ausgetobt, ich bin alt geworden", notiert der Zweiundzwanzigjährige in sein Tagebuch, und: „Ich habe aufgehört, Luftschlösser zu bauen und Pläne zu entwerfen, für deren Durchführung keine menschliche Kraft ausreichen würde." Er vermerkt sich „Regeln für die Gesellschaft" wie: „Die Gesellschaft von Leuten suchen, die in der Welt höher stehen als du … Auf dem Ball die wichtigsten Damen wählen", und er versichert sich, „daß ich in der Gesellschaft bei der jetzigen Richtung wohl reüssieren werde."

Neue Schulden zwingen ihn, um 5000 Rubel sein Elternhaus zu verkaufen, das abgebrochen und 20 Werst entfernt aufgebaut wird, nur die Seitenflügel bleiben ihm. Eine Zeitlang denkt er daran, irgendein Geschäft zu ergreifen, ja die Poststation in Tula zu übernehmen. In Selbstzerknirschung bekennt er dem Tagebuch: „Ich führe ein völlig vertiertes Leben, wenn ich auch noch nicht ganz liederlich geworden bin. Ich habe beinahe jede Beschäftigung aufgegeben und bin geistig stark herabgekommen" (29. Dezember 1850).

Endlich im Frühjahr 1851 rafft er sich auf: „Die letzte Zeit meines Aufenthaltes in Moskau ist interessant durch meine Haltung zur Gesellschaft, durch meine Verachtung derselben und durch unaufhörliche innere Kämpfe" (Tagebuch 20. Mai 1851).

Im April traf Tolstois ältester Bruder Nikolaus ein auf einer Urlaubsreise aus dem Kaukasus. Mit ihm erschien ein Ausweg aus den Lebenswirren.

Dem „Morgen des Gutsherrn“ hat Tolstoi einen genialen Schluß gegeben: nachdem er die Bauern in ihrer ganzen Not und Beschränktheit gezeichnet hat, als unfreie, jämmerlich verkommene Kultur, als Gegenstand hilflosen Mitleids, zeichnet er sie plötzlich als Gegenstand des Neides, als freie, lebensunmittelbare Natur: „Plötzlich steht ein Dreigespann dampfender Pferde vor ihm und die schöne, kräftige Gestalt Iljuschkas mit den hellen Locken, den heiter glänzenden, schmalen, blauen Augen, dem frischen Rot und dem lichten Bartflaum. Und er sieht eine graue, nebelige Morgenfrühe, eine schlüpfrige Fahrstraße und eine lange Reihe hochbefrachteter, dreispänniger Wagen, gedeckt mit Bastmatten, denen große, schwarze Buchstaben aufgedruckt sind. Die starkbeinigen, wohlgenährten Pferde klingeln mit den Schellen, krümmen den Rücken, spannen die Stränge an und ziehen in gleichmäßigem Schritt den Berg hinauf, indem sie ihre scharfen Hufeisen gegen den schlüpfrigen Boden stemmen. Den Berg herab kommt in schneller Fahrt die Post dem Wagenzug entgegen, sie läutet mit den Glöckchen, die weithin widerhallen in dem dichten Walde, der sich zu beiden Seiten des Weges hinzieht. ‚Ah, ah, ai!‘ ruft laut mit kindlicher Stimme der vordere Fuhrmann – er trägt ein Blechschild an der Lammfellmütze – und hebt die Peitsche hoch … Auf dem zweiten Wagen streckt Iljuschka seinen hübschen Kopf hervor, unter der Bastdecke des Vorderteils tüchtig von der Sonne durchwärmt. Drei mit Koffern beladene Dreigespanne jagen mit Rädergerassel, mit Glockengeläut und Geschrei vorüber. Iljuschka verbirgt seinen Lockenkopf unter der Bastdecke und schlummert ein … Dann ist es wieder heller, warmer Abend. Vor den müden, an der Herberge zu Haufen gedrängten Wagen und Dreigespannen tut sich knarrend das Brettertor auf, und die hohen bastgedeckten Wagen verschwinden einer nach dem andern mit einem leichten Hopser über die Torschwelle unter den geräumigen Schuppen. Iljuschka begrüßt heiter die Wirtin mit dem weißen Gesicht und der breiten Brust, und sie fragt ihn: „Weit her? Und wie viele werden zu Abend essen?“ und betrachtet fröhlich mit ihren glänzenden, freundlichen Augen den hübschen Burschen ... Und da ist auch sein Nachtlager unter dem freien Sternenhimmel, den man unter dem Schuppen sieht, im duftenden Heu, bei seinen Pferden, die stampfend und schnaufend in den hölzernen Futterkrippen wühlen. Iljuschka schreitet zu seiner Schlafstätte, wendet sich nach Osten, und nachdem er wohl dreißigmal seine breite, starke Brust bekreuzt hat, betet er das Vaterunser, zwanzigmal ‚Herr, erbarme dich!‘, hüllt sich mit dem Kopfe in die langen Schöße seines Rocks und schläft den gesunden, sorglosen Schlaf des frischen, kraftvollen Menschen. Und im Traume sieht er Städte: Kiew mit seinen Heiligen und Wallfahrern, Romen mit Kaufleuten und Waren, sieht er Odest und das weite blaue Meer mit weißen Segeln, sieht er mit goldenen Häusern und weißbusigen, schwarzbewimperten Türkinnen die Stadt Zargrad, dahin ihn unsichtbare Flügel trugen. Frei und leicht fliegt er immer weiter und weiter, unter sich goldene Städte, umstrahlt von Sonnenglanz und den blauen Himmel mit vielen, vielen Sternen und das azurne Meer mit weißen Segeln – wonnevoll ist es und heiter, weiter, immer weiter dahinzuschweben. ‚Herrlich!‘ flüstert Nechljudow – in dem Tolstoi sich darstellt – und ihn überkommt der Gedanke: ‚Weshalb bin ich nicht Iljuschka?‘“

Diese Frage an die Natur, diese Sehnsucht nach der lebensunmittelbaren, in sich einigen Natur, wird zur Ausflucht Tolstois aus seiner Weglosigkeit und Zerrissenheit: am 20. April 1851 reist er mit seinem Bruder, der zur Armee zurückkehrt, in den Kaukasus.

Die Kosaken

Seit Anfang des 19. Jahrhunderts hatte Rußland gegen die Bergvölker des Kaukasus an den Ufern des Terek und Kuban Kosakenniederlassungen errichtet, die als Schutzposten und Stützpunkte zum Vormarsch dienten. Um die Mitte des Jahrhunderts begann Fürst Barjatinski dort zähe, planvolle Kämpfe, die 1856/57 zur vollen Unterwerfung führten.

Die Brüder reisten über Kasan nach Saratow, von da auf der Wolga – drei Wochen lang – in einem Fischerboote nach Astrachan, zuletzt mit Postpferden nach Nikolaus' Standort Starogladowsk. Tolstoi war enttäuscht! Der Ort lag noch in der Ebene, ohne Aussicht, „keinesfalls reizvoll“. Mit Wohnung und Bequemlichkeiten war es schlecht bestellt. Und die Offiziere: „Leute ohne jede Bildung … mir erschien an dieser Gesellschaft anfangs vieles recht abstoßend; ich habe mich daran gewöhnt, obgleich ich mich mit den Herren nicht näher befreundet habe.“ Bald aber wurde Nikolaus abkommandiert in das befestigte Lager von Stary Jurt, das zum Schutz der heißen Quellen von Garjätscho-Wodsk errichtet war. Tolstoi begleitet ihn und ist nun der Großartigkeit und Ursprünglichkeit der kaukasischen Natur unmittelbar nahe. Er wird keineswegs – wie Olenin, Tolstois Ebenbild in den „Kosaken“ – sofort überwältigt. In sein Tagebuch schreibt er: „Die Natur, die mich am meisten lockte, als ich in den Kaukasus ging, hat bis jetzt für mich nichts Entzückendes“ (11. Juni 1851). Noch steht sein Bewußtsein sich selbst im Wege: „Ich bin immer darauf aus, irgendeine Stimmung in mir zu erwecken, irgendeine Anschauung über die Dinge zu gewinnen, eine mir zusagende Lebensweise zu finden; doch kann ich weder sagen noch finden, was ich suche“ (12. November 1851).

Aber schon weitet und läutert sich sein neu aufwachendes religiöses Gefühl in hellen Bergnächten zum ergriffenen Allgefühl: „Nachdem ich im Tagebuch geschrieben hatte, begann ich zu Gott zu beten. Die Wonne, die ich beim Gebet empfand, kann ich unmöglich schildern ... Wenn man das Gebet als Bitte oder Dank bestimmt, so habe ich nicht gebetet. Ich ersehnte etwas Höchstes und Gutes; was aber – das vermag ich nicht in Worte zu fassen, obgleich ich deutlich fühlte, wonach ich verlangte: ich sehnte mich, zusammenzufließen mit dem alles umfassenden Wesen ... Wie bat ich Gott reinen Herzens, mich in seinen Schoß aufzunehmen! Ich fühlte meinen Leib nicht mehr, ich war allem Irdischen entrückt.“

Schon drängt sein Naturgefühl zur künstlerischen Gestaltung – „aber kann man denn ein Gefühl wirklich beschreiben? Ist es denn ganz unmöglich, einem andern meinen Blick in die Natur zu geben?“ (3. Juli 1851). Scharfgezeichnete, atmosphärische Stimmungsbilder des Tagebuchs antworten darauf. Und wenn er andern Tags erklärt: „Einen Menschen zu beschreiben ist eigentlich unmöglich, man kann nur beschreiben, wie er auf einen wirkt“, so widerlegt der Künstler diese Behauptung sofort in einer Schilderung, die schon rechte Merkmale seines epischen Stiles zeigt: „Knorring ist ein schlanker, wohlgebauter Mensch, aber ohne jeden Reiz. Ich behaupte, daß in der Gestalt eines Menschen ein ebenso großer, wenn nicht ein größerer Ausdruck liegt als im Gesicht. Es gibt angenehm und unangenehm gebaute Leute. Sein Gesicht ist breit, mit hervorstehenden Backenknochen, die von etwas Weichem bedeckt sind; es ist das, was man bei Pferden einen ‚fleischigen Kopf‘ nennt. Die Augen sind braun und groß und haben nur zwei Veränderungen: das Lachen und den gewöhnlichen Zustand. Beim Lachen bleiben sie stehen und haben den Ausdruck einer stumpfen Sinnlosigkeit. Alles übrige ist, wie es im Paß steht.“

Im August 1851 ist Tolstoi wieder in Starogladowsk. Er hat sich als Freiwilliger Streifzügen in die feindlichen Bergdörfer angeschlossen. Fürst Barjatinski, dem er durch einen Verwandten nahegekommen, hat ihn überredet, in den Militärdienst einzutreten. Den Oktober und November geht er nach Tiflis, sich für die Fähnrichsprüfung vorzubereiten, und beginnt dort sein erstes dichterisches Werk, die „Kindheit“. Im Dezember tritt er als Feuerwerker in die vierte Batterie. Im Februar 1852 nimmt er an einem Überfall, anfangs 1853 am Feldzug gegen Schamyl, Juni 1853 an einem neuen Streifzug teil. Die Monate Mai bis August 1852, die er seines Rheumas wegen im Urlaub zu Pjatigorsk verbringt, führen seine Dichtungen weiter. Am 13. Januar 1854 macht er sein Offiziersexamen, am 19. reist er zur Balkanarmee in den türkischen Krieg.

„Kindheit“, „Knabenalter“ und eine kaukasische Erzählung „Der Überfall“ sind indes in mehrfachen Umarbeitungen vollendet und im „Zeitgenossen“, Nekrasows angesehener Zeitschrift, gedruckt. –

„Mir scheint, daß der Gedanke, nach dem Kaukasus zu reisen, mir von einer höheren Macht eingegeben ist. Es ist die Hand Gottes, die mich führt, und ich lobe ihn ununterbrochen. Ich fühle, daß ich hier ein besserer Mensch geworden bin, und ich bin fest überzeugt, daß alles, was sich hier mit mir ereignen kann, mir von Nutzen sein wird“ (12. Januar 1852).

Der Kaukasus gibt Tolstoi nicht nur die reine ursprüngliche Natur in ungeahnter Schönheit und Gewalt, sondern zum erstenmal – in den Kosaken und Bergdörfern – auch ein Volk und Menschentum, das ganz Natur, ungebrochene, selbstherrliche, in sich einige Natur geblieben ist. Zum erstenmal erlebt Tolstoi sich selber rein, als Natur.

In den „Kosaken“ – die erst 1863 erschienen, aber schon am 21. Oktober 1852 im Tagebuch als „Skizzen aus dem Kaukasus“ geplant sind – hat er sein Erlebnis zur überpersönlichen, sinnbildlichen Größe gesteigert und gestaltet.

Olenin, ein junger russischer Offizier, wie Tolstoi kindlichen Herzens, reinen Willens, vom Zwiespalt seiner Innen- und Umwelt (der Moskauer Gesellschaft) gequält und beschmutzt, flieht zur kaukasischen Armee, im dunklen Drange nach einem neuen Leben. Schon der Anblick der majestätischen Schneeberge erstaunt und erregt ihn, schon vom Dreigespann aus empfindet und erlebt er in ihnen die Reinheit und Größe der Natur. „Von diesem Augenblick an bekam alles, was er gesehen, alles, was er gedacht, was er gefühlt hatte, den neuen ernst-erhabenen Charakter der Berge. Alle Moskauer Erinnerungen, Scham und Reue, alle banalen Vorstellungen vom Kaukasus, alles entschwand und kehrte nie mehr wieder. ‚Jetzt fängt es an', schien ihm eine feierliche Stimme zu sagen, und die Landstraße und das in der Ferne schimmernde Band des Terek und die Kosakendörfer und die Menschen – alles erschien ihm ernster."

Und nun entfaltet sich diese Welt, nicht wie bei den früheren Dichtungen im Erlebnis eines Einzelnen, bald pathetischen, bald sentimentalen Helden; aus sich selber wächst sie, in sich selber kreist und ruht sie. Zum erstenmal vermag der Dichter wahrhaft Epiker zu sein: nicht die Welt in sich, sondern sich in der Welt darzustellen. Als Mensch und Künstler ist Tolstoi in der großen, reinen, einigen Natur des Kaukasus von seinen unablässigen Selbst-Analysen und Reflexionen zum erstenmal befreit.

Ein Abend im Kosakendorf: vollbrachte Arbeit, Heimkehr, „von allen Seiten kommen die Menschen ins Dorf, zu Fuß, zu Pferde, auf knarrenden Wagen. Die Mädchen in gestickten Hemden kommen unter luftigem Geschwätz, die Ruten in der Hand, dem Vieh entgegen, das sich in einer Wolke von Rauch und Mücken, die es aus der Steppe mitschleppt, hin und her drängt. Die satten Kühe und Büffel ziehen durch die Straßen, und die Kosakenmädchen schlendern zwischen ihnen in den bunten Beschmets. Ihr lautes Geplauder, ihr fröhliches Lachen und Jauchzen unterbricht das Gebrüll des Viehs. Dort kommt ein beurlaubter Kosak, bewaffnet, auf seine Hütte zugeritten und klopft an die Scheibe … An der Pfütze, die fast die ganze Straße einnimmt, und an welcher die

Leute seit Jahren, mühsam an den Zaun gedrückt, vorübergehen, zwängt sich eine barfüßige Kosakenfrau mit einem Holzbündel auf dem Rücken hindurch. Sie hat ihr Hemd hoch über die weißen Füße gehoben, und ein heimkehrender Jäger ruft ihr scherzend zu: ‚höher, höher, schamhaftes Mädchen!‘ und zielt nach ihr …“

Nacht an der Grenzwacht. Einförmig rauscht der strudelreiche Terek. Im warmen Ufersande die Kosaken zechen oder fischen, halb entkleidet, von der Hitze erschöpft. Dunkel. Ruhe … „Das Rauschen des Schilfs, das Schnarchen der Kosaken, das Summen der Mücken und das Strömen des Wassers wurden nur selten durch einen Schuß in der Ferne, durch bröckelnden Ufersand, durch das Plätschern eines großen Fisches oder durch das Knistern eines Tieres in dem wilden, dichten Wald unterbrochen. Einmal flog eine Eule den Terek entlang, die regelmäßig nach dem zweiten Flügelschlage mit dem einen Flügel an den andern klatschte; unmittelbar über den Häuptern der Kosaken wandte sie sich dem Walde zu und flog auf einen Baum. Nun schlug sie nicht bei jedem zweiten Flügelschlage, sondern bei jedem einzelnen ihre Flügel aneinander, ja als sie schon auf der alten Platane saß, flatterte sie noch unruhig hin und her. Bei jedem dieser unerwarteten Geräusche spannte der wachende Kosak sein Gehör auf das äußerste an, kniff die Augen zusammen und tastete leise an der Flinte …“

Morgengrauen. Silbern schimmern die Nebel über dem Wasser. Gellend pfeifen die Adler. Lukaschka, der junge, kühne, lebensherrliche Kosak hat einen Abreken erschossen, der hinter einem Baumstamm den Fluß durchschwimmen wollte … „Der Terek murmelte nahe im erwachten Wald. Die Fasanen begrüßten von allen Seiten den Morgen mit lautem Geschrei. Schweigsam und unbeweglich standen die Kosaken um den Toten herum und betrachteten ihn. Der dunkelbraune Körper, den die dunkler gewordene nasse, blaue Hose – um den eingefallenen Leib von einem Gurt gehalten – einhüllte, war wohlgebaut und schön. Die nervigen Hände lagen langgestreckt zu beiden Seiten. Der bläuliche, frisch rasierte, runde Kopf mit der getrockneten Wunde lag zurückgebogen, die glatte sonnverbrannte Stirn hob sich scharf von der geschorenen Kopfhaut. Die gläsernen Augen mit den eingesunkenen Pupillen schienen in die Höhe, über alles hinweg zu sehen. Auf den dünnen Lippen, die unter dem roten, kurzgeschnittenen Schnurrbart hervortraten, schien ein gutmütiges, leichtes Lächeln zu liegen, die kleinen, mit roten Haaren bedeckten Hände hielten die Finger nach innen gebogen, die Nägel waren rot gefärbt, Lukaschka stand immer noch ohne Rock da, er war naß, sein Hals war gerötet, und seine Augen glänzten mehr als gewöhnlich, seine breiten Backenknochen zitterten, von seinem weißen, gesunden Körper strömte ein kaum wahrnehmbarer Dampf in die frische Morgenluft. – ‚Er war auch ein Mensch‘, sagte er, sichtlich mit Gefühl den Toten betrachtend. ‚Ja‘, erwidert einer der Kosaken, ‚wärst du in seine Hände gefallen, er hätte dich nicht losgelassen …‘“

Mittag im August. „Auf dem staubigen Wege, der zu den Gärten führte, zogen knarrende Wagen, hoch mit dunklen Trauben beladen. Knaben und Mädchen liefen in ihren, vom Beerensaft fleckigen Hemdchen, Trauben in den Händen und im Munde, hinter ihren

Müttern her. Auf der Landstraße begegnete man ununterbrochen zerlumpten Arbeitern, die auf ihren kräftigen Schultern Körbe mit Weintrauben trugen … Der Duft der Weintrester erfüllte die Luft. Blutrote Tröge schimmerten unter den Schuppen hervor, und auf den Höfen sah man die nagaischen Arbeiter mit den aufgestreiften Hosen und den roten Waden." Zwei Kosakenmädchen schlüpfen vor der Mittagshitze unter einen schattenden Wagen, verhängen die Seiten mit Weinreben und erzählen sich kichernd und kosend ihr Liebesgeheimnis.

Und Sonntagnachmittag. Erntefeier und -freuden. Ein erfülltes Jahr. Auf dem Hang vor dem Rathaus sitzen die Alten, in grauen, schwarzen, einfachen Kitteln und plaudern über die Ernte, über das junge Volk, über Gemeindesachen und die gute alte Zeit. „Schreiber, Freiwillige und junge Mannschaften, die zum Feiertag heimgekehrt waren, gingen in ihren Festtagskleidern, weißen und neuen roten, mit Tressen geschmückten Tscherkessenröcken zu zweien und dreien, Arm in Arm von einer Gruppe der Weiber und Mädchen zur andern und scherzten und schäkerten … Allen sieht man den Feiertag an. Die Augen, die Gesichter, die Stimmen, die Bewegungen, die Kleider, die Luft, die Sonne, alles hat ein festliches Aussehen … Auf dem Platze, der offenen Tür des Ladens gegenüber, sieht man in dunklen und hellen Kleidern eine Gruppe von Kosaken und Mädchen, hört man lautes Singen, Lachen und Plaudern. Die Mädchen halten sich Hand in Hand, drehen sich im Reigen auf dem Platze; ein hageres Mädchen eröffnet den Gesang:

Aus dem Walde, aus dem dunklen Walde,
Ei da lu li!
Durch den Garten, durch den grünen Garten
Kommen frohen Muts zwei junge Burschen,
Jung sind beide, jung und beide ledig …"

All das reiht sich nicht in einzelnen Bildern, das fließt im epischen Strom der Tages- und Jahreszeiten und trägt auf seinen farbigen Wellen eine stetig und sicher gleitende Handlung.

In diese naive Welt, die ganz Natur ist, tritt der sentimentale Mensch, der Natur sucht, und stürzt sich in sie wie der staubige, durstige Wanderer in einen funkelnden Fluß, er taucht unter in ihm, er planscht, spritzt und sprudelt mit ihm, er fühlt sich trunken in seinem Element, dem letzten Rausche nah: Element zu werden.

So geht es Olenin. Nur einmal noch, fernher noch tauchen die alten, rettenden Ideale auf: „für andere zu leben, die Liebe, die Selbstverleugnung", dann jubelt und lacht er: „Torheit und Unnatur, was ich früher gedacht habe: die Liebe und die Selbstverleugnung. Es gibt nur ein Glück: sei im Glücke, und du bist im Recht." „Mit jedem Tage fühlte er sich hier frei und freier und in höherem Grade Mensch." „Diese Menschen leben, wie die Natur lebt: sie sterben, werden geboren, verbinden sich, werden wieder geboren, raufen, trinken, essen, freuen sich und sterben wieder, es gibt keine anderen Lebensbedingungen, keine Gesetze, als die unveränderlichen, welche die Natur der Sonne, dem Grase, dem Tier, dem Baume gegeben." Und darum erscheinen ihm diese Menschen schön, stark und frei. Scham und Wehmut drücken ihn um sich selber. Und er denkt daran, alles von sich zu werfen und ein Kosak unter Kosaken zu werden. Auf heißen, einsamen Jagden durch Wald und Uferdikkicht versinkt er im Leben der Allnatur, wird ihm klar, „daß er keineswegs ein russischer Edelmann, ein Mitglied der Moskauer Gesellschaft, ein Freund oder Verwandter Dieses oder Jenes ist, sondern einfach eine Mücke, ein Fasan oder ein Hirsch, wie sie rings um ihn her leben."

Und er schreibt den Moskauer Freunden: „Wie häßlich, wie bejammernswert kommt Ihr mir alle vor! Ihr wißt nicht, was Glück, was Leben ist. Man muß das Leben einmal in seiner ungekünstelten Schönheit erfahren haben. Man muß sehen und begreifen, was ich Tag für Tag vor mir sehe … Dann wird Euch klar sein, wer in der Wahrheit und wer in der Lüge lebt, Ihr oder ich … Glück heißt, mit der Natur leben."

Er zecht und jagt mit Onkel Jeroschka, dieser Urnatur, diesem mythischen Jagd- und Waldwesen, mit seinem ungeheuren schneeweißen Bart, seiner breiten Brust und der Atmosphäre von Most, Schnaps, Pulver und geronnenem Blut: „Alles hat Gott den Menschen zur Freude geschaffen; in nichts ist Sünde."

Er befreundet sich mit Lukaschka, dem jungen Kosakenhelden. Und er liebt Mariana: „das Weib von jener ursprünglichen Schönheit, in der einst das erste Weib aus den Händen des Schöpfers hervorgegangen ist."

„Vielleicht liebe ich in ihr die Natur, die Verkörperung alles Schönen in der Natur, aber ich habe dabei nicht meinen eigenen Willen; ich bin das Werkzeug für die Liebe einer elementaren Kraft: die ganze Gotteswelt, die ganze Natur preßt diese Liebe in meine Seele und spricht: liebe sie. Ich liebe sie nicht mit dem Verstande, nicht mit der Einbildungskraft, sondern mit meinem ganzen Sein. Indem ich sie liebe, fühle ich mich als einen untrennbaren Teil der ganzen glücklichen Gotteswelt.“

Alle Hüllen und Fesseln will er von sich werfen, er will sie zu seinem Weibe machen, ihrer Natureinheit und -schönheit teilhaft sein.

Aber Mariana ist die unbewußte Natur, ist diesseits des Zwiespalts von Natur und Geist. Für ihn, der einmal den Zwiespalt erlitten, einmal vom Apfel der Erkenntnis gegessen hat, gibt es auf die Dauer kein Zurück zu ihr. Nur in Tagen, in Stunden nur kann er sich in der unbewußten Natur dieser Welt verlieren, kann er glauben, ihr und Mariana gleich zu sein, einig zu werden. Unerbittlich müssen sich ihre Wege scheiden. Er weiß es selber: „Das Entsetzlichste und das Süßeste meiner Lage ist, daß ich sie begreife, Mariana aber mich nie begreifen wird – sie darf mich nicht begreifen.“

Mariana, die vor dem Antrag des reichen, vornehmen, leidenschaftlichen Junkers den ihr anverlobten Lukaschka schon zu vergessen schien – bei der Nachricht von Lukaschkas Verwundung fühlt sie, wohin sie gehört: „Kosaken sind gefallen. Das ist es! Geh!“

„Er liebte Mariana mehr als zuvor und wußte jetzt, daß er nie von ihr wiedergeliebt werden könne.“ Weglos und hoffnungslos geht er zum Kommandierenden und bittet um seine Versetzung.

Über Verzweiflung und Weglosigkeit seines Helden aber schreitet Tolstoi, der aus der großen unbewußten Natur des Kaukasus homerische Kraft und Klarheit gewonnen hat, vorwärts zur bewußten Natur, zu einer neuen Einheit von Natur und Geist, die ihm, die uns aufgegeben – wenn auch selten ganz und niemals dauernd gegeben ist.

Die Sewastopoler Erzählungen

Am 4. November 1853 hatte Rußland der Türkei den Krieg erklärt. Die russische Armee drang auf türkisches Gebiet und besetzte die Moldau, die russische Schwarze-Meer-Flotte vernichtete die türkische bei Sinope. Da traten Frankreich und England der Türkei zur Seite, es kam zum Krimkrieg, zur denkwürdigen Belagerung und Verteidigung von Sewastopol.

Tolstoi reiste über Jasnaja Poljana zur Donau-Armee, die ein entfernter Verwandter seiner Mutter, Fürst Gortschakow, kommandierte. Am 14. März 1854 traf er in Bukarest ein, wo er dem General Serputowski zugewiesen wurde. Nach einigen Sonderaufträgen und Krankheitswochen kam er Ende Mai ins Feldlager vor Silistria, das sich gegenüber der Festung am rechten Donauufer erhob inmitten herrlicher Gärten. „Ich habe da soviel Interessantes, Poetisches und Rührendes gesehen, daß die Zeit nie aus meinem Gedächtnis schwinden wird.“ (4. Juli 1854 an T. A. Jergolskaja) Unaufhörliche Beschießungen und Sprengungen bereiteten den Generalsturm vor. Aber eine Stunde vor seiner Ausführung wurde kraft

Einfahrt zu Tolstois Geburtshaus

höheren Befehls die Belagerung von Silistria aufgehoben, am 20. Juli begann der Rückzug der Donau-Armee. Tolstoi verlangte nach dem entscheidenden Kriegsschauplatz, er bat um seine Versetzung zur Krim-Armee. Am 7. November 1854 erreicht er Sewastopol und wird der 3. Leichten Batterie der 14. Artilleriebrigade zugeteilt.

Die Batterie wurde am 23. November nach Simferopol zurückgenommen, und Tolstoi kam im Januar zu einer Batterie, die zehn Werst von Sewastopol lag und erst von Anfang April bis Mitte Mai an die Front rückte. Am 15. Mai wurde Tolstoi mit der Bildung und dem Kommando einer Gebirgsbatterie auf dem Belbek – zwanzig Werst von Sewastopol – betraut, vermutlich auf Befehl Alexanders II., der, hingerissen von Tolstois „Sewastopol im Dezember“, befohlen hatte, den jungen Offizier aus der Feuerlinie zu entfernen. Nach dem Fall von Sewastopol (27. August 1855) wurde Tolstoi als Kurier nach Petersburg gesandt.

Die tiefere Bedeutung dieser anderthalb Kriegsjahre wird Gestalt in den Erzählungen „Sewastopol im Dezember 1854“ – „Sewastopol im Mai 1855“ – „Sewastopol im August 1855“: dem Anfang, Höhepunkt und Ende der Kämpfe.

Schon in den Erfahrungen und Erzählungen, die aus den Kriegserlebnissen des Kaukasus gewachsen waren: „Ein Überfall“ (1852), „Der Holzschlag“ (1854/55), „Eine Begegnung im Felde“ (1856), hatte Tolstoi die schlichte Opfer- und Todesbereitschaft des einfachen russischen Soldaten und Linien-Offiziers ergriffen miterlebt und dargestellt. Jetzt erfährt er das gleiche in gewaltiger Ausdehnung und Steigerung: „Die Stimmung der Truppen“, meldet ein Brief an seinen Bruder vom 20. November 1854, „ist einfach unbeschreiblich. Im alten Griechenland herrschte nicht soviel Heldenmut wie hier. Anstatt mit dem Rufe ‚Guten Tag, Kinder,‘ begrüßte Kornilow die Soldaten während der Truppenbesichtigung mit den Worten: ‚Es geht in den Tod, Jungens, versteht ihr zu sterben?‘, und die Truppen antworteten: ‚Jawohl, Exzellenz, Hurra!‘ Und das war keineswegs eine Phrase, sondern auf jedem Antlitz stand geschrieben, daß das bitterer Ernst war. Zweiundzwanzigtausend Mann haben ihr Wort schon eingelöst. – Ein verwundeter, im Sterben liegender Soldat erzählte mir, wie sie die 24. französische Batterie erstürmten und keine Verstärkung erhielten, dabei schluchzte er laut. Eine Kompanie Marinesoldaten hätte beinahe rebelliert, weil sie aus der Batterie abgelöst werden sollten, in der sie dreißig Tage lang ununterbrochen im Kugelregen gestanden hatten. Soldaten reißen die Zünder aus den Bomben, Frauen schleppen Wasser für die Soldaten auf die Bastionen, und viele von ihnen werden dabei getötet oder verwundet. Priester steigen mit Kreuzen auf die Bastionen und halten im Geschützfeuer Gottesdienst ab. In einer Brigade waren am vierundzwanzigsten 160 Mann, die nicht aus der Front traten, obwohl sie verwundet waren – –. Ich danke Gott, daß ich diese Leute gesehen habe und in dieser herrlichen Zeit lebe.“

Im Kaukasus hatte Tolstoi die Natur erlebt, sich als Natur erlebt. Vor Sewastopol erlebt er das Volk, erlebt er sich als Volk.

Enttäuschung und Ohnmacht hatten einst den jungen Gutsherrn Jasnaja Poljanas von seinem enthusiastischen Versuche, „einzuwirken auf die schlichte, empfängliche, unverdorbene Volksschicht", fortgetrieben. Armut, Unbildung, Gewöhnung und Mißtrauen schienen unüberwindbar zwischen ihm und dem einfachen Volke zu stehen. Er war nach Petersburg geflüchtet in die Welt der Gesellschaft, um bald unbefriedigt und angeekelt von ihr weiterzufliehen in den Kaukasus, in die Natur. Jetzt vor Sewastopol – erlebt er das Volk, den russischen Bauern, nicht mehr in seiner sozialen Gedrücktheit und jahrhundertalten Verkümmerung, jetzt erlebt er ihn vor den unbedingten Horizonten des Todes und des Ideales. Und staunend und ehrfürchtig erfährt er, daß der geknechtete russische Bauer durch die Jahrhunderte des Tatarenjochs und der Leibeigenschaft die Freiheit und Reinheit seiner Seele behauptet hat. Vor der unentrinnbaren Bedrückung der äußeren Welt hatte er sich in das Reich der religiösen Innerlichkeit gerettet, urchristlichen Stimmungen nach. Er hatte sein Leben außerhalb der politischen und sozialen Wirklichkeit geführt; seine Demut, Geduld und Lässigkeit ihr gegenüber waren nicht einem Sklavensinn entwachsen, sondern der sicheren Verbundenheit mit jenem Reiche, das nicht von dieser Welt ist.

Und nun, in diesem Kriege, wo er den Zaren, die russische Erde und die russische Rechtgläubigkeit bedroht fühlte, durfte der Bauer seine religiöse Innerlichkeit nach außen entladen, nicht nur unbedingt empfinden, sondern auch handeln: in Opfermut und Todesbereitschaft. Er tat das in einem schlichten, selbstverständlichen Heldentum, das frei war von Pathos und Gebärde, vom Rausch der Worte und Empfindungen. Warum starb der Bauer in den Lazaretten so still, ruhig und klaglos? Weil er nicht einen furchtbaren und rätseltiefen Abgrund zwischen Leben und Tod schaute, sondern zuversichtlich aus einem Reich der Seele in ein anderes, freieres überging.

Der Offizier der Gesellschaft, der Garde- und Stabsoffizier suchte vor allem sich: Ruhm, Ehre und Orden. „Kalugin und der Oberst wären jeden Tag bereit gewesen, ein Gefecht mitzumachen, wenn sie nur jedesmal einen goldenen Säbel oder den Generalmajor bekommen hätten, obgleich sie sehr nette Menschen waren. Ich höre es gern, wenn man einen Eroberer wegen seines Ehrgeizes, der Millionen zugrunde richtet, einen Unmenschen nennt. Man frage aber den Fähnrich Petruschow und den Unterleutnant Antonow aufs Gewissen, dann ist jeder von uns ein kleiner Napoleon, ein kleiner Unmensch, und jeden Augenblick bereit, einen Kampf aufzunehmen und Hunderte von Menschen zu töten, nur um einen Orden zu bekommen" (Sewastopol im Mai).

Der einfache Offizier aber und der einfache Mann nehmen den Krieg auf sich wie ein gottgegebenes Schicksal; wie der Leutnant Koselzow (Sewastopol im August) denkt jeder sterbend „mit einem ungemein tröstenden Gefühl daran, wie er seine Pflicht brav erfüllt, wie er sich so gut als möglich benommen und ihm niemand einen Vorwurf machen könne."

Gleich in den ersten Tagen drängte es Tolstoi, diesen schlichten Heroismus des einfachen russischen Volkes, „der verlausten und verschrumpften Helden" zu enthüllen und zu bewahren. Zuerst plante er das im tatsächlichen Bericht zu tun, er dachte an eine Kriegszeitung, die auch die Soldaten lesen könnten, in der die Gefechte beschrieben werden sollten, „und zwar nicht so trocken und lügenhaft wie in anderen Zeitschriften, ferner die Heldentaten, Biographien und Nekrologe braver Leute, namentlich der dunkeln und ungesehenen, Kriegsgeschichten, Soldatenlieder, populäre Artikel über Ingenieur- und Artillerietechnik usw." Er machte mit einem Regimentskameraden eine Probenummer und legte sie dem Oberkommandierenden vor, der sie beifällig dem Zaren zur Genehmigung unterbreitete. Der Plan fiel Intrigen zum Opfer.

Und nun hob ihn Tolstoi aus der Zufälligkeit einzelner Berichte in die dichterische Höhe sinnbildlicher Vorgänge und Gestalten. Im Maiheft des „Zeitgenossen" veröffentlicht er „Sewastopol im Dezember", im Juli beendet er „Sewastopol im Mai", Ende 1855 „Sewastopol im August". Obgleich die Zensur die Erzählungen, vor allem die zweite, verständnislos verstümmelt hatte, ergriffen sie die russischen Leser vom Zaren bis zum Kleinbürger. Die Zarin soll Tränen über der ersten Erzählung vergossen, der Zar den Befehl gegeben haben, sie ins Französische zu übersetzen und den Verfasser aus der Feuerlinie zurückzuziehen. Turgeniew schrieb: „Tolstois Artikel über Sewastopol ist ein Juwel. Tränen quollen mir in die Augen, als ich ihn las, und ich rief: Hurra!" Der Dichter Pissemsky, der Verfasser der „Tausend Seelen", erklärte: „Dieser junge Offizier wird uns alle in den Schatten stellen – wir könnten das Schreiben eigentlich aufgeben." Und Nekrasow, der Redakteur des „Zeitgenossen", hob Entscheidendes hervor, wenn er Tolstoi schrieb: „– – Unsere Literatur hat bisher über den Soldaten nie etwas anderes als Trivialitäten gebracht. Sie betreten ein ganz neues Feld … Sie haben gerade das, was dem russischen Volke am meisten not tut: die Wahrhaftigkeit – die Wahrhaftigkeit, von der in der russischen Literatur seit Gogols Tod so wenig mehr zu spüren ist. Sie sind vollständig im Recht, wenn Sie diese Seite Ihrer Begabung am höchsten stellen. Die Wahrhaftigkeit, wie sie von Ihnen in unserer Literatur vertreten wird, ist für uns etwas ganz Neues. Ich kenne augenblicklich keinen Schriftsteller, der einem so tiefe Liebe und Sympathie einflößen könnte als jener, an den ich eben schreibe" (September 1855).

Das war keine Wahrhaftigkeit im Sinne eines Verismus und Desillusionismus, sondern einer tieferen Wesenhaftigkeit: aus dem liebenden Verständnis für die schlichte Tapferkeit, Seelenhaftigkeit und Schicksalsergebenheit des russischen Soldaten gewann Tolstoi – nicht ohne Anregung Stendhals – die Macht, den Krieg in seiner Wahrheit zu schildern, nicht von den großen romantisch-ritterlichen Begriffen aus wie Ehre, Ruhm usw., sondern von der menschlichen Seele aus: „– Wir sehen schreckliche, herzerschütternde Szenen, wir sehen den Krieg nicht in dem üblichen schönen und glänzenden Gewände, mit Musik und Trommelklang, mit wehenden Fahnen und Generalen hoch zu Rosse, wir sehen den Krieg in feinem wahren Wesen – in Blut, in Leiden, in Tod" (Sewastopol im Dezember).

Was ist Tapferkeit unter diesem Gesichtswinkel? Nicht mehr ein Rausch, eine Selbst- und Massensuggestion, sondern der ernste, stille Wille, sein Leben für das Vaterland einzusetzen und hinzugeben (vielleicht mit der heimlichen Besorgnis, ob auch der Leib diesem Opferwillen der Seele im entscheidenden Augenblick gehorchen werde), das sachlich-enge Aufgehen in den nächsten, nüchternen, tödlichen Aufgaben des Stellungskrieges, das beglückte Aufatmen nach jeder Gefahr, der stete, gerade in seiner reinen Menschlichkeit erschütternde Kampf zwischen Todesbereitschaft und Lebensliebe.

Und eben diese reine Menschlichkeit hebt schließlich den Krieg aus nationaler Befangenheit vor das fragende Auge der Menschheit, vor das Angesicht Gottes: „Auf der Bastion und im Laufgraben sind weiße Flaggen aufgesteckt, das blumenreiche Tal ist voll von toten Körpern, die schöne Sonne sinkt ins blaue Meer, und das blaue Meer wogt und glänzt in den Strahlen der Sonne. Tausende von Menschen drängen sich, schauen, sprechen und lächeln einander zu. Und diese Menschen sind Christen, die das eine große Gebot der Liebe und Selbstverleugnung bekennen, und fallen beim Anblick dessen, was sie getan, nicht mit einem Schlage reuig auf die Knie vor dem, der, da er ihnen das Leben gab, in die Seele eines jeden neben die Furcht vor dem Tode die Liebe zum Guten und Schönen gelegt hat, und umarmen sich nicht mit Tränen der Freude und des Glücks als Brüder?“ (Sewastopol im Mai)

Aus diesem Versagen des zeitgenössischen Christentums steigt für Tolstoi zum erstenmal die Vorahnung seiner späteren sittlich-religiösen Berufung auf, am 5. März 1855 schreibt er in sein Tagebuch: „Ein Gespräch über Gottheit und Glauben weckte in mir eine große, gewaltige Idee, deren Verwirklichung mein Leben zu weihen, ich mich fähig fühle. Diese Idee ist die Gründung einer neuen Religion, die nicht zukünftige Seligkeit verheißt, sondern auf Erden Seligkeit gewährt. Zur Ausführung bringen können diese Idee – das sehe ich ein – nur Generationen, die bewußt an diesem Ziele arbeiten. Eine Generation wird die Idee der anderen überliefern, und eines Tages wird Begeisterung oder Vernunft sie verwirklichen. Mit überlegter Absicht an einer religiösen Einigung der Menschheit zu arbeiten, ist der Leitsatz dieser Idee, in deren Dienst meine Begeisterung hoffentlich nie erschlaffen wird.“ – – –

Die erste Skizze, „Sewastopol im Dezember“, ist ein Bericht, durchglüht vom Feuer der Ergriffenheit, aber doch von außen gesehen, ein Gang durch die Stadt, die Lazarette, die Laufgräben und Bastionen, der uns „schreckliche, traurige, große, Erstaunen erregende und herzerhebende Szenen“ zeigt.

Die zweite, „Sewastopol im Mai“, gib keine Schilderungen, sondern typische Gestalten und Vorgänge – Größe und Heldentum im Menschen, Menschliches-Allzumenschliches im Helden. Unablässig rauscht das Schwarze Meer, unablässig donnern die Kanonen. In den Gräben und Lazaretten stöhnen die Verwundeten und Sterbenden, auf dem Boulevard spielen die Regimentskapellen. Der Infanterieoffizier, der noch am Abend eine der gefährlichsten Stellungen behaupten wird, zittert mittags auf der Promenade, ob auch die „Aristokraten“ ihn grüßen und gelten lassen. „Dünkel, Dünkel, Dünkel überall, selbst am Rande des Grabes und unter Menschen, die bereit sind, aus einer edlen Überzeugung in den Tod zu gehen.“

Zwei Offiziere haben sich vor einer platzenden Bombe zur Erde geworfen. Der eine wird durch einen Splitter mitten in die Brust getroffen und „auf der Stelle getötet“; zwei Seiten füllen seine Vorstellungen vom Einschlag der Bombe bis zur Explosion, eine Seite die Sekunden-Empfindungen seines Todes. „Gott sei Dank, es ist nur ein Streifschuß!“ war sein erster Gedanke. Schulden, Zigeunermotive, Weiber sind seine letzten Gedanken. Der andere, der sich tödlich getroffen wähnt, ist nur durch einen Stein am Kopfe verletzt. „‚Herr, verzeih mir meine Sünden!‘ rief er mit gefalteten Händen, wollte sich erheben, fiel aber besinnungslos auf den Rücken. Das erste, was er fühlte, als er wieder zu sich kam, war das Blut, das ihm über die Nase strömte, und der bei weitem schwächer gewordene Schmerz am Kopf. Die Seele entflieht, dachte er, wie wird es ‚dort‘ sein? … Herr, nimm meine Seele in Frieden auf … Da faßte ihn jemand bei den Schultern. Er versuchte die Augen zu öffnen und sah über seinem Kopf den dunkelblauen Himmel, Sterngruppen und zwei über ihn hinfliegende Bomben, er sah Ignatiew, Soldaten mit Tragbahren und Gewehren, den Wall des Laufgrabens und überzeugte sich plötzlich, daß er noch nicht im Jenseits sei. Seine allererste Empfindung war etwas wie Bedauern: er hatte sich so gut und ruhig auf den Übergang ‚dorthin‘ vorbereitet, daß ihn die Rückkehr auf die Wirklichkeit mit ihren Bomben, Laufgräben und Blute unangenehm berührte; seine zweite Empfindung war die unbewußte Freude darüber, daß er lebendig war; die dritte – der Wunsch, sobald als möglich die Bastion zu verlassen.“

Zur Bestattung der Toten ist ein Waffenstillstand vereinbart. Haufenweis liegen im Tal die verstümmelten Leichen.

Ein zehnjähriger Knabe ist über die Wälle geklettert und pflückt die blauen Feldblumen, mit denen das Tal übersät ist. „Da er mit dem großen Blumenstrauß nach Hause zurückgeht, hält er die Nase zu vor dem Geruch, den ihm der Wind zuträgt, bleibt bei einem Haufen zusammengetragener Körper stehen und betrachtet lange einen schrecklichen, kopflosen Leichnam, der in seiner Nähe liegt. Nachdem er ziemlich lange gestanden, tritt er näher heran und berührt mit dem Fuß den ausgestreckten, erstarrten Arm des Leichnams – der Arm bewegt sich und kehrt wieder in seine Lage zurück. Der Knabe schreit plötzlich auf, verbirgt das

Gesicht in den Blumen und läuft spornstreichs fort nach der Festung.“

Auch diese zweite Sewastopoler Erzählung gibt in stärkster innerer Einheit noch eine Bilderfolge. Erst die dritte und größte, „Sewastopol im August“, strafft den letzten Sturm und den Fall der Festung zur geschlossenen Handlung. Zwei Brüder sind ihre Träger: der ältere, ein herber, gefesteter, ehrgeiziger Infanterieleutnant, der aus dem Lazarett zur Truppe zurückkehrt, und der Artilleriefähnrich Wolodja, der aus der Kriegsschule zur Front eilt, „weil man sich doch schämt, in Petersburg zu leben, wenn hier die Menschen fürs Vaterland sterben“. Aus buntschillernden, heroischen Phantasien drängt der unschuldige, schüchterne, hübsche Träumer und Schwärmer in diese grauenvolle Wirklichkeit. „Sag', bist du schon einmal im Handgemenge gewesen?“, fragt er seinen Bruder, den er auf dem Wege zur Festung trifft und zu dem er mit Achtung und Stolz als einem Helden aufblickt (dem nur die letzte gesellschaftliche Bildung mangelt). „Nein, kein einziges Mal“, antwortet der Ältere. „Von unserem Regiment sind zweitausend Mann gefallen, alle nur bei den Schanzarbeiten, und auch ich bin bei der Arbeit verwundet worden. Krieg wird ganz anders geführt, als du glaubst, Wolodja.“ Beklommen und schaudernd tritt dieser in die fremde Welt von Schlamm, Blut und Bomben. „Seine ganze junge, eindrucksfähige Seele krampfte und preßte sich zusammen unter dem Gefühl der Verlassenheit, der allgemeinen Gleichgültigkeit gegen sein Schicksal: ‚Ich kann getötet werden, und niemand weint um mich!‘ … Er blieb mitten auf dem Platze stehen, schaute sich um, ob ihn nicht jemand sehe, griff sich an den Kopf, sprach vor sich hin und dachte mit Entsetzen: ‚Herrgott! Bin ich denn ein Feigling, ein elender, abscheulicher, niedriger Feigling – gilt es nicht das Vaterland, den Zaren, für den ich gestern noch mit Wonne zu sterben wähnte? Nein, ich bin ein unglückliches, bejammernswertes Geschöpf!' Und mit einem wahren Gefühl der Verzweiflung und Enttäuschung über sich selbst fragte Wolodja nach dem Haufe des Batteriekommandeurs."

Aber die reine, beunruhigte Seele dieses jungen Träumers wird aufgenommen von der treuen, ruhigen, schicksalergebenen Seele seines Volkes, seiner Leute. Als die Franzosen ihre Gräben verlassen und den Malachow-Hügel emporstürmen, als plötzlich in seinen Unterstand der Schrei gellt: „Die Franzosen kommen!", da strömt sein Blut nach dem Herzen, da fühlt er, wie seine Wangen kalt und bleich werden. „Eine Sekunde blieb er unbeweglich; als er sich aber umsah, betrachtete er, wie die Soldaten ruhig ihre Mäntel zuknöpften und einer nach dem anderen hinauskrochen – der eine sagte sogar scherzend: ‚Bringt ihm Salz und Brot entgegen, Kinder!'"

So wird auch er ruhig und gefaßt. „Die Freude, daß er seine Pflicht erfülle, daß er nicht feig, sondern sogar tapfer sei, das Gefühl des Kommandierens und die Gegenwart von zwanzig Mann, die auf ihn sahen, machten aus ihm einen vollkommen mutigen Menschen." Und so fällt er, im schlichten, tröstenden Gefühl der Pflichterfüllung, seinem Volk und Gott getreu, zur selben Stunde wie sein älterer Bruder, der mit Tränen des Glücks hinübergeht. – – –

„Lange wird in Rußland diese Epoche von Sewastopol, deren Held das russische Volk war, tiefe Spuren zurücklassen" (Sewastopol im Dezember).

Der Schneesturm – Eheglück

Am 21. November 1855 traf Tolstoi in Petersburg ein, am 30. März 1856 wurde der Krimkrieg durch den Frieden von Paris beendet, aber erst am 26. November 1856 erhielt Tolstoi den lang erwarteten Abschied aus dem Heeresdienst.

Tolstoi kam als der Autor der Sewastopoler Erzählungen, gefeiert von der Gesellschaft und Schriftstellerwelt Petersburgs. Die Stadt wußte ihn nach den Entbehrungen des Stellungskrieges eine Zeitlang zu fesseln, obwohl „er von allem Anfang an nicht nur eine Abneigung gegen St. Petersburg selbst empfand, sondern auch alles haßte, was mit diesem zusammenhing“. (D. W. Grigorowitsch, Literarische Erinnerungen) „Er tauchte“, wie Turgeniew Tolstois späterem Freunde Feth erzählt, „kopfüber in einen Strudel von Vergnügungen: Gelage, Zigeuner und Kartenspiel jede Nacht; darauf schläft er dann wie ein Maulwurf bis zwei Uhr nachmittags.“

Neu war für Tolstoi die Literatenwelt Petersburgs. Er hatte seine Dichtungen allen literarischen Beziehungen fern geschrieben, im Kaukasus, vor Sewastopol, im Kreise von Offizieren und Soldaten, aus ganz persönlichem Lebens- und Schöpfungsdrang. Jetzt trat er in den Kreis von Schriftstellern, der sich um den „Zeitgenossen“ zusammengeschlossen hatte. Die Zeitschrift war 1836 von Puschkin und Pletenjow gegründet worden. Mit Puschkins Tode hatte sie alle Bedeutung verloren, bis 1847 N. A. Nekrassow und T. T. Panajew sie aufkauften und die bedeutendsten Autoren der Zeit heranzogen, vor allem Rußlands ersten Kritiker Bjelinskij. Nun wurde sie bis zu ihrer Unterdrückung durch die Regierung (1866) der Mittelpunkt der fortschrittlichen Kunst, Kritik und Soziologie. Und wir sehen Tolstoi auf zwei Gruppenbildern des „Zeitgenossen“ neben Panajew, Nekrassow, Turgeniew, Druschinin, Ostrowskij, Gontscharow, Grigorowitsch und Sollogub. Wie alle Schriftsteller Rußlands waren auch diese zugleich geistespolitische Führer und Erzieher ihres Volkes, damals um so mehr, als der Regierungsantritt Alexanders II. (1855) die kühnsten Hoffnungen geweckt hatte. Schon im März 1856 stellte Alexander die Aufhebung der Leibeigenschaft in Aussicht.

Aber der Liberalismus dieser Schriftsteller war ein soziales Programm, eine rationale Forderung, ein öffentlicher Redekampf. Tolstois Liberalismus war das leid- und liebevolle Ergebnis seelischer Erschütterungen. Nur in der Darstellung, nicht in der Aussprache, fand er seine Erlebnistiefen gewahrt. Er fühlte sich im gereizten Widerspruch zu den endlosen optimistischen Diskussionen, die gar zu oft aus ebenso endlosen Gastereien und Trinkgelagen emporstrudelten. Besonders Turgeniews gütige, fast westliche Klarheit und Fortschrittsgläubigkeit reizte ihn trotz ihrer gegenseitigen literarischen und menschlichen Schätzung immer wieder zu erbitterten Zusammenstößen. Mißtrauisch stand er, seiner dunkleren, unaussprechlichen Tiefen bewußt, im Kreise dieser Literaten, die das Wort mit handwerklicher Leichtigkeit und Sicherheit gebrauchten. „Tolstoi“, berichtet E. Garschin nach Erzählungen Turgeniews, „entwikkelte früh einen Charakterzug, der sich später seiner ganzen, ziemlich düsteren Lebensauffassung zugrunde legte. Er vermochte nie an die Aufrichtigkeit der Menschen zu glauben ... und er hatte die Gewohnheit, mit seinem außergewöhnlich durchdringenden Blick den Menschen, den er für falsch hielt, durch und durch zu schauen. Turgeniew sagte mir geradezu, er habe nie in seinem Leben etwas Peinlicheres erfahren als diesen prüfenden Blick Tolstois, der – in Verbindung mit zwei oder drei giftigen Bemerkungen – jeden, der keine große Selbstbeherrschung hatte, in Raserei versetzen konnte.“

Druschinin zeichnet die Sonderstellung Tolstois gegenüber dem Petersburger Literatenkreise, wenn er ihm gelegentlich der gerade vollendeten „Jünglingsjahre“ (des Schlußteils seines autobiographischen Romans) erklärt: „Sie sind in hervorragendem Maße unliterarisch. Oftmals ist Ihr Mangel an Literatur der eines Spracherneuerers oder eines großen Dichters, der sich beständig seine eigene Sprache formt, oder eines Offiziers, der in einem Zelt sitzt und an einen Freund schreibt.“

Eben jetzt reift Tolstoi zur vollen Beherrschung seiner Sprach- und Gestaltungskräfte, nachdem er seine entscheidenden Lebensbeziehungen geklärt und objektiviert, nachdem er im Kaukasus die Natur, vor Sewastopol das Volk bis zum Urgründe erlebt hat. Jetzt vermag er das erste tragische Zusammentreffen mit seinem Volke, den „Morgen des Gutsherrn“

überpersönlich, wirklichkeits- und sinnbildkräftig zu gestalten. Jetzt vermag er in der „Begegnung im Felde“ den schuld- und hilflos leidenden Gestalten des Volkes ihr peinliches Gegenbild gegenüberzustellen: den deklassierten Gesellschaftsmenschen, den französierten hohlen und haltlosen Salonlöwen, den degradierten Offizier, der im Kaukasus als gemeiner Soldat verkommt. Und jetzt vermag er (vor der Vollendung der „Kosaken“) im „Schneesturm“ Naturstimmungen und -mächte zu gestalten in atmosphärischer Unmittelbarkeit, in symphonischer Fülle und Führung.

Ein Reiseerlebnis von seiner Rückkehr aus dem Kaukasus gibt den Anlaß: wie sein Dreigespann im nächtlichen Schneegestöber den Weg verliert, wie es drei anderen, heimkehrenden Troiken begegnet, wie sie zusammen bis zum Morgengrauen über die weglosen Schneefelder irren, der Gefahr des Erfrierens stündlich näher. Weite, weiße, stille Natur und russische Fuhrleute, die gleichfalls Natur sind, in ihrer selbstverständlichen, humordurchblinkten Schicksals-ergebenheit. Aber wie meisterhaft ist mit diesen paar Noten musiziert! Melodisch wehen Farben und Töne, Traum und Wirklichkeit ineinander. Das Schellengeläute der Schlitten rhythmisiert anheimelnd den öden Fall der Flocken. Terz und Quinte klingen und klirren. Aus dem farblosen, niedrigen Himmel wirft der Mond sein helles, kühles Licht, immer wieder vom Schneesturm verdunkelt. Dazwischen glühen im Halbschlaf sehnsüchtige Träume auf: Sommertage der Kindheit und Heimat, Julistunden mit frischgemähtem Gras, Rosensträuchern und hellblauen Teichen … bis endlich die Morgenkälte ihn schneidend durch-

schauert und die rote Sonnenscheibe rettend durch die graublauen Wolken dringt.
Im Frühjahr kehrte Tolstoi der Literatur und Gesellschaft Petersburgs den Rücken und suchte in Jasnaja Poljana die Natureinheit und -reinheit, die ihm Bedürfnis war.

Je mehr aber Tolstoi daran dachte, sich dauernd auf seinem väterlichen Landgut anzusiedeln, desto inniger verlangte ihn, den natürlichen Lebensformen genug zu tun: die Familie, die er – früh verwaist – in der Jugend entbehrt, nun als Gatte und Vater zu gründen. „Hermann und Dorothea" war neben der „Ilias" und „Odyssee" in diesen Jahren sein Lieblingsbuch, und Hermanns schlichte Sehnsucht: „Ich entbehre der Gattin" erfüllte und bedrängte ihn. Erst als Gatte und Vater reiht ja der Mensch sich in den großen epischen Gang der Geschlechter, und nur in ihm wird der Epiker seinen Rhythmus finden. Dieses Wunschbild im Herzen sah er um sich, in Gefahr, nicht Helena, aber Penelope in jedem Weibe zu sehen.

Die Tochter eines benachbarten Gutsbesitzers Valeria Wladimirowna Arsenjewa verstrickte ihn einige Monate in diese Täuschung. Im nahen Sudakowo sieht er sie bei gern wiederholten Besuchen, und der wunderreiche russische Sommer webt zwischen ihnen alle farbigen Fäden der Verführung und Verzauberung. Aber als sie gegen Sommers Ende sich nach Moskau begibt zu den Krönungsfeierlichkeiten Alexanders II., da ahnt der enttäuschte Tolstoi aus ihren Briefen, daß die Geliebte in ihrem tiefsten Wesen zur Gesellschaft gehört, nicht zur Natur. Im Vertrauen auf ihre Jugend und Empfänglichkeit sucht er sie brieflich und – nach ihrer Rückkehr – mündlich zu bilden und zu wandeln. Schließlich fährt er auf zwei

Monate nach Petersburg, um aus der Ferne ihr Wesen und seine Empfindungen klarer zu deuten. Die Briefe des Liebhabers werden zu Briefen eines schulmeisternden Freundes: „Sehen Sie, ich möchte Sie so sehr lieben, daß ich Sie belehre, womit Sie mich zwingen können, Sie zu lieben. Und es ist wahr – das hauptsächlichste Gefühl, das ich Ihnen gegenüber empfinde, ist noch nicht Liebe, sondern der leidenschaftliche Wunsch, Sie mit aller Kraft zu lieben“ (9. November 1856). Er schildert sich ihr als einen „moralisch alten Mann, der in der Jugend viele Dummheiten gemacht hat, die er mit dem Glück seiner besten Lebensjahre bezahlen mußte, und der nun seinen Weg und Beruf gesunden hat: die Literatur. Im Herzen verachtet er die ‚Welt‘, schwärmt für ein stilles, sittliches Familienleben und fürchtet nichts so sehr wie ein zerfahrenes Gesellschaftsleben, bei dem alle guten, ehrlichen, reinen Gedanken und Empfindungen verlorengehen, und das den Menschen zum Sklaven der gesellschaftlichen Konventionen und seiner Gläubiger macht. Er hat diese Verirrungen schon mit den besten Jahren seines Lebens bezahlen müssen, diese Überzeugung ist bei ihm also keine Phrase, sondern eine Überzeugung, die durch Leiden errungen ist. Das liebe Fräulein hat noch nichts dergleichen empfunden. Bälle, nackte Schultern, Kutschen, Brillanten, Bekanntschaften mit Kammerherren, Generaladjutanten usw. hält sie für ein großes Glück“ (12. November 1856). Äußerungen über Pflichten, Verkehr und Einteilung des späteren Ehelebens, über künftige Beziehungen verbergen noch kurze Zeit den Mangel gegenwärtiger. Dann reißt die schon länger geplante Fahrt ins Ausland die letzten Fäden ab.

Am 5. Dezember 1856 schreibt Tolstoi seiner Tante aus Moskau: „Das einzige Gefühl, das ich für sie empfinde, ist das der Dankbarkeit für ihre Liebe. Dazu kommt noch der Gedanke, daß sie besser als alle Mädchen, die ich gekannt habe und noch kenne, meinen Ansichten vom ehelichen Leben gemäß hätte meine Frau sein können." „Meine Freundschaft und mein Interesse", versichert er ein Vierteljahr später, „werde ich ihr stets bewahren."

Am 29. Januar 1857 tritt Tolstoi seine erste Auslandsreise an. Von Moskau fährt er mit der Post bis Warschau und von dort mit der Eisenbahn nach Paris.

Seine Novelle „Eheglück", die er zu Unrecht Roman nennt, nimmt die innere Geschichte dieser Liebe auf.

Nicht er erzählt, sondern das junge Mädchen, das ja auch in Wirklichkeit die tiefer Ergriffene war, und dessen Seelenwelt mitzuleben, Tolstoi das künstlerische Entgelt für seine menschliche Enttäuschung geworden zu sein scheint. Schon in den eben vollendeten „Zwei Husaren", die dem romantischen, rücksichts- und selbstlosen Draufgängertypus der vergangenen Offiziersgeneration den genießerisch berechnenden der jetzigen im Vater und Sohn entgegenstellen, war ein junges Mädchen, das rein, heiter, tätiger Liebe voll, ländlichem Frieden entwuchs, der menschliche Höhepunkt gewesen. Im „Eheglück" vertieft sich dieser Typus, in „Krieg und Frieden" erreicht er mit Natascha – zur Seelenreinheit den Seelenreichtum fügend – die ergreifendste Darstellung der Weltliteratur.

Der erste Teil von „Eheglück" erzählt das Keimen, Knospen und Blühen der Liebe in farbiger, klingender, atmosphärischer Eintracht mit der Natur. Hier vollendet sich Tolstois unvergleichliche Meister-

Graf Leo N. Tolstoi

schaft, in sicht- und tastbaren Bildern bald die Natur als Seele, bald die Seele als Natur erscheinen zu lassen. Weißschimmernder Flieder und purpurne Kirschendolden, der Duft des Heus und der Goldstrahl der Garben, rieselndes Mondlicht in Birkenalleen, tiefaufflötender Zwiegesang von Nachtigallen über träumenden Gärten. Nicht schlafen können vor Seligkeit! „Warum sind in dieser Nacht nicht alle Menschen jung und glücklich wie ich und er?“ Liebe als Durchgang zum All: „Unser Garten und unsere Wälder und Felder, die ich so lange kannte, wurden mir plötzlich etwas Neues und Schönes.“ Bauern, Hofgesinde und Mägde schwingen in die liebende Erschütterung ein. „Ich hatte nie bedacht, daß diese Menschen ebenso liebten, wünschten und litten wie ich.“ Und die kosmische Ergriffenheit verklärt sich zur religiösen: „In den Zwischenzeiten von einem Gottesdienst zum andern las ich das Evangelium; und immer verständlicher wurde mir dies Buch, immer rührender und schlichter erschien mir die Geschichte dieses göttlichen Lebens, immer erhabener und unergründlicher die Tiefe des Gefühls und der Gedanken, die ich in seiner Lehre fand. Wie klar und einfach stellte sich mir alles dar, wenn ich dann von diesem Buche aufstand und das Leben um mich her betrachtete. Es schien so schwer, nicht gut zu sein, und so einfach, alle zu lieben und geliebt zu werden.“

Das ist ein einziger schwellender lyrischer Hymnus, und doch ist jedes Bild, jeder Vorgang umrissen in epischer Deutlichkeit. Alles hat seine eigene Stimme und Wesenheit und schwingt doch in einer kosmischen Symphonie. Geniale Schöpferkraft formt den lyrischen Urklang: die Zwei-Einheit der Liebenden zum episch-bildhaften Vorgang: „‚Ich liebe Sie,‘

antwortete er, indem er mich mit seinen forschenden, fesselnden Blicken ansah. Ich antwortete nicht, aber unwillkürlich blickte ich zu ihm auf, und plötzlich ging etwas Seltsames in mir vor. Ich hörte auf zu sehen, was mich umgab, und dann verschwand auch sein Gesicht, nur seine Augen blickten mich aus nächster Nähe an, und endlich schien mir, als ob diese Augen in mir wären, und ich mußte die meinigen schließen, um mich dem eigentümlichen Bann, den sein Blick in mir hervorrief, und der halb Freude, halb Furcht war, zu entreißen." – –

Diese kosmisch-metaphysischen Liebesspannungen müßten im zweiten Teil der Novelle – nach der Hochzeit – in Tat und Handlung umgesetzt, im täglichen Leben auf Kinder, Gesinde, Beruf schöpferisch übergeleitet werden. Das aber hatte Tolstoi noch nicht erlebt. Er gab – hier zeigt sich die Ich-Befangenheit auch des großen epischen Genius – seine unglückliche Bräutigams-Erfahrung als Ehe-Erlebnis, ja als das typische Erlebnis jeder Ehe: den schnellen Abstieg der kosmisch-metaphysischen Liebe – auf zwiespältigen Irrwegen durch die Gesellschaft – in eine ruhige, genügsame, dankbare Freundschaft. Erst die eigene Ehe sollte ihm offenbaren, welche tieferen Möglichkeiten hier menschlich und dichterisch nach Erfüllung verlangten.

Albert – Luzern

Anderthalb Monate verbrachte Tolstoi in Paris. Die Fülle der Anregungen trieb seine Tage im Fluge hin. „Ich habe nur wenig in Gesellschaften und Literatenkreisen verkehrt oder Cafés und Bälle besucht, trotzdem aber so viel Neues und Interessantes gefunden, daß ich mir jeden Tag beim Schlafengehen sagte: Wie schade, daß der Tag so schnell vergangen ist" (an T. A. Jergolskaja, 4. April 1857). Nicht Kunst und Kultur, nicht Bilder, Bauten und Sammlungen vermochten Tolstois Interesse zu fesseln, auch in Paris scheinen Volk und Volksleben ihn vor allem beschäftigt zu haben. Was er vom zweiten Pariser Aufenthalt (Januar 1861) erzählt, mag wohl auch vom ersten gelten: „In Paris brachte ich die halbe Zeit in Omnibussen zu, einfach um mich durch die Beobachtung der Leute zu unterhalten", (zu Schyler) und wie später in Marseille mag er „die Schnapsboutiquen, Cafés chantants, Museen, Werkstätten, Kais und Buchhandlungen" durchschlendert haben. Abends unterhielt ihn die unbefangene französische Geselligkeit seiner Pariser Pension, „wo wir zwanzig Menschen der verschiedensten Nationen, Berufe und Charaktereigenschaften uns an der gemeinsamen Tafel wie zu einem Vergnügen zusammenfanden … dort hatten wir unseren Philosophen, unseren Streithahn, unseren Schöngeist, unseren Narren – und alle gehörten allen; dort schoben wir gleich nach der Mahlzeit den Tisch beiseite und tanzten im Takt oder auch nicht im Takt auf dem staubigen Teppich bis zum späten Abend" („Luzern").

Im März unternimmt Tolstoi zusammen mit Turgeniew einen Ausflug nach Dijon und schreibt dort die Novelle „Albert", die an Wesen und Schicksal jenes verbummelten deutschen Musikers anknüpft, den er im Frühjahr 1848 von Petersburg nach Jasnaja Poljana mitgenommen hatte.

Es ist das Hohelied der Kunst, das Tolstoi hier anstimmt, Dank, Stolz und Rechtfertigung Tolstois des Künstlers gegen die enge bürgerliche Welt, das hohe und dunkle Lied vom Künstler, der mit der freien Unendlichkeit seiner Visionen fremd und beziehungslos in die Welt des Endlichen, Zweckhaften gebannt ist. Der Überdrang seiner Eindrücke und Gefühle vermag sich der Wirklichkeit und ihren Aufgaben nicht einzuordnen. Haltlos reißen sie ihn in Leidenschaft und Verzückung, in Rausch und Niedergang. Nur im genialen Spiel seiner Geige hebt er sich in das Reich, darin er zu Hause, darin er Herrscher ist. Dann scheint er den mitgerissenen Zuhörern höher und höher zu wachsen, dann ist seine elende Kleidung, seine Mißgestalt, sein seltsames Wesen vergessen, die reine Stirn und der glänzende Blick, den er umherschweifen läßt, strahlen von Stolz, Würde und Machtbewußtsein. Er schließt den schluchzenden Hörern die heimlichsten und heiligsten Gärten ihrer Erinnerungen, Träume und Hoffnungen auf. –

Umsonst ist der Versuch eines Mitfühlenden, diesen dionysisch Gezeichneten in die bürgerliche Ordnung zurückzuführen. Nach zwei Tagen entläuft er, von Musik und Likör berauscht. Und während er an der Schwelle eines Tanzlokals erfriert, erfüllt sein inneres Leben sich in letzten, brennenden Eindrücken, hört er die Stimme des Genius, die ihn rechtfertigt und erhebt: „Wie ein Strohhalm ist er von jenem heiligen Feuer versengt worden, dem wir alle dienen; aber er hat alles erfüllt, was Gott in ihn hineingelegt hatte; darum muß er ein großer Mensch genannt werden. Ihr konntet ihn verachten, konntet ihn quälen und erniedrigen, und dennoch steht er unendlich hoch über euch allen … Die Kunst ist die höchste Offenbarung der Schöpferkraft im Menschen, sie ist nur wenigen Auserwählten verliehen und hebt den Auserwählten auf eine Höhe empor, wo den Kopf ein Schwindel erfaßt, wo es schwer ist, sich gesund zu erhalten. In der Kunst gibt es wie in jedem Kampfe Helden, die ihre Pflicht tun und untergehen, ohne ihr Ziel zu erreichen.“ – Einmal noch darf der Sterbende in Fieberträumen sein unendliches Herz auf der Geige verströmen, auf einer überirdischen Geige, die ganz aus Glas gebaut ist. Ihre Töne sind köstlich und weich, wie er sie niemals gehört hat, Melodien entlockt er ihr, wie sie nie wieder eines Menschen Ohr vernehmen wird. Und aus dem Zauberreich dieser Töne tritt die Dame seines Herzens, die Aristokratin, die er – von ferne! – bis zum Wahnsinn geliebt hat, und führt ihn in eine klingende Einheit von Mondlicht, Wasser und Liebe, in den letzten kosmischen Einklang. Voll metaphysischen Jubels stirbt er, erfriert er, besorgt nur auch jetzt noch von der einen, ewigen Unruhe des

Künstlers, „daß er nicht imstande sein würde, alles zu sagen, was er zu sagen hatte". – – „Zwei Gäste, welche den Tanzsaal verließen, stolperten über den lang ausgestreckten Körper."

Als der Frühling aufblüht, da halt es auch in Frankreich Tolstoi nicht in den Mauern der Großstadt. „Paris ist mir so zum Ekel geworden, daß ich beinahe verrückt geworden wäre" (Erinnerungen der Gräfin A. A. Tolstoi). Die erwachende Natur ruft nach ihm, er eilt in die Schweiz. In Genf trifft er seine Tante Alexandra Andrejewna Tolstoi (1817–1904), die Hofdame der Großfürstin Maria Nikolajewna. Hier entwickelt sich die Lebensfreundschaft, von der er kurz vor seinem Tode – beim Durchlesen ihres Briefwechsels – sagt: „Wie in einem dunklen Korridor zuweilen ein Licht von fernher schimmert, so ist die Freundschaft mit Alexandrine, wenn ich auf mein langes, dunkles Leben zurückblicke, immer ein heller Strahl." Die Gräfin lebte in den Formen der Gesellschaft und der Kirche, aber sie beseelte diese Formen mit einem Adel und einer Wärme, einer reifen und reichen Güte, die Tolstois Unruhe und Ungestüm immer wieder auszugleichen wußten. Mit ihr, seinem „Großmütterchen (Babuschka)", und ihrer Schwester macht er Ausflüge über den Genfer See und die Berge; eine Fußwanderung mit Botkin und Druschinin, die ihm nachgekommen waren, führt ihn bis Piemont, dann nimmt er für zwei Monate nahe Genf in Clarens Wohnung, „demselben Dorfe, in dem Rousseaus Julie lebte". „Er bezauberte", erzählt die Gräfin Alexandra Andrejewna, „alle durch seine kindliche Fröhlichkeit und seine originellen Einfälle."

„Wie schön die Gegend ist, besonders jetzt, da alles im Blätter- und Blütenschmuck steht,“ schreibt er nach Hause, „will ich gar nicht zu schildern versuchen. Ich will nur sagen, daß es buchstäblich unmöglich ist, sich von diesem See, diesen Ufern loszureißen, und daß ich den größten Teil meiner Zeit im Freien oder einfach am Fenster im begeisterten Anschauen versunken bin. Ich freue mich immer wieder über den guten Gedanken, Paris zu verlassen und hierher zu reisen.“ Geblendet und erschüttert von so viel Schönheit bejaht er selig das Leben, wünscht er „lang, sehr lang zu leben; ein kindischer, poetischer Schrecken kam über mich, wenn ich an den Tod dachte. Oft, wenn ich allein in dem kleinen, schattigen Garten sitze und, wie ich es ja unaufhörlich tue, auf diese Ufer und diesen See staune, empfinde ich gleichsam körperlich, wie ihre Schönheit durch meine Augen in meine Seele dringt.“

So sehr verliert sich Tolstoi Woche um Woche in der Schönheit und Einheit der Natur, daß die Abreise, der Übergang in die Kultur und ihre Ausgangserscheinungen ihn umso empfindlicher verletzen mußten. Ein kleines Erlebnis in Luzern wird der Anlaß, diesen Gegensatz in seiner ganzen Tiefe aufzureißen und in der Novelle „Luzern“ den ersten elementaren Protest gegen die ganze europäische Zivilisation zu schleudern.

Als typische Vertreter dieser Zivilisation erscheinen ihm die Engländer, die den weißen liniengeraden Kai mit seinen fünfstöckigen Steinklötzen in den majestätischen See geschoben haben, deren Kälte Tolstois Hotel mit einer steifen, formenkalten Ungeselligkeit durchfröstelt. Da sitzen sie Tisch an Tisch selbstzufrieden und selbstgerecht, ohne jede Teilnahme für ihre Umgebung, wenn sie sich nicht unmittelbar auf die eigene Person bezieht, tadellos und seelenleer. Wesen und Forderung der Menschheit branden zurück vor ihrem riesigen Egoismus. „Mir war entsetzlich herzenskalt, einsam und drückend zumute."

Abends klingen in diese Eisigkeit und Einsamkeit die Lieder eines Schweizer Straßensängers. Und eine halbe Stunde lang scheint die Macht der Musik die Herzenshärte der Gäste zu lösen, sie stehen auf der Freitreppe, an den Fenstern und auf dem Balkon des prächtig erleuchteten Hotels, in ihren kostbaren, üppigen Kleidern und hören beifällig zu. Als aber der Sänger, ein altes, abgerissenes Männchen, seine Mütze ausstreckt, die wohlverdiente Belohnung zu sammeln – einmal, zweimal, dreimal! – da wirft ihm nicht einer der hundert Reichgekleideten auch nur einen Heller hin. Und die Menge lacht dazu mitleidslos.

In unaussprechlichem Zorn eilt Tolstoi dem Sänger nach, lädt ihn zu sich ins Hotel, setzt sich mit ihm unter die Engländer, die entrüstet fortdrängen, und bestellt Champagner. Und nachdem die unschuldige, anspruchslose und liebevolle Seele dieses Natursängers sich ihm ausgeplaudert hat, geht er, viel zu erregt, um schlafen zu können, auf und nieder an den nächtigen Ufern des Sees. Und sein fieberndes Hirn sucht den Vorfall zu deuten. Es sind nicht die ewigen sündigen Seiten der Menschennatur, darin er gründet, es ist „eine bestimmte Epoche der Entwicklung unserer Gesellschaft". Hier, gerade hier in der Schweiz, „wo die Zivilisation, die Freiheit und die Gleichheit ihren höchsten Grad erreicht haben, wo die zivilisiertesten Menschen der zivilisiertesten Nationen zusammenkommen", enthüllt sich ihm, daß sich hinter den wachsenden Verstandes- und Gesetzesformeln nur um so kältere Selbstsucht und Seelenleere verbirgt, daß hinter scheinbar verbindenden Menschheitsbegriffen die Menschheit um so trostloser auseinanderklafft. „Einen, nur einen unfehlbaren Führer haben wir, den Weltengeist, der uns alle insgesamt und jeden einzelnen durchdringt und in jeden das Streben nach dem gelegt hat, was gut ist – derselbe Geist, der im Baume wirkt, auf daß er der Sonne entgegenwachse, der in der Blume wirkt, auf daß sie Samen ausstreue zum Herbst, und der in uns wirkt, uns unbewußt, daß wir zueinander streben. – Diese eine, unfehlbare, beglückende Stimme übertönt die lärmende, hastige Entwicklung der Zivilisation.“

Drei Tode

Ende Juli 1857 fuhr Tolstoi über Schaffhausen, Baden, Stuttgart, Frankfurt nach Berlin, am 8. August zur See von Stettin nach Petersburg, eine Woche darauf über Moskau nach Jasnaja Poljana, sich der Bewirtschaftung seines Gutes zu widmen.

Zum erstenmal sieht er Rußland mit gewaschenen Augen, mit den Blicken eines von außen Kommenden, und seine Dissonanzen quälen ihn mehr als je: „In Rußland angekommen," schreibt er der Freundin, „habe ich lange mit dem Gefühl des Abscheus gegen das Vaterland gekämpft, und erst jetzt fange ich wieder an, mich an all die Schrecken, die unsere ewige Umgebung bilden, zu gewöhnen ... Wenn Sie wie ich im Laufe einer einzigen Woche gesehen hätten, wie eine gnädige Frau ihr Mädchen auf der Straße mit einem Stocke prügelte, wie der Stanowoij mir sagen ließ, daß ich eine Fuhre Heu schicken soll, andernfalls er meinem Knechte gewisse Papiere nicht ausfolgen werde, wie ein Beamter vor meinen Augen einen siebzigjährigen Greis halbtot geschlagen hat, weil der Beamte im Vorbeigehen an ihm hängen blieb, wie mein Gutsverwalter, um mir einen Dienst zu erweisen, einen Gärtner derart bestraft, daß er ihn zur Weide barfuß auf die Stoppelfelder schickt und sich freut, da er mit blutigen Füßen zurückkommt – wenn Sie das alles und noch viel mehr gesehen hätten, würden Sie mir glauben, daß in Rußland das Leben eine ewige Qual und ein beständiger Kampf gegen die eigenen Gefühle ist. – Gut, daß es eine Rettung gibt, eine moralische Welt, die Welt der Künste, der Poesie und der Freundschaft. Hier stört mich niemand, weder der Stanowoij noch der Gutsverwalter; ich sitze allein, der Wind heult; draußen ist Schmutz, Kälte, und ich spiele das Andante von Beethoven, miserabel, mit stumpfen Fingern, und vergieße Tränen der Rührung, oder lese in der Ilias oder sinne mir selbst Menschen aus, Frauen, lebe mit ihnen, verschmiere Papier, denke an Leute, die ich liebe – wie jetzt" (18. August 1857).

Verantwortungs- und liebevoll sucht er auf seinem Platze die sozialen Mißstände zu bessern, er setzt sich im Tagebuch als Aufgabe, seinen Verbrauch einzuschränken und den Überschuß zugunsten der Bauern zu nutzen. Schon scheinen größere Gewissensforderungen aufzutauchen und ihn zu beunruhigen. „Selbstverleugnung", so entscheidet er sich, „besteht nicht darin, daß man sagt: ‚Nimm von mir, was du willst', sondern im Zusammenarbeiten und Zusammendenken mit andern, so daß man ihnen sich selbst opfert." Und er arbeitet mit seinem Verwalter, seinem Gutsältesten, seinen Bauern, „immer im Dorf, von morgens bis abends beschäftigt mit Dünger, Pferden, Muschiks" (Oktober 1857 an A. A. Tolstoi), eine freie Naturkraft unter gebundenen. „Es ist wahr, daß ich den ganzen Sommer hindurch von morgens früh bis abends spät geackert, gesät, gemäht habe" (August 1858). In diesen Jahren steigert sich seine elementare Lebensfülle immer wieder zur rückhaltlosen Lebensbejahung und Lebensdankbarkeit: „Am selben Tage, als Sie in Petersburg an mich schrieben, ritt ich in Wirtschaftsangelegenheiten auf die Felder hinaus. Es war ein glücklicher Tag, alles ging gut, gerade zur rechten Zeit wurden alle Muschiks plötzlich ungewöhnlich kluge und brave Leute, und als ich wieder nach Hause ritt – es war ein herrlicher, klarer, kalter Herbstabend – empfand ich ein Gefühl der Freude, daß Lew Nikolajewitsch lebt und atmet, und ein Gefühl der Dankbarkeit gegen einen Jemand, der L. N. zu atmen erlaubt hat“ (an A. A. Tolstoi Oktober 1857).

Natur und Leben selber begreifen und bejahen sich in ihm. Zumal im Frühling scheint das Weltall in ihm aufzujauchzen: „Babuschka! Frühling! Ganz außerordentlich gut ist's guten Leuten, auf dieser Erde zu leben; sogar solchen, wie ich einer bin, ist es oft gut: In der Natur, in der Luft, in allem ist Hoffnung, Zukunft – eine lockende Zukunft ... Bedenke ich's recht, so weiß ich ganz gut, daß ich eine alte, durchfrorene, abgestandene und noch dazu in der Sauce eingebrannte Kartoffel bin, aber der Frühling wirkt so auf mich ein, daß ich mich oft mitten im Gewühl meiner Phantasien bei dem Einfall ertappe, ich sei eine Pflanze, die sich erst jetzt entfalten und mit andern Blumen und Gewächsen still, froh und einfach auf Gottes Erde wachsen will. In solchen Zeiten geht in mir ein Umschwung vor, eine Reinigung und Wandlung, die niemand begreifen kann, der das nicht selbst erlebt hat. Alles Alte muß fort, alles Konventionelle, alle Faulheit, aller Egoismus, alle Laster, alle verwickelten, unklaren Verhältnisse, alles falsche Mitleid, sogar die Reue – alles muß fort! Gebt einer ungewöhnlichen Blume Raum, die schon ihre Knospen entfaltet und mit dem Frühling erblühen wird!" (April 1858 an A. A. Tolstoi).

Aber gerade von diesen Gipfeln des Lebens wird ihm zuweilen der Abgrund des Todes sichtbar. Und wenn noch in der Schweiz in solchen Augenblicken „ein kindischer, poetischer Schrecken" ihn überkam, so sucht er diese jetzt in die Alleinheit seines Natur- und Lebensgefühls aufzunehmen: im Januar 1858 schreibt er bei der alten Fürstin Wolkonskij, einer Cousine seiner Mutter, die Erzählung „Drei Tode".

Da stirbt eine Dame aus der Gesellschaft, die selbstsüchtig, feige und unwahr – wie die Gesellschaft! – bis zum letzten Augenblick sich belügt und ihre Angehörigen zur Lüge zwingt: „Sie macht", klagt ihr Mann, „Pläne für das Leben im Ausland wie eine Gesunde, und ihr die Wahrheit über ihren Zustand sagen, das hieße geradezu, sie töten." Noch in der Todesstunde beschuldigt sie ihren Mann: „Wenn mein Mann mir nur früher gefolgt wäre, wäre ich in Italien und gesund", und nach dem Abendmahl noch schmäht sie die Ärzte und verlangt einen Kurpfuscher. Ihr Christentum ist nur eine Formel – wie das der gesamten Gesellschaft – wahre Gottergebenheit ist ihr wesensfremd.

Wie anders stirbt dagegen der russische Bauer! Still und naturergeben liegt und leidet er zwei Monate auf dem Ofen der Gaststube. Ein Kutscher bittet ihn um seine neuen Stiefel, da er sie doch nicht mehr anziehen werde. „Nimm dir die Stiefel," antwortet er in gleicher, schlichter Aufrichtigkeit, „aber einen Stein kauf mir, wenn ich sterbe." Und die Nacht vor seinem Tode bittet er die Köchin des Gasthofs um Entschuldigung und Geduld: „Sei mir nicht böse, Nastaßja, ich werde bald den Winkel räumen." Ohne jemand zu bemühen, stirbt er im Dunkeln, still und klaglos. „Der Bauer stirbt ruhig," schreibt Tolstoi der Freundin, „weil er nämlich kein Christ ist. Seine Religion ist eine andere, obgleich er, wie es Brauch ist, alle christlichen Zeremonien mitgemacht hat. Seine Religion ist die Natur, mit der er gelebt hat. Er fällte Bäume, säte Roggen, mähte ihn, er schlachtete Hammel, Hammel wurden bei ihm geboren, und Kinder kommen bei ihm zur Welt, Greise starben, und er kennt dieses Gesetz, von dem er sich nie abgewendet hat (wie die Dame der Gesellschaft) und hat ihm fest und schlicht ins Auge geschaut" (1. Mai 1858).

Der dritte Tod ist der eines Baumes, einer jungen Birke, die der Kutscher im Walde fällt, um dem Bauern wenigstens ein Holzkreuz aufs Grab zu setzen. Im ewigen Werden und Vergehen der Natur wächst und fällt der Baum, ohne Mißklang, ohne Lücke … „Der Nebel zerrann, heller erglänzte der Tau. Die Vögel sangen wie von etwas Glücklichem. Hoch in den Wipfeln flüsterten die saftigen Zweige froh und ruhig miteinander, und unten die breiten Äste bewegten sich langsam und hoheitsvoll über dem toten, zur Erde gesunkenen Baum."

Die Lebens- und Todesanschauung dieser Novelle sollte bald auf ihre Tiefe und Haltbarkeit schmerzlich geprüft werden. Tolstois Bruder Nikolai – „ein Mensch, den wir liebten und höher achteten als irgendeinen anderen auf der Welt" – war an der Lungenschwindsucht erkrankt und reiste im Juni 1860 mit dem Bruder Sergej zur Kur nach Soden. Tolstoi folgte ihm mit der Schwester am 3. Juli über Petersburg, Stettin nach Berlin, wo er Vorlesungen der Professoren Droysen und Du Bois-Reymond besucht. Über Leipzig durchquert er die Sächsische Schweiz und nimmt Kuraufenthalt in Kissingen, von wo er seinen Bruder jederzeit erreichen kann. Ausflüge in den Harz beleben den August. Ende des Monats geleitet er mit der Schwester den erlöschenden Nikolai nach Hyères am Mittelmeer, wo dieser am 20. September stirbt.

Wie oft hatte Tolstoi im Kaukasus oder vor Sewastopol dem Tode zugesehen – das war der Tod in Kampf und Wunden, ein natürlicher Tod, den man selber herausgefordert. Hier war der Tod eine langwierige, qualvolle Auflösung, grausige Unnatur, die ein Leben vor der Zeit zerstörte – ein verwandtes, vorbildliches Leben. „Die Demut der Lebensführung, die Leo Tolstoi in der Theorie ausarbeitete," erzählt Turgeniew, „übte sein Bruder in der Wirklichkeit. Er lebte stets irgendwo in einem Außenviertel Moskaus, in einer ärmlichen Behausung, die mehr einer Hütte glich, und teilte gern mit den Ärmsten, was er befaß" (Turgeniew an E. Garschin). Zum erstenmal war Tolstoi der Tod deutlich geworden als ein Zersetzungskeim im eigenen Blute, ein unausrottbarer Keim, den er selber nährte und der ihn einst überwachsen würde. „Fürchterlich hat mich dies Ereignis vom Leben losgerissen," schreibt er nach drei Wochen in sein Tagebuch, „wiederum die Frage: Warum? Auch ich werde bald dorthin gehen – wohin?" Nein, er hatte nicht die Naturergebenheit seines sterbenden Bauern, nicht die Natureinheit der stürzenden Birke. Ihm genügte nicht „die unbestimmte Hoffnung, daß irgendwo in der Natur, in die man als winziger Teil eingeht, etwas übrig bleibt und sich wiederfindet". Je mehr er die geniale Einmaligkeit feines Menschen- und Künstlertums fühlte, je mehr er die

Form fühlte, die in ihm nach Gestalt verlangte, desto mehr schauderte ihn, sie aufzugeben. „Nie hat etwas in meinem Leben einen so tiefen Eindruck auf mich hervorgebracht. Er sprach die Wahrheit, wenn er zu sagen pflegte, daß es nichts Ärgeres gäbe als den Tod. Und hat man erst klar erfaßt, daß dieser das Ende von allem ist, dann gibt es auch nichts Ärgeres als das Leben. Wozu sorgt und müht man sich, wenn von der Tatsache, daß Nikolaj Nikolajewitsch Tolstoi gelebt hat, für ihn selbst nichts übrig bleibt. Er sagte nicht, daß er sein nahes Ende fühlte, ich weiß aber, daß er jeden Schritt des Todes verfolgte und bestimmt wußte, wie lange er noch zu leben hatte. Einige Minuten vor seinem Tode versank er in leichten Schlummer, plötzlich wachte er auf und flüsterte mit Entsetzen: ‚Was ist denn das!' Da hatte er es gesehen, die Auflösung der Persönlichkeit in das Nichts. Und wenn er keinen Halt fand, was werde ich dann finden?" (An Feth, 17. Oktober 1860)

Auch Tolstoi war Natur und Geist. Seine gewaltige Natur war elementar genug, um sich immer wieder als Allnatur zu fühlen, als einen Teil der unvergänglichen, schaffenden Kraft. Als Natur besaß er Lebens- und Welteinheit und war dem Tod überlegen. Aber je öfter Tage und Wochen der Ermüdung seine reizbare Seele drückten, je öfter den Alternden die Natur schon verließ (gerade in diesen Jahren hustete er verdächtig), desto dringender fragte sein einsamer und unsicherer Geist nach seiner, der geistigen Welteinheit, die ihm der überlieferte Glaube allzu kurz vermittelt hatte.

Vor einem Jahre (Mai 1859) hatte er der Freundin eine „Profession de foi" abgelegt: Als Kind habe er die ererbte Lehre geglaubt, feurig, sentimental und gedankenlos; mit vierzehn Jahren habe er diesen

Glauben fortgeworfen, weil er mit dem positivistischen Fortschrittsglauben, den ihn die Gesellschaft und Universität gelehrt (Vogt, Moleschott, Büchner, Feuerbach, Marx), nicht übereingestimmt; mit vierundzwanzig Jahren habe er im Kaukasus einsam und unbefriedigt um einen neuen Lebenssinn gerungen und die alte einfache Wahrheit entdeckt – „die ich aber so weiß, wie niemand sie weiß“ – daß es eine Unsterblichkeit gibt und daß man für andere leben muß, um ewig glücklich zu sein. Die Ähnlichkeit dieser Anschauungen mit denen des Christentums habe ihn im Evangelium weiterforschen lassen, er habe jedoch wenig gefunden, obwohl er in Qualen und Tränen nach Wahrheit gesucht habe, mit allen Kräften der Seele. Die Sehnsucht nach Religion beunruhigt und bedrängt ihn: „Ich halte dafür, da ohne Religion der Mensch weder gut noch glücklich sein kann, daß ich sie mehr als alles andere auf der Welt besitzen möchte, daß ich mein Herz ohne sie verdorren fühle, daß ich noch hoffe und in kurzen Minuten gewissermaßen glaube, aber ich habe keine Religion und glaube nicht.“ Und er hofft, daß ihm die geistige Welteinheit einmal auf dem Wege über seine natürliche Welteinheit offenbar werde: „Gott wird helfen, es wird schon kommen; Sie lachen über die Nachtigallen und die Natur – für mich ist sie die Führerin zur Religion.“ „Bei mir“, sagt ein Satz von prophetischer Tiefe, „macht das Leben die Religion und nicht die Religion das Leben.“

Polikuschka

Schon 1849, als er von der Universität mit dem gläubigen Enthusiasmus des Jünglings heimkehrte und den traurigen „Morgen des Gutsherrn“ erlebte, hatte Tolstoi eine Volksschule für die Kinder seiner Bauern gegründet; sie war mit seiner Abreise in den Kaukasus eingegangen. Nach der ersten Auslandsreise, im Herbst 1859, hatte er sie erneuert. „Sie wissen wahrscheinlich,“ schreibt er der Freundin nach dem Tode seines Bruders aus Hyères, „daß ich mich seit vorigem Jahr mit den Schulen beschäftige. Ich darf ganz offen sagen, daß dieses das einzige Interesse ist, das mich ans Leben bindet.“ Und wärmer noch betont er zwei Jahre später aus Jasnaja Poljana, „was die Schule seit ihrer Eröffnung für mich bedeutet hat: sie war mein ganzes Leben, sie war mein Kloster, sie war meine Kirche, in die ich mich zu retten pflegte und in die ich mich vor allen Wirrnissen, allen Zweifeln und Anfechtungen des Lebens gerettet hatte“ (7. August 1862).

In der Schule fand er sein Volk, fand es unverdorben durch soziale Mißstände, in Reinheit, Bildsamkeit und Dankbarkeit – Natur im doppelten Sinne: als Volk und als Kind. Noch vermochte sein beunruhigter Lebensdrang den neuen Weg in die Welteinheit des Geistes nicht zu erschließen – wieder ging er zurück in die unbewußte Welteinheit der Natur. Er schien der Wohltäter, der Gebende, aber vielleicht empfing er mehr denn er gab: er war der Riese, der in den Kindern aufs neue seine Mutter, die Erde, berührte. Daher ist seine ganze Pädagogik zu verstehen. Das Kindesalter ist ihm „das Urbild der Harmonie“. „Wir wissen die urwüchsige Schönheit des Kindes so wenig zu begreifen und zu schätzen, daß wir immer geneigt sind, die uns entgegentretenden Fehler so schnell als möglich zu vergrößern und ihre Quelle zu verstopfen, das heißt, daß wir damit beginnen, das Kind zu bessern, zu erziehen. Bald wollen wir eine Seite der andern gleichmachen, bald diese jener annähern. Man sucht das Kind immer weiter zu entwikkeln und entfernt es nur immer mehr von dem ursprünglichen und nun getilgten Urbilde; die Erreichung der eingebildeten Vollkommenheit des erwachsenen Menschen aber wird immer unmöglicher. Unser Ideal liegt hinter uns und nicht vor uns. Die Erziehung verdirbt die Menschen, statt sie zu bessern … Es ist nicht möglich, ein Kind zu lehren und zu erziehen, aus dem einfachen Grunde, weil ein Kind dem Ideal der Harmonie, der Wahrheit, Schönheit und Güte näher steht als ich, als jeder Erwachsene, der das Kind in seinem Hochmut erst bis zu diesem Ideal emporheben will. Das Bewußtsein des Ideals ist stärker in ihm als in mir. Es braucht von mir nur das Material, um sich allseitig mit Harmonie zu erfüllen.“ („Sollen die Bauernkinder bei uns schreiben lernen oder wir bei ihnen?“)

Vom Leben überträgt Tolstoi diese Anschauungen auf die Kunst. Kindersprache, Kinderdichtung ist ihm Volksdichtung, gewachsene Kunst, aller wirklichen, berechneten Kunst der Gesellschaft weit überlegen, auch seiner eigenen. Ergreifend ist die Schilderung, wie dieser große Dichter des Russenlandes seinen Schülern die Aufgabe stellt, zu einem Sprichwort eine Erzählung zu erfinden, und in zwei Knaben die schöpferische Sprach- und Darstellungskraft des Volkes wirken sieht. Bewundernd ordnet er sich ihnen unter, eilends schreibt er ihre Sätze nieder, fragend lockt er sie zu neuen Wendungen, begeistert von der Wahrheit ihrer Bilder, der irrationalen Beziehungsfülle ihrer Linien. „Ich kann das Gefühl der Erregung, der Freude, der Furcht, fast möchte ich sagen der Reue, nicht schildern, das mich im Laufe dieses Abends beseelte. Ich fühlte, daß sich den Knaben eine neue Welt der Freuden und Schmerzen geöffnet hatte: die Welt der Kunst; mir war, als hätte ich etwas beobachtet, was kein Mensch zu sehen das Recht hat: die Geburt der geheimnisvollen Blume Poesie. Mir war ganz ängstlich und freudig zumute wie einem Schatzgräber, der ein Farnkraut blühen sieht … Am anderen Tage wollte ich nicht an das glauben, was ich erlebt hatte. So seltsam schien es mir, daß ein Bauernjunge, der kaum lesen kann, plötzlich eine bewußte, künstlerische Schöpferkraft entwickeln konnte, die auf seiner unerreichbaren Höhe ein Goethe nicht zu erreichen vermochte. So merkwürdig und kränkend schien es mir, daß ich, der Verfasser der ‚Kindheit', der ich bei der russischen gebildeten Gesellschaft einigen Erfolg und einige Anerkennung gefunden hatte, daß ich im künstlerischen Schaffen nicht bloß dem elfjährigen Hans oder Fritz nicht helfen, sie nicht belehren, sondern ihnen nur mit großer Mühe und nur in den glücklichen Momenten der Inspiration folgen und sie verstehen kann."

Der eine dieser Bauernjungen war Wassilij Morosow, der Fuhrmann wurde, mit einer großen Familie in Tula kümmerlich lebte und 1914 starb. Außer einer Erzählung, die Tolstoi 1908 im Europäischen Boten veröffentlichte, hat er „Erinnerungen eines Jasnopoljaner Schülers an Leo Tolstoi“ geschrieben, die Tolstoi in voller Unmittelbarkeit zeigen als Lehrer, als Lernenden, als Natur. „In den Pausen zerstreuen wir uns über alle Wege des Gartens. Allerhand lustige Streiche werden verübt. Wir stoßen einander in den Schnee, bewerfen uns gegenseitig mit Schneebällen. ‚So, jetzt geht alle auf mich los! Probiert einmal, ob ihr mich umwerfen könnt!‘ Und wir umringen sofort Lew Nikolajewitsch, klammern uns an ihn, zerren ihn hin und her, stellen ihm ein Bein, bewerfen ihn mit Schnee, fallen über ihn her, krabbeln auf seinen Rücken und bemühen uns aus Leibeskräften, ihn zu Boden zu werfen. Aber mit noch größerer Kraft hält er unserm Ansturm stand, gleich einem starken Stier trägt er uns auf dem Rücken. Nach einer Weile läßt er sich vor Müdigkeit – häufiger noch zum Spaß – in den Schnee fallen. Unser Entzücken ist unbeschreiblich. Sogleich beginnen wir ihn mit Schnee zu überschütten, wir fallen selbst, ein ganzer Haufen, über ihn her, indem wir schreien: ‚Der Haufen ist noch zu klein, der Haufen ist noch zu klein!‘ … ‚Schlagt mich jetzt mit Fäusten auf den Rücken!‘ Und sogleich beginnen unsere Fäuste auf seinem Rücken zu tanzen. ‚So ist's recht! Hierher noch ein wenig! Auch hier! Jetzt noch da! Niedriger! Höher!‘ Unter Lachen und Schreien schlagen wir immer stärker zu. Dann richtet er sich auf und sagt: ‚Jetzt ist's genug. So war's gut! So war's recht!‘ … Immer neue Spiele sann Lew Nikolajewitsch für uns aus.“

Eines Augustabends sitzt er mit den Schülern auf seiner Terrasse. „Hört, was ich mir ausgedacht habe: Ich will mein Gut, überhaupt das ganze herrschaftliche Leben aufgeben, unter die Bauern gehen, am Ende des Dorfes mir eine Hütte bauen, ein Bauernmädchen heiraten, will arbeiten wie ihr alle, mähen, pflügen, jede Arbeit tun." „Wie? Ein Tagelöhner wollen Sie werden? Wollen sich von den Leuten auslachen lassen?" rief Ignat. „Warum denn Tagelöhner? Ich werde für mich, in meiner Wirtschaft, für die Familie arbeiten." „Nun, und wenn schon: Wo willst du mit deinem Eigentum hin?" fragten wir. „Was für ein Eigentum? Das Land? Wir wollen es unter alle verteilen, es soll euer und unser sein, alle sollen daraus Nutzen ziehen." „Wie aber, wenn man Sie auslachen wird? Seht, wird man sagen, das ist der verarmte Gutsherr Tolstoi, er ist zum Bettler geworden, er arbeitet selbst. Werden Sie sich da nicht schämen?" „Was für eine Schande meint ihr? Daß man selbst arbeitet? … eine Schande ist es, daß ich nicht arbeite, daß ich besser lebe als ihr, ja, dessen schäme ich mich. Ich esse, trinke, fahre spazieren, spiele Klavier, und immer ist es so langweilig. Ich denke: So zu leben, wie ich lebe, das ist eine Schande; wenn ich mich aber bei euch eingewöhnen könnte, würde mir um vieles leichter sein." – – –

Als Tolstoi seinem todkranken Bruder auf einer zweiten Auslandsreise folgte, da nutzte er die Gelegenheit, sich über die europäischen Schulen theoretisch und praktisch zu unterrichten. In Berlin besuchte er die Abendkurse des Handwerkervereins, in Leipzig die Volksschulen, in Dresden Berthold Auerbach, dessen Roman „Neues Leben" ihm entscheidende Anregungen in der Schulfrage gegeben, in Kissingen debattiert er mit dem Soziologen Julius Fröbel, dem Neffen des Pädagogen Fröbel. In Hyères beginnt er seinen Aufsatz „Gedanken über Volksbildung“.

Mit den europäischen Schulen war er nicht zufrieden, weder mit den deutschen noch den französischen, schweizerischen, englischen und belgischen, die ihm die Rückreise zeigte. Sie alle gingen vom Erwachsenen als dem Ideal aus; nach ihm suchten sie die Kinder zu bilden und verbildeten sie. Aus Abstraktionen der europäischen Gesellschaft gewannen sie Erziehungsgesetze, die man nur dem Wesen des Kindes und des Volkes abhorchen durfte. „Die Schule ist nur dann gut, wenn sie aus dem Bewußtsein der Grundgesetze hervorgegangen ist, nach denen das Volk lebt.“ „Wir sollten doch endlich aufhören, den Widerstand des Volkes gegen unsere Bildung als ein Element zu beurteilen, das der Pädagogik feindlich ist, sondern in ihm einen Ausdruck des Volkswillens achten, der allein unsre Tätigkeit bestimmen müßte – – damit der Erzieher genau weiß, was gut und was schlecht ist, muß der Zögling die volle Freiheit haben, seine Unzufriedenheit auszudrücken; das einzige Kriterium der Pädagogik ist und bleibt – die Freiheit.“

Tolstois pädagogischer Aufsatz zeigt alle Vorzüge und Mängel, die seinen späteren theoretischen Schriften eigen: geniale Hinweise, wo die Fäden unmittelbar aus seiner Natur wachsen, Verzerrungen und Vergewaltigungen, wo er die persönlich bedingten und begründbaren Anschauungen zu allgemeinen Forderungen erhebt und gegen Auffassungen und Einrichtungen Sturm läuft, die aus ganz anderen, historisch oder philosophisch ihm wesensfremden Voraussetzungen hervorgegangen sind. Was sein Genius, seine elementare Lebens- und Liebesfülle daheim vermochte, blieb trotz wesenhafter Anregungen eine einmalige schöpferische Leistung, die sich nicht übertragen, nicht zum Gesetz verallgemeinern ließ. – – –

Anfang Dezember 1860 reiste Tolstoi von Hyères über Marseille nach Genf und von dort über Nizza, Livorno nach Florenz, Rom, Neapel – eine Italienreise, die kaum vier Wochen gewährt haben kann, und über die uns alle Einzelheiten fehlen; spurlos scheint der Süden und die Antike an dem großen Russen vorübergegangen zu sein. Im Januar 1861 wandte er sich über Marseille erneut nach Paris und von dort nach London, wo er sechs Wochen verweilte, täglich mit Alexander Herzen, dem Westler und Sozialisten, zusammen, der damals seine in ganz Rußland einflußreiche Zeitschrift „Die Glocke" herausgab. Er hat Tolstoi wohl in die Theorien des Sozialismus eingeführt. Am 19. Februar 1861, dem Tage, der die Leibeigenschaft in Rußland aufhob, fuhr Tolstoi nach Brüssel. Fast zwei Wochen blieb er dort, um sich mit Proudhon auszusprechen, dessen Lehre seinen damaligen sozialen Empfindungen entgegenkam.

Wie mochte es geschehen, daß er in Brüssel die Novelle „Polikuschka" schrieb? Acht Monate, länger als je in seinem Leben, der geliebten russischen Heimat fern, schuf seine Sehnsucht und Liebe ein Bild von ihr, – so schuf Hebel in Karlsruhe die Alemannischen Gedichte, Gottfried Keller in Berlin den Grünen Heinrich, Thomas Mann in München die Buddenbrooks. Und welches Bild wählte er aus ihrer Fülle? Welches war seinem Herzen das nächste? Das des armen, kindlichen Leibeigenen, des gutmütigen, schwachen, schuldbewußten Menschen. All seine Liebe und all seine Trauer um Rußland nahmen Gestalt in ihm.

Polikej kuriert den Bauern die Pferde, durch keine Sachkenntnis beunruhigt, mit einigen alten Stallmitteln, einigen selbsterfundenen Salben und auf gut Glück. Er war Roßbub bei einem Stallknecht des Nachbargutes, das ist seine ganze Vorbildung. Mehr als die Tierarzneikunde hatte der diebische Stallknecht, der schließlich nach Sibirien verschickt worden, dem Burschen das Stehlen beigebracht (er war jung und schwach, hatte weder Vater noch Mutter, niemand, der ihn belehrte) – das Stehlen? Er konnte nur nicht leiden, daß „etwas herumlag". Ein Strick, ein Pferdepolster, ein Schloß, ein Deichselnagel – alles fand seinen Platz bei Polikej. Er trank gern, und überall gab es Leute, welche diese Sächelchen mit Branntwein oder Geld bezahlten. Kürzlich hatte er eine alte Wanduhr, die längst nicht mehr ging, aus dem Kontor mitgehen lassen. Es war zur Anzeige gekommen. Er hatte sich der Herrin zu Füßen geworfen und mit so gefühlvollen Worten, wie sie nur ein Trinker findet, Verzeihung erbeten und Besserung geschworen. Mit schönen, selbstgefälligen Ermahnungen hatte ihn die gerührte Herrin in ein neues, tugendhaftes Leben entlassen. Er war ein gutartiger und kein übler Mensch, nur schwach.

Polikej bewohnte den schlechtesten Winkel in einem zehn Ellen langen steinernen Häuschen, dessen Mitte der Ofen einnahm. Jede Ecke war von einer Familie besiedelt, der auch der vierte Teil des Ofens zustand. Polikejs Familie zählte zur Frau fünf Kinder. Viel Raum gab es da nicht, zumal noch Fässer, Hühner und ein Kalb den Winkel bedrängten. Alle sieben zusammen hatten einen Pelz, die Kinder mußten sich durch Laufen, die Erwachsenen durch Arbeit erwärmen. Aber Menschlichkeit umschimmerte auch dieses

Elend mit idyllischen Zügen. Akulina sah zu ihrem Gatten in Bewunderung und Liebe auf. Und Polikej spielte mit seinen Kindern voll väterlicher Zärtlichkeit.

Da greift das Schicksal, die Herrin, selbstgefällig und blind in dieses Maulwurfsidyll: sie will ihren Erziehungserfolg am neuen Schützling dartun, er soll zur Stadt fahren und 1500 Rubel vom Kaufmann holen. Rührend ist der Stolz der ganzen Familie über diesen Auftrag, jeder ist sich der schweren Verantwortung bewußt, die dem Familienhaupt auferlegt ist. Mit feierlicher Umständlichkeit wird er zur Fahrt ausgerüstet, fast die gesamte Kleidung der Familie zieht er an. Bis zur Schmiede dürfen die Kinder mitfahren, und noch einmal beschwört ihn die Frau, auf der Fahrt keinen Tropfen in den Mund zu nehmen. In tapferer Selbstbeherrschung kommt Polikej seiner Aufgabe nach. Aber die geistige Selbständigkeit und Sorglichkeit entspricht nicht seiner sittlichen, sie vermag nicht allen Zufällen vorzubeugen: aus seiner zerrissenen Mütze gleitet der Geldbrief, da ihn der Schlaf übermannt, auf die Landstraße.

Einen Tag und eine Nacht irrt und sucht er umher. Er weiß, daß ihm niemand glauben wird, alle werden sagen, daß er das Geld verludert oder gestohlen habe. In hilf- und wortlosem Grauen erhängt er sich auf dem Boden; Pelz und Kittel hat er ausgezogen und ordentlich neben sich gelegt.

Was nützt es ihm, daß die Herrin in Seide und Spitzen kommt, seine Frau zu trösten, daß sie um seinetwillen in einen Nervenkrampf fällt und Salbe und Eau de Cologne brauchen muß! Was nützt es, daß sogar ein anderer Bauer den Geldbrief findet. Dem schenkt die Herrin die ganze Summe, weil sie das Teufelsgeld nicht mehr sehen will. Er aber baumelt am Strick, ein vom Schicksal gerupftes Hühnchen, sein Säugling ist – von der entsetzten Mutter vergessen – im Waschtrog ertrunken, und die irrsinnig gewordene Mutter wälzt sich auf dem Bett und lacht, daß es alle mit Grauen erfüllt.

In der Eindringlichkeit, mit der die Atmosphäre des Muschik gezeichnet ist, erinnert die Erzählung an „die Macht der Finsternis“. Das Pathos eines Dramas fehlt ihr. Alles ist von unfaßbarer Trauer gedämpft. Mütterchen Rußland weint im Aufschrei der Mutter: „Wär't ihr doch alle tot! Zum Weh hab ich euch geboren!“ Jenseits aller persönlichen Schuld und Verbitterung zuckt eine religiöse Erschütterung aus dem tragischen Urgrund der Welt.

Dutlow, der Bauer, der das Geld gefunden und von der Herrin erhalten hat, bringt es Ilja, dem Neffen, der zu den Soldaten eingezogen ist – den er harten Herzens ziehen ließ, obwohl er ihn loskaufen konnte – zur Zahlung eines Stellvertreters:

„Wenn ich dich mit etwas gekränkt habe, so sind wir alle sündige Menschen. Nicht wahr, ihr Rechtgläubigen? wandte er sich zu den umstehenden Bauern. Da ist auch deine leibliche Mutter, da ist dein junges Weib. Hier habt ihr die Quittung. In Gottes Namen fort mit dem Gelde; mir aber vergebt um Christi willen! – Er schlug den Schoß seines Kittels zurück, ließ sich langsam aufs Knie nieder und beugte sich tief vor Ilja und dessen Weib. Vergebens hielt das junge Paar ihn zurück. Nicht eher, als bis er den Boden mit der Stirn berührt hatte, erhob er sich …“

Krieg und Frieden

Am 13. April 1861 reiste Tolstoi von Brüssel über Weimar, Gotha, Dresden nach Berlin, am 23. April betrat er nach neun Monaten wieder russischen Boden. Die Aufhebung der Leibeigenschaft hatte den Sinn und Willen für soziale Reformen im Lande vielfach geweckt und gesteigert. Tolstoi war in der vierten Sektion des Distriktes Krapiwenskij zum „friedlichen Vermittler" ernannt worden, der bei der Durchführung des Befreiungsgesetzes in Streitsachen zwischen den Gutsbesitzern und Leibeigenen zu entscheiden hatte. Seine eigenen Bauern hatte er schon drei oder vier Jahre vorher freigelassen. Er vertrat sein Amt mit solch unerbittlicher Gerechtigkeit, daß der Adel bald gegen ihn tobte. Schon im Juli 1861 schrieb Tolstoi in sein Tagebuch: „Die Vermittelung gab wenig Material, verzankte mich aber definitiv mit allen Gutsbesitzern und zerrüttete meine Gesundheit." Am 30. April 1862 stellte er sein Amt der Gouvernementsbehörde zur Verfügung.

Fruchtbarer entwickelte sich seine mit neuer Begeisterung aufgenommene pädagogische Tätigkeit. Vierzehn Schulen wurden damals in seinem Distrikt eröffnet. Und die Zeitschrift „Jasnaja Poljana" trug die Methoden und Erfolge seiner Schulen in die Öffentlichkeit (sie brachte es zu einem Jahrgang von zwölf Nummern). „Ich habe eine poetische, eine wunderschöne Sache, von der man sich nicht losreißen kann," schreibt er im Juli 1861 der Freundin A. A. Tolstoi, „und das ist die Schule. Sobald ich mich von den Kanzleigeschäften losgemacht und die Bauern abgeschüttelt habe, die mich an allen Vortreppen belagern, gehe ich in die Schule. Da sie gerade umgebaut wird, sind die Klassen nebeneinander im Garten unter den Apfelbäumen untergebracht. – – – Man kann gar nicht sagen, was das für Kinder sind, man muß sie sehen. In unserem Stande habe ich solche Kinder nie gesehen. Denken Sie, daß in zwei Jahren – bei völligem Mangel einer besonderen Schulordnung – kein einziger Junge, kein einziges Mädchen bestraft ist. Niemals Faulheit oder Grobheit oder dumme Scherze oder ein unanständiges Wort. – Das Schulhaus ist bald fertig. Drei große Zimmer, eins rosa, zwei hellblau –, sind für die Schule bestimmt, ein viertes enthält die Sammlung: Mineralien, Schmetterlinge, Skelette, Kräuter, Blumen, physikalische Instrumente usw. – – Lehrer sind außer mir drei da, dann kommt noch der Geistliche zweimal in der Woche. – – Der Unterricht dauert von 8–12 und von 3–6, aber die Morgenstunden dehnen sich immer bis 2 Uhr aus, weil die Kinder nicht aus der Schule fortzubringen sind. Am Abend bleiben mehr als die Hälfte von ihnen bei uns und übernachten in einer leichtgezimmerten Gartenhütte."

Aber die Freude, „eine so stille, so ruhevolle, mich so ganz erfüllende Sache gefunden" zu haben, blieb nicht ungetrübt. Wohl aus den Kreisen des gereizten Adels kam eine Denunziation, Tolstoi, der in den Reformschulen seines Bezirks zwölf Studenten angestellt habe, drucke in einer Geheimdruckerei seiner Zeitschrift revolutionäre Proklamationen nach. Während er zu einer Kumys-Kur im Gouvernement Samara weilte, der homerischen Zustände dieser kirgisischen Steppenvölker froh, fand eine polizeiliche Haussuchung in Jasnaja Poljana statt (Juli 1862), die selbst seine Briefe und Tagebücher durchstöberte. Empört eilt Tolstoi heim. Noch von Moskau aus schreibt er der Freundin am kaiserlichen Hof einen Brief, der die dämonische Wildheit seiner Natur bloßlegt, einen urmenschlichen Zorn und Haß. „Ein Glück für mich und für diesen schmutzigen Polizeioberst, daß ich nicht anwesend war – ich hätte ihn getötet.“ „Wenn man nur weggehen könnte irgendwohin, vor diesen Räubern, die freundlich grinsen und sich Gesicht und Hände mit parfümierter Seife waschen. Wahrhaftig! wenn ich noch lange lebe, werde ich mich ins Kloster flüchten, nicht um zu Gott zu beten – das ist unnötig! –, sondern um nicht mehr alle Niedertracht sehen zu müssen im Leben, alle diese aufgeblähte, selbstzufriedene Verworfenheit in Epauletten und Krinolinen. Pfui!“

Es ist nicht nur der Grimm über russische Mißstände, eine Staatsfeindlichkeit bricht hier aus, wie sie einst die Saga-Helden von Norwegen nach Island trieb. Aus Jasnaja Poljana erklärt er: „Es gibt nur zwei Auswege: entweder ich erhalte eine öffentliche Genugtuung, oder ich verlasse das Vaterland, wozu ich mich bereite fest entschlossen habe.“ Tolstoi erreicht es, daß der Kaiser ihn durch einen Flügeladjutanten um Entschuldigung bittet – der Grimm des freien Bauern und Künstlers gegen den Staat grollt im Unbewußten fort.

Je mehr aber Tolstoi sich von den hauptstädtischen Literaturkreisen, von den adligen Standesgenossen seines Bezirks, von den Beamten der Regierung löste, je mehr er nur der Natur und den Bauern oder Bauernkindern lebte, desto notwendiger wurde ihm die natürliche Lebensgemeinschaft: Frau und Kind. Schon bei der Heimkehr von der ersten Auslandsreise, im April 1858, hatte er der Freundin geschrieben: „Je mehr ich mich dem Dorfe näherte, desto trauriger kam mir meine künftige Einsamkeit vor. So hatte ich nach meiner Ankunft im Dorfe das Gefühl eines Witwers, der seine ganze Familie, die noch vor kurzem hier gelebt, verloren hat. Und in der Tat, diese von meiner Phantasie geschaffene Familie hat dort gelebt. Und was für eine reizende Familie! Besonders leid tut mir der älteste Sohn. Ich hatte auch eine Frau, eine prächtige, wenn auch etwas sonderbare Frau. Großmütterchen, lehren Sie mich doch, was ich beginnen soll, wenn Erinnerungen und Träume ein solches Lebensideal schaffen, dem in der Wirklichkeit nichts entspricht. – ‚Du mußt dieses Ideal aufgeben', werden Sie sagen. Unmöglich! Dieses Ideal ist kein Hirngespinst, sondern das Teuerste, was ich besitze. Ohne dieses Ideal hat das Leben keinen Wert für mich." Am 20. Juni 1860 schrieb er dem Freunde Feth: „Endlich quält mich noch das Junggesellenleben, das heißt: das Fehlen einer Frau, und der Gedanke, daß es zum Heiraten schon zu spät wird."

In Moskau verkehrte Tolstoi im Hause des deutschbaltischen Hofarztes Behrs, dessen Frau – als Tochter eines benachbarten Gutsbesitzers – ihm Jugendgespielin gewesen und seiner Schwester dauernd befreundet geblieben war. Im Sommer 1862 weilte die ganze Familie auf der Reise nach ihrem Stammgut mehrere Tage in Jasnaja Poljana zum Besuch der Schwester. Tolstoi folgte ihr auf das Gut des Großvaters und schrieb dort der zweiten Tochter Sofia Andrejewna in Anfangsbuchstaben eine Liebeserklärung mit Kreide auf den Spieltisch, die sie erriet, ähnlich wie er es in „Anna Karenina“ geschildert hat. Als die Familie Behrs auf ihren Sommersitz bei Moskau übersiedelte, reiste Tolstoi nach. „Er glich“, schildert ihn seine spätere Schwägerin, „einem Vulkan, der beständig heilige Funken und Feuer auswirft.“ Am 23. August hatte er seinem Tagebuch noch den alten Zweifel vertraut: „Ich habe Angst vor mir selbst. Wie – wenn es nur der Wunsch, zu lieben, und nicht Liebe ist?“, am 12. September jauchzt er: „Ich bin verliebt und hätte nie geglaubt, daß man so lieben kann. Ich bin wie toll, ich erschieße mich, wenn das so fortgeht. Gestern Abend war ich bei ihnen, sie ist in jeder Hinsicht reizend.“ An ihrem Namenstag, dem 17. September, übergab ihr Tolstoi den entscheidenden Brief: „ … Sagen Sie als ehrlicher Mensch, ob Sie meine Frau werden wollen? Doch es soll nur dann ein Ja sein, wenn Sie es von ganzer Seele mutig aussprechen können, sonst – wenn Sie auch nur der Schatten eines Zweifels zaudern läßt – sagen Sie lieber Nein! Prüfen Sie sich um Gotteswillen recht gut. Es wird mir schrecklich sein, ein Nein zu hören; ich sehe es jedoch voraus und werde die Kraft finden, es zu überwinden. Wenn ich aber als Gatte nie so geliebt werden soll, wie ich liebe, so wird das furchtbar sein.“

Kaum eine Woche später, am 23. September 1862, fand in der Hofkirche des Kreml die Trauung statt. Unmittelbar darauf fuhren die Neuvermählten nach Jasnaja Poljana.

Sofia Andrejewna war siebzehn, Tolstoi vierunddreißig Jahre alt. So sehr der Altersunterschied ihn anfangs bedrückt hatte, so wenig Rücksicht nahm er nach der Verlobung auf ihn. Ohne Zögern lud er der jungen Braut die Lebenslasten seines Gewissens auf: noch vor der Hochzeit gab er ihr die Tagebücher seiner Junggesellenzeit zu lesen, mit all ihren Selbstanklagen, ihren schonungslosen Schilderungen seiner Kämpfe und Ausschweifungen. Hüllenlose Wahrheit sollte das Fundament ihrer Ehe sein. Erschrocken sah die Braut in diesen Abgrund, den die Selbstbekenntnisse nicht heller, sondern düsterer gezeichnet hatten. Aber ihr sicherer Instinkt spürte durch alle Schwaden und Nebel Tolstois reinen metaphysischen Wesenskern. Nach durchweinten Nächten gab sie ihm die Tagebücher zurück mit einem Blick, der ihm Verzeihung kundtat und eine stärkere, mutigere Liebe als zuvor.

Er hatte sie zutiefst erkannt, als er drei Wochen vorher in sein Tagebuch schrieb: „Welche Kraft in dieser Wahrhaftigkeit und Einfachheit!“

Endlich hatte Tolstoi Lebenshalt und -heimat gefunden. In Sofia Andrejewna war ihm die Natur Gestalt geworden, mit der er leben, schaffen und zeugen konnte. Täglich trank sein helles Auge neu beglückt ihre Jugend und Anmut, erlebte er in ihr das Wunder der Welteinheit: wie sich Seele als Leib, seelischer Adel als Schönheit der Gestalt offenbart. „Ich bin so glücklich, wie ich es seit meiner Geburt noch nicht war.“ „Liebe, teure Freundin! Ich schreibe aus dem Dorf, schreibe und höre oben die Stimme meiner Frau, die ich mehr liebe als alles auf der Welt. Ich habe bis zu meinem vierunddreißigsten Jahr gelebt und nicht gewußt, daß man so lieben und so glücklich sein kann … Bis jetzt habe ich noch immer ein Gefühl, wie wenn ich ein unverdientes, ungesetzliches, nicht mir bestimmtes Glück gestohlen hätte. Da – kommt sie, ich höre sie, und es ist so schön!“ (28. September 1862) „Mit jedem Tag wird es ruhiger und besser in mir. Ich war es schon müde, immer wieder das Fazit zu ziehen, immer wieder ein neues Leben anzufangen ... jetzt habe ich mich von meiner ganzen Vergangenheit losgesagt, so vollständig wie ich es nie getan habe; ich empfinde meine ganze Niedrigkeit, wenn ich mich mit Sonja vergleiche ... Nun sind es zwei Wochen, und ich fühle mich gleichsam noch unschuldig und zittre jede Sekunde für mich: jetzt, jetzt wirst du stolpern! So schrecklich verantwortungsvoll ist es, zu zweien zu leben ... so fühlbar ist mir jetzt das Leben; man fühlt, daß jede Sekunde des Lebens wirklich ist und nicht mehr so wie früher – etwas Vorläufiges“ (5. Oktober 1862).

Tapfer und freudig griff die junge Frau, die werdende Mutter, nach den Aufgaben der Gutswirtschaft. Ohne einen Verwalter leiteten beide die Feldwirtschaft, einen neuen Garten, eine Branntweinbrennerei, Schaf- und Bienenzucht und Bauarbeiten. Sofia führte das Kontor und die Kasse. A. A. Feth schildert Wesen und Wirken der Jungvermählten gelegentlich eines Besuches: „Kaum war ich zwischen den Türmen in die Fichtenallee eingebogen, als ich Lew Nikolajewitsch begegnete. Er war damit beschäftigt, über die ganze Breite des Teiches ein Netz zu spannen und wandte alle möglichen Mittel an, damit die Karauschen nicht entschlüpften ... ‚Ach, wie freue ich mich!‘, rief er, ‚wir stehen sofort zur Verfügung. Iwan, Iwan, zieh das linke Ende fester an! Sofia, hast du Afanasij Afanasjewitsch schon gesehen?‘ ... Ganz in Weiß gekleidet kam die Gräfin die Allee herauf

Gräfin Sophie A. Tolstoi

mir schon entgegengeeilt, stürmte ebenso schnell, einen ungeheuren Bund schwerer Wirtschaftsschlüssel am Gürtel, ohne ihres Zustandes zu achten, auf den Teich zu und hüpfte über die Balken einer niedrigen Umzäunung hinweg. ‚Was machen Sie, Gräfin?‘, rief ich erschreckt. ‚Wie unvorsichtig Sie sind!‘ ‚Das tut nichts,‘ antwortete sie und lachte heiter, ‚ich bin das gewohnt!‘“

Die Familie ist die epische Keimzelle, zumal in der geschlossenen Hauswirtschaft eines russischen Gutsbesitzers. Jetzt war Tolstoi eine kleine epische Welt für sich, ein epischer Mikrokosmos. Tiefer und weiter mußte er jetzt aus seinem Selbstgefühl den epischen Makrokosmos verstehen, deuten und gestalten lernen.

Nur als Ausklang der alten, novellistischen Reihe sucht er im April 1863 noch einen Stoff zu gestalten, den ihm der befreundete A. A. Stachowitsch zur Verfügung gestellt hat: „Leinwandmesser, die Geschichte eines Pferdes.“ Aber er lebt so zerstreut in ihm, daß die Erzählung in drei Teile auseinanderbricht. Der einzig künstlerische ist der erste: der alte scheckige Wallach auf der Weide zwischen den jungen Hengsten und Stuten, als „der beständige Narr und Märtyrer dieser glücklichen Jugend“, das zeigt Tolstois ursprüngliche Naturkraft und -einheit. Da ist er selber ein mutwilliges Füllen, das in den knospenden Frühlingsmorgen hinausspringt, in Blütenstaub und Wachtelruf. Da lebt er im alten Wallach vorahnend selber die hilflose Schwermut der alternden Kreatur. Aber wenn dann der Wallach wie eine Scheherezade Nacht um Nacht den jungen Pferden seine Geschichte erzählt, wenn er sentimentalisiert: „Ich dachte über die Unbeständigkeit der Mutterliebe und der Frauenliebe überhaupt nach, über ihre Abhängigkeit von physischen Voraussetzungen“, wenn er in Proudhonschen Wendungen über das Eigentum philosophiert, dann fühlt man, daß Tolstoi hier nur noch flüchtig als Schriftsteller eine Aufgabe zu Ende führt, an der sein Wesen nicht mehr beteiligt ist.

Größere Plane drängen in ihm. Sein Dasein hat sich zum Kreis gerundet. Über das novellistische Einzelbild drängt es ihn zum epischen Weltbild.

„Ich bin jetzt von ganzer Seele Schriftsteller“, schreibt er im Herbst 1863 der Freundin, „und schreibe und denke, wie ich noch nie weder geschrieben noch gedacht habe. Ich bin ein glücklicher, ruhiger Mann und Vater, habe vor niemandem Geheimnisse und keinen anderen Wunsch, als daß alles bleibe, wie es ist ... Ich grüble nicht mehr über meine Lage nach (alles Grübeln ist vorbei) und ich wühle auch nicht mehr in meinen Empfindungen – in den Beziehungen zu meiner Familie fühle ich nur, reflektiere nicht (vom 1. November 1865 bis 1878 schreibt Tolstoi kein Tagebuch). Dieser Zustand gewährt mir außerordentlich viel geistige Freiheit. Niemals empfand ich meine geistigen und sogar meine sittlichen Kräfte so ungehemmt und so arbeitsfrisch. Und diese Arbeit habe ich. Sie ist ein Roman aus der Zeit von 1810 bis zu den zwanziger Jahren, der mich seit dem Herbst vollauf beschäftigt.“

Ursprünglich plante Tolstoi einen Roman „Die Dekabristen“ (= Dezember-Männer). Diese ersten Freiheitskämpfer der russischen Intelligenz, die im Dezember 1825 bei der Thronbesteigung Nikolaus' I. einen kläglich vorbereiteten Aufstand versucht hatten, erschienen ihm als frühe politische Idealisten, als Märtyrer kaiserlicher Willkür, als eine Verkörperung russischen Volksgeistes und -schicksals. Nur wenige fragmentarische Kapitel liegen vor, obwohl Tolstoi bis zum Jahre 1878 sich öfter daran versuchte. Je mehr er sich in die historischen Grundlagen des Dekabristen-Aufstandes vertiefte, desto deutlicher wurde ihm wohl, daß sich die Glut und Größe seines Landes nicht im Kampf dieser Einzelnen, Intelligenten offenbarte, sondern im Freiheitskampfe des ganzen russischen Volkes gegen Napoleon. Er erkannte und ergriff die größte epische Aufgabe, die ihm Rußland bieten konnte: die Darstellung des russischen Volkes in den Entscheidungsjahren seiner Geschichte: von 1805 bis 1812. Im urepischen Ausmaß, aber ungleich größerer Fülle und Sonderung wird „Krieg und Frieden" zum russischen Nationalepos, zur größten epischen Dichtung der neueren Zeit.

Januar 1865 beginnt die Veröffentlichung im „Russischen Boten", im Herbst 1869 war der letzte, sechste Band vollendet.

2.

„Was früher von mir gedruckt wurde, betrachte ich nur als Stilübung" (Januar 1865). Alle Einzelerlebnisse und -ergebnisse Tolstois schlossen sich, wuchsen und wölbten sich zur gewaltigen Kuppel dieses epischen Baus.

Da war die Natur, die er in Jasnaja Poljana, im Kaukasus, in der Schweiz, auf der Wolga, in den Steppen Samaras erlebt und gestaltet hatte. Sie gab die russische Landschaft zwischen Warschau, Moskau und Petersburg, sie gab die Landgüter der Bolkonskijs, Rostows, Besuchows, umwittert von Atmosphäre, überdrängt von Farbe und Fülle. Sie gab die unersättlichen Leichenfelder von Smolensk, Borodino und Tarutino. Sie gab die endlose, schneeverhüllte, schneeüberwirbelte Ebene, die Frankreichs große, glorreiche Armee hetzte, zerfetzte und vergrub. Jenseits aller Geschichte gab sie die Urkämpfe der Kreatur, Wolf- und Hasenjagden von mythischer Eindringlichkeit: alles versinkt da, Napoleon und Alexander werden wesenlos, der Erdball selber scheint stillzustehen, nur das eine ist wichtig: Werden die Hunde den Wolf greifen? Werden sie ihn niederreißen? „Der Augenblick, in dem Nikolaj den zappelnden Wolf im Graben erblickte in dem Knäuel von Hunden, unter denen seine grauen Haare zu sehen waren, sein ausgestrecktes Hinterbein und sein erschrockenes Gesicht mit den angedrückten Ohren und dem aufgesperrten Rachen – der Augenblick war der glücklichste, den er je erlebt."

Und als der Hase endlich vom roten, dicknackigen Hund des Onkels gefaßt wird und sich unter ihm auf durchweichtem Acker wälzt, da fängt Natascha, die junge Gräfin, „vor Freude und Entzücken so durchdringend an zu kreischen, daß es in den Ohren gellte. Ihr Aufschrei war so sonderbar, daß sie selbst sich des wilden Lautes geschämt, und daß alle sich gewundert haben würden, wenn es zu anderer Zeit gewesen wäre." Es ist ein Urlaut, der da aus verdeckten Tiefen bricht. Gott Pan jauchzt auf. Und einen Augenblick hält alles den Atem an, diesem vergessenen Schrei zu lauschen.

Menschen und Tiere läßt Tolstois Naturgewalt ineinandergleiten, letzten, gemeinsamen Tiefen zu: Rugaj, der rote, sieghafte Hund ist seinem Besitzer, dem Onkel, ähnlich, wesensähnlich: „Wenn er ein Mensch wäre, so würde er den Onkel bei sich halten, wegen seines ganzen harmonischen Wesens."

Die Fürstin Bolkonskij hat „den scheuen, wilden Ausdruck eines Eichhörnchens“, Sonja gleicht „einem hübschen, noch nicht ganz ausgewachsenen Kätzchen“, und manches Tiergesicht blickt uns – daß wir erschauern – mit menschlichen Zügen an.

Naturtiefen: Urtiefen – aus geheimnisvollem Brunnen steigen und sinken die Eimer des Lebens. Geburt und Tod werden zu heiligen Stationen der epischen Wanderung, zu Ein- und Ausgängen ins All. Da die kleine Fürstin Bolkonskij in Wehen liegt, sind „alle Herzen ergriffen, alle erfüllte der Gedanke an etwas Großes, Geheimnisvolles, das in diesem Augenblick geschah … Das feierlichste Mysterium der Welt nahm seinen Verlauf. Der Abend verging, die Nacht brach herein, und das Gefühl der Erwartung, der tiefen Rührung vor dem Unbegreiflichen schwächte sich nicht ab, sondern wurde immer größer.“

Tod und Leben begegnen sich in der gleichen Pforte. Während das neue Leben noch verwundert nach Atem schnappt, während der Vater draußen über seinem Werdeschrei in Tränen steht, beide Hände auf das Fensterbrett gestützt vor fassungsloser Ergriffenheit, liegt drinnen schon die Mutter bleich und erstarrt. „Ich liebe euch alle und habe niemandem etwas zu Leide getan – und was habt ihr mit mir gemacht? – sagt ihr mitleiderregendes totes Antlitz.“ Ein Hauch von überpersönlichem Leid, von mystischer Schuld entsteigt dem Sarge, die bittere, wehe Gewißheit aller Kreatur, zusammenzugehören und doch nicht zusammenzukommen. „Fürst Andrej fühlte, daß in seiner Seele etwas zerrissen war, daß er eine Schuld zu tragen hatte, die doch eigentlich keine war, die er aber weder gutzumachen noch zu vergessen vermochte.“ Immer wieder öffnet sich mitten im Leben die Grabespforte ins All (so stirbt Graf Besuchow, so der alte Bolkonskij), immer wieder entweht ihr der kalte, rätselvolle Hauch. Geburt und Grab, ein ruheloses Sichsuchen, Finden und wieder Entgleiten der Kreatur –, Wellen, Tropfen auf dem Meere des Ewigen: wie ein maßloser Globus erscheint dies epische Meer. „Die ganze Oberfläche der Kugel bestand aus Tropfen, die dicht aneinandergepreßt waren. Und alle diese Tropfen bewegten sich, veränderten sich, bald ergossen sich viele in einen, bald teilte sich einer in viele. Jeder Tropfen strebte sich auszubreiten, soviel Raum als möglich einzunehmen, aber die andern strebten eben dahin und drängten ihn zurück, bald vernichteten sie ihn, bald vereinigten sie sich mit ihm. Das ist das Leben." Erst dem Auge des Leidvertieften, Leid- und Liebeverklärten enthüllt sich – das ist der Werdegang der epischen Offenbarung – schließlich ein Zentrum, das diesem scheinbar chaotischen Auf und Ab Sinn und Rhythmus, eine heimlich-heilige Musik verleiht: „In der Mitte ist Gott, und jeder Tropfen strebt dahin, sich zu vergrößern, um ihn in größeren Dimensionen widerzuspiegeln. Und er wächst und fließt zusammen und drängt zusammen und verschwindet auf der Oberfläche, taucht in die Tiefe und steigt wieder empor." – – –

In dieser ewigen Lebensflut, dieser epischen Urnatur wächst Tolstois Volk, sein russisches Volk, das er in Jasnaja Poljana (als Bauern und Schüler), im Kaukasus, vor Sewastopol lieben und verehren gelernt hat. Da sind die „Gottesleute" auf Lyssyja Gory, die heimatlosen Pilger und Verzückten, die schon seinen Jugenderinnerungen fromme Tiefen gegeben. Da ist Tuschin, der alles Heldentum von Sewastopol zu einer Gestalt verdichtet, der mit den vierzig Leuten seiner Batterie in schlichter, selbstverständlicher, kindlich-freudiger Tapferkeit und Standhaftigleit eine Schlacht entscheidet. Da sind die Landwehrleute Borodinos, die vor der schwersten aller Schlachten – wie der einfache Russe vor der Sterbestunde – reine, weiße Hemden anlegen – ein Leibeigenenvolk, das fraglos und ergeben in seine Fesseln zurückkehren wird, wenn es das Land befreit hat, das ihm nicht gehört, ein Leibeigenenvolk, das dennoch schicksalsgroß und todesfreudig ist, weil es sich in seinem eigentlichen, religiösen Dasein frei weiß, weil es vor Gott seinem adligen Herrn als Bruder in Christo verbunden ist. Und da ist die reinste, zeitlose Verdichtung und Verkörperung dieses einfachen russischen Volkes: Platon Karatajew. Er ist der wahre russische Mensch, der als Einzelwesen und -wille keine Bedeutung, kein Bewußtsein hat, der nur in seinem unbewußten Zusammenhang mit Gott, mit dem kosmischen Ganzen lebt: „Jedes seiner Worte, jede seiner Handlungen war die Offenbarung einer ihm unbekannten Kraft, die sein Leben ausmachte … Aber sein Leben hatte, wie er selbst es ansah: als gesondertes Leben, keinen Sinn, es hatte Sinn nur als Teilchen eines Ganzen, das er beständig fühlte. Was er sprach und tat, entquoll ihm ebenso gleichmäßig, notwendig und unmittelbar, wie der Duft sich von der Blume löst, und er vermochte weder den Wert noch die Bedeutung einer einzeln genommenen Handlung oder eines einzelnen Wortes zu begreifen."

Dieses Tropfendasein im kosmischen Meere hat selbst seine körperlichen Formen bestimmt (so erhalten die slawisch weichen Formen und Bewegungen metaphysischen Sinn): er hat die runde Form des Tropfens und der Gestirne. „Platons ganze Gestalt, in seinem mit einem Strick geschürzten Franzosenmantel, in seiner Mütze und seinen Bastschuhen, war abgerundet. Sein Kopf war vollkommen rund, Rükken, Brust, Schulter, selbst die Arme, die er hielt, als wäre er stets bereit, etwas zu umfassen, waren rund. Das angenehme Lächeln und die großen, braunen, zärtlichen Augen waren rund.“ Als Tropfen des göttlichen Lebensmeeres war er allen anderen Tropfen liebend verwandt: „er liebte alle und lebte in Liebe mit allen, womit ihn das Leben zusammenführte, ... er liebte seinen Hund, seine Kameraden, liebte die Franzosen, liebte Pierre, der sein Nachbar war.“ So bleibt er in der Seele des Grafen Pierre, des Gottsuchers, „für immer als die stärkste und teuerste Erinnerung und als die Verkörperung alles Guten und Harmonischen im russischen Wesen.“

Dieser gewaltigen russischen Natur, diesem gott- und lebenseinigen einfachen russischen Volk, steht die russische Gesellschaft gegenüber so oberflächlich, selbstgefällig und genußsüchtig, wie Tolstoi sie immer wieder erlebt, erlitten und gemieden hatte: „die ganz allgemeine, von allen anerkannte Lüge“. Mit schonungsloser Ironie, aber auch mit künstlerischer Allseitigkeit wird im ersten Teil des ersten Bandes ihre farbige Leere und Gewissenlosigkeit ausgebreitet. Adel und Hof, Moskau und Petersburg, die verschiedenen Generationen und Geschlechter, Orthodoxe, Freigeister und Freimaurer enthüllen sich in lebensvoll verschlungenen Szenen und Gestalten. Ein Jahrmarkt der Eitelkeiten!

Plötzlich klopft das Schicksal an die Pforten dieser Gesellschaft, die Weltgeschichte ruft sie zur Rechtfertigung: Im Kriege von 1805 besinnt sie sich auf ihre Wesenheit und Würde, ihre überpersönlichen

Kräfte und Aufgaben. Aber die Kämpfe in Österreich sind zu fern, nur die Front erlebt ihre verwandelnde Gewalt. Bald ist der erhabene Überschwang verebbt. Bald herrscht wieder der Alltag mit seinen leeren Lüsten und Truggespinsten. Diplomatenkünste schließen den Frieden. Und selbst die heldischen Naturen drohen eingesponnen, eingeengt zu werden. Da gellt der letzte, metaphysische Ruf zur Prüfung, zum Gericht: Napoleon bricht mit einem unabsehbaren Heere in Rußland ein und erzwingt über Smolensk und Borodino den Weg nach Moskau. Die alte, heilige Hauptstadt steht in Flammen.

Das ist die Stunde der Erhebung. Aller Eigenwille schmilzt, Personen, Stände, Berufe gehen unter, Adel, Bürger und Bauern sind nur noch Volk, ein Volk, das nicht um seine politische, sondern um seine religiöse Freiheit kämpft, seine Aufgabe vor Gott und der Geschichte.

Was entscheidet in diesem Kampf? Nicht strategische Pläne, nicht die geniale Begabung einzelner Führer! Mit überlegener Ironie spricht dieser Volksepiker von der weltgeschichtlichen Bedeutung der Einzelnen, die „glaubten, nach freiem Ermessen zu handeln, und doch nur die willenlosen Werkzeuge der Geschichte waren." „Je höher der Mensch auf der gesellschaftlichen Stufenleiter steht, mit je einflußreicheren Menschen er verbunden ist, je mehr Gewalt er über andere ausübt, um so unverkennbarer ist die Vorausbestimmung und Unvermeidlichkeit jeder seiner Handlungen. ‚Das Herz des Zaren ist in Gottes Hand' Der Kaiser ist der Sklave der Geschichte." „Sogenannte große Menschen sind bei geschichtlichen Ereignissen nur die Etikette, die dem Ereignis den Namen gibt." Sie sind nur die Spitze der Kräftepyramide, deren Macht und Richtung unausweichlich von den unteren, fundamentalen Schichten bestimmt wird. Geschichte, das heißt für Tolstoi: „das unbewußte, allgemeine Massenleben der Menschheit“, das heißt: die Naturkräfte im Volke, die zutiefst Urkräfte, göttliche Kräfte sind. Als solche erfüllen sie Aufgaben der Vorsehung, des kosmischen Ganzen, die jedem, auch dem genialsten menschlichen Verstande unberechenbar sind.

Wer also kann Führer in solchem Kampfe sein? Derjenige, der am wenigsten Selbstbewußtsein und Eigenwillen kennt, der nur bemüht ist, den heimlichen Werdedrang der Geschichte im Volksgeiste zu erhorchen und walten zu lassen. Das ist Kutusow. Nie in der Geschichtsepik aller Zeiten ist solch ein Oberbefehlshaber gezeichnet worden. Schwerfällig und schwankend sitzt er auf seinem Pferdchen, alt, einäugig und ungepflegt, mühsam hebt er beim Absteigen das schwere Bein über den Sattel und läßt sich ächzend in die Arme seiner Kosaken und Adjutanten sinken. Im Kriegsrat von Austerlitz schläft und schnarcht er, so bedeutungslos ist ihm das kluge Planen und Reden der österreichischen Strategen. „Seine langjährige Kriegserfahrung hatte ihn gelehrt und sein Greisenverstand hatte begriffen, daß es für einen Menschen unmöglich ist, Hunderttausende zu lenken, die um Leben und Tod zu kämpfen haben. Er wußte, daß das Schicksal der Schlachten entschieden wird nicht durch die Anordnungen des Oberbefehlshabers, nicht durch die Aufstellung der Truppen, nicht durch die Zahl der Kanonen und die Summe der Gefallenen, sondern durch jene unberechenbare Kraft, die der Geist des Heeres genannt wird, und nach dieser Kraft forschte er und leitete sie, soviel das in seiner Macht lag.“ „Er wird nichts Eigenes schaffen, wird nichts entdecken, nichts unternehmen, aber er wird alles anhören, sich alles merken, allen den rechten Platz anweisen, wird nichts Nützliches verhindern und nichts Schädliches zulassen. Er versteht, daß es etwas Stärkeres und Bedeutenderes gibt als seinen Willen: den unvermeidlichen Gang der Ereignisse. Und er versteht, diese Ereignisse zu sehen, vermag ihre Bedeutung zu erkennen und versteht – wegen dieser Ereignisse – sich den Eingriff in die Ereignisse zu versagen, versteht, von seinem persönlichen Willen abzusehen.“ „Aber wie war es möglich, daß dieser alte Mann damals ganz allein, im Widerspruch mit der Ansicht aller, so richtig die Bedeutung des nationalen Inhalts des Ereignisses erfaßte, daß er ihm während seiner ganzen Wirksamkeit nicht ein einziges Mal untreu wurde? Die Quelle dieser außerordentlichen Kraft der Einsicht in den Sinn der Erscheinungen, die sich vollzogen, lag in dem nationalen Gefühl, das er in seiner ganzen Reinheit und Kraft in sich trug.“ So sehen wir ihn auf dem Schlachtfelde von Borodino inmitten der Landwehrleute vor dem aus Smolensk geretteten Muttergottesbilde: „Den dicken, großen Körper in einen langen Rock gehüllt, dicknackig, hochschultrig, mit bloßem, weißem Kopfe und dem toten, weißen Auge in dem verschwommenen Gesicht, ging Kutusow mit seinem schwankenden, schaukelnden Gange in den Kreis hinein und blieb hinter dem Priester stehen. Er bekreuzte sich in der herkömmlichen Weise, faßte mit der Hand auf die Erde, seufzte schwer und senkte den weißen Kopf … Als der Gottesdienst zu Ende war, näherte sich Kutusow dem heiligen Bilde, ließ sich schwerfällig auf die Knie nieder, beugte sich zur Erde und versuchte, durch seine Schwere und Schwäche gehemmt, lange vergeblich, sich wieder aufzurichten. Sein grauer Kopf zitterte vor Anstrengung. Endlich stand er auf, und mit einem kindlich-naiven Langziehen der Lippen küßte er das heilige Bild und neigte sich wieder, indem er mit der Hand die Erde berührte. Die Generale folgten seinem Beispiel, dann die Offiziere, und endlich, sich gegenseitig drängend und stoßend, kamen die keuchenden Soldaten und Landwehrmänner mit aufgeregten Gesichtern heran."

Das ist die eine Szene, in der Kutusows Einheit mit der russischen Volksseele schlicht und erschütternd zum Ausdruck kommt. Die andere ist jene, da ihm nachts der Abzug Napoleons aus Moskau gemeldet wird: „Kutusow hatte das eine Bein zum Bett herausgelegt, sein schwerer Leib war auf das eingeknickte andere Bein gewälzt, so saß er da. Er kniff sein sehendes Auge zusammen, um den Boten besser betrachten zu können. ‚Sag', sag', mein Lieber', begann er zu Bolchowitinow mit seiner leisen greisenhaften Stimme und faltete dabei das Hemd, das sich über der Brust geöffnet hatte, zusammen. ‚Komm, komm näher! Was bringst du Gutes, hm, Napoleon hat Moskau verlassen? Steht es wirklich so, hm?' Bolchowitinow meldete zunächst ausführlich alles, was ihm befohlen war. ‚Sprich, sprich schneller, quäle mich nicht!' unterbrach ihn Kutusow. Bolchowitinow erzählte alles, dann verstummte er, des Befehls gewärtig. Toll hatte eben zu sprechen begonnen, Kutusow unterbrach ihn. Er wollte etwas sagen, aber plötzlich faltete sich sein Gesicht, und er runzelte die Stirn; er winkte Toll, dann wandte er sich nach der entgegengesetzten Seite um, nach der Heiligenschrein-Ecke der Hütte, die voll von Bildern war: ‚O Gott, mein Schöpfer! Du hast mein Gebet erhört‘, sagte er mit zitternder Stimme und gefalteten Händen. ‚Rußland ist gerettet, ich danke dir, Gott!‘ Und er brach in Tränen aus.“

Das griechische Nationalepos hat seinen Helden in Achill, das deutsche in Siegfried, das französische in Roland: jungen, schönen, heroischen Gestalten voll Morgenklarheit und Tatenlust. Dieses russische reckt den seinen nicht hoch und hell aus dem Ungestalten. Er bleibt – wie es selber – dem Elementaren, der Natur und dem Volke näher. Sein schwerer Rücken hebt sich nur wie eine Bodenwelle aus Rußlands endlosen Steppen, sein schwankender, schaukelnder Gang hat sich noch nicht zur vollen Eigenbewegung gelöst. Aber je elementarer er ist, desto unwiderstehlicher ist er. Vor seiner ungefügen, passiven Gewalt hetzt die französische Armee in panischem Schrecken, hungernd, frierend, zerfetzt der Grenze zu. Hier hält Kutusow ein, in Europa mögen Alexanders Kreaturen Krieg führen, seine Tat ist getan, im Tode nimmt ihn Rußlands Muttererde wieder auf. – – –

Aus diesem gewaltigen Befreiungskampf des russischen Volkes tauchen drei Familien als seine besonderen Vertreter auf: Die Rostows, Besuchows und Bolkonskijs, und aus ihnen wieder drei Gestalten: Nikolai Rostow, Pierre Besuchow und Andrej Bolkonskij. Sie offenbaren die große innere Befreiung Rußlands, die der äußeren entspricht, ja sie bedingt: den Weg von der Gesellschaft zum Volke, vom selbstsüchtigen Ich zur liebe- und opfervollen Gemeinschaft. „Nicht für mich allein darf mein Leben verfließen“, erkennt Andrej, „nicht von andern abgetrennt, es soll in allen widerstrahlen, und alle sollen mit mir in Gemeinschaft leben.“ „Soldat sein, einfacher Soldat sein!“ begehrt Pierre nach der Schlacht von Borodino, die er miterlebt hat, die ihm die schlichte, sichere Furchtlosigkeit und Frömmigkeit des einfachen, ihm bisher völlig unbekannten Russen offenbart hat, „mit seinem ganzen Dasein einzutreten in dies Gemeinleben und durchdrungen werden von dem, was ihr Wesen bewirkt!"

Fürst Andrej Bolkonskijs reines, scharfsichtiges Selbstbewußtsein wehrt sich gegen die Unzulänglichkeit seiner Umwelt durch den ehrgeizigen Willen, sie zu beherrschen und zu führen. Nichts hat für ihn Wert als der Ruhm. „Ich fürchte nichts, nicht Tod, nicht Wunden, nicht den Verlust der Meinigen. Viele sind mir teuer, vor allem mein Vater, meine Schwester, meine Frau – aber mag es noch so abscheulich, noch so widernatürlich scheinen, ich würde sie gleich dahingeben für einen einzigen Augenblick des Ruhmes, für einen Moment des Triumphes über andere, für die Liebe derer, die ich nicht kenne und niemals kennen werde." Er träumt den Aufstieg des jungen Napoleon für sich: wie sein Eingreifen plötzlich eine Schlacht entscheidet, wie Heer und Voll ihm zujubelt, wie er von Stufe zu Stufe steigt. Aber als er verwundet bei Austerlitz niederbricht, da verwehen diese irdischen Wünsche und Leidenschaften, da sieht er nichts mehr als den hohen unermeßlichen Himmel über sich mit den langsam dahinziehenden grauen Wolken. Und als sein Held Napoleon vorüberreitet und – ihn betrachtend – anhält, da scheint er ihm „so klein und unbedeutend im Vergleich zu dem, was zwischen seiner eigenen Seele und dem eilenden Himmel mit den hohen, unendlichen Wolken vorging. In diesem Augenblick war es ihm gleichgültig, wer bei ihm stand und was man von ihm sprach; er freute sich nur, daß Menschen da waren, und wünschte, daß sie ihm helfen und ihn zurückführen möchten in das Leben, das ihm jetzt so schön erschien, weil er es ganz anders verstand als bisher."

Aber am Tage, da er heimkehrt, genesen und begierig, das neue Verständnis, die neue Liebe zu beweisen, da stirbt – bei ihrer ersten Geburt – seine kindliche Gattin, derjenige Mensch, dem seine Liebe am meisten verschuldet war. Die Härte und Sinnlosigkeit dieses Schicksals treibt ihn in Bitternis und Einsamkeit. Nataschas Jugend, Anmut und Natur erneuert seinen Lebens- und Liebeswillen. Ihre Verführung durch Anatol, diesen gewissenlosesten Typus der russischen Gesellschaft, reißt alles umso furchtbarer nieder. „Fürst Andrej sah in allem nur sinnlose Erscheinungen ohne jeden Zusammenhang." Nur der Durst nach Rache lebt in ihm.

Der Einbruch Napoleons ruft auch ihn wieder zur Front, aber weniger aus Liebe zum Vaterlande als aus Haß gegen die Feinde, die sein Erbgut überschwemmt und noch seinen sterbenden Vater „wie ein Stück Holz aus dem Wege gestoßen haben". Alles scheint ihm bitter, sinnlos, ekelhaft. Und „morgen", fühlt er am Vorabend der Schlacht von Borodino, „wird man mich töten. Ich werde nicht mehr sein. Alles wird sein, aber ich nicht mehr!"

Aber wieder zerreißt eine neue schwere Verwundung das Gespinst irdisch-enger Gefühle und Gedanken. Auf dem Verbandplatz neben ihm liegt Anatol, der Natascha verführt, der sein Lebensglück zerstört, den seine Rache gehaßt und gesucht hat. Eben hat man dem Stöhnenden sein Bein amputiert und zeigt es ihm, noch im Stiefel, von Blut überströmt. Und plötzlich ist aller Haß und Rachedurst Andrejs gegen ihn verflogen. Er spürt nur das Weltleid, in das sie beide verstrickt sind, nur die Liebe, die allein daraus erlösen kann. „Er konnte sich nicht mehr beherrschen und weinte liebevolle Tränen über die Menschen und über sich selbst, über ihre und seine Verirrungen: ‚Mitleid, Liebe für unsere Brüder, für die, welche uns lieben, wie für die, welche uns hassen, Liebe für unsere Feinde, ja jene Liebe, die Gott auf Erden gepredigt hat und die ich nicht verstand'"

All die schweren, schmerzvollen Wochen, die er noch zu leben hat und die ihm Nataschas Pflege erhellen, bleibt ihm das Bewußtsein eines neuen überirdischen Lebens, eines neuen überpersönlichen Glücks: „Ich habe das Gefühl der Liebe erfahren, die das Wesen der Seele selbst ist und die keines Gegenstandes bedarf … Gott lieben in allen Erscheinungen! Einen Menschen, der uns teuer ist, kann man mit menschlicher Liebe, den Feind aber kann man nur lieben mit göttlicher Liebe. Und darum habe ich solche Freude empfunden, als ich fühlte, daß ich jenen Menschen liebe … Liebt man mit menschlicher Liebe, so kann man von der Liebe übergehen zum Haß; die göttliche Liebe aber ist unveränderlich. Nichts, auch der Tod nicht, kann sie zerstören: sie ist das Wesen der Seele."

In Andrej kehrt die Liebe, zu der er sich in Leid und Wunden durchgerungen hat, zurück zu Gott, zur Gemeinschaft des Alls. In Pierre kehrt sie wirkend und fruchtbar in ein neues, aufgabenreiches Leben, in die Gemeinschaft mit seinem Volke.

Selbstloser als sein Freund Andrej, aber auch nachgiebiger, geführt nicht wie jener von der Scharfsichtigkeit des Verstandes, sondern von der Gutmütigkeit, zuletzt der Güte des Herzens, verstrickt er sich öfter und tiefer (bis zur Ehe mit Helene Kuragin) in die Lockungen und Lügen der Gesellschaft, um sich ihnen immer sehnsüchtiger wieder zu entringen. Eine Zeitlang glaubt er bei den Freimaurern neuen Lebenssinn zu finden, bis er auch hinter ihren schönen Worten die Selbstsucht und Genußgier der Gesellschaft sieht. Erst der Einbruch Napoleons gibt seinem warmherzigen Idealismus den Urgrund: die opfer- und liebevolle Gemeinschaft mit seinem Volke. Auf dem Schlachtfeld von Borodino erfährt er die Frömmigkeit und Festigkeit, die Ganzheit und Ausgeglichenheit, die menschliche Vorbildlichkeit des einfachen Russen: „Soldat sein, einfacher Soldat sein! einzutreten in dies Gemeinleben!" „Das Schwerste ist die Unterordnung der menschlichen Freiheit unter die Gebote Gottes. Die Einfalt ist der Gehorsam gegen Gott – sie sind einfältig, sie sprechen nicht, sie tun."

Als Bauer verkleidet bleibt er im brennenden Moskau, gewillt, sich für sein Volk zu opfern, Napoleon zu töten. Er rettet ein Kind aus Rauch und Flammen, wird von den Franzosen als Brandstifter verdächtigt und verurteilt, fünf andere Gefangene werden neben ihm gerichtlich niedergeschossen. „Von dem Augenblick, wo Pierre den schrecklichen Mord mit angesehen hatte, war aus seiner Seele plötzlich gleichsam die Feder herausgerissen, die alles hielt, alles war in einen Schutthaufen zusammengestürzt. In seiner Brust war, obgleich er sich keine Rechenschaft davon gab, der Glaube an die Harmonie der Welt, an die menschliche, an seine eigene Seele, an Gott vernichtet."

Da begegnet ihm unter den Mitgefangenen Platon Karatajew und mit ihm „die stärkste und teuerste Erinnerung, die Verkörperung alles Guten und Harmonischen im russischen Wesen", „die unerreichbare, harmonische, ewige Verkörperung des Geistes der Einfalt und der Wahrheit". Indem er ihn erlebt und erliebt, fühlt er, „daß die vorhin zertrümmerte Welt jetzt in neuer Schönheit auf neuer und unerschütterlicher Grundlage in seiner Seele wiedererstand."

Jetzt erträgt er Gefangenschaft, Mühsal, Hunger und Frost im sicheren Gefühl der kosmischen Verbundenheit und Geborgenheit. Muß auch sein Leib bewacht und bedroht den Rückzug der Franzosen miterleiden, seine unsterbliche Seele ist frei. Auf eisigen Ebenen blickt er vom erlöschenden Wachtfeuer lächelnd in die wechselnden spielenden Sterne: „Und alles das ist in mir, und alles das bin ich!"

Er hatte das Große, Unerreichbare, Unendliche in allen Fernen gesucht, das europäische Leben, die Politik, die Freimaurerei, die Philosophie durchforscht, und was er gefunden, war Menschliches-Allzumenschliches, Kleinliches und Sinnloses. Jetzt waren ihm die Augen der Seele aufgegangen, jetzt sah er Gott in jeder Erscheinung, auch in der kleinsten und nächsten. Er sah das ewig große, ewig wechselnde, unfaßbare und unendliche Leben um sich her. „Und je näher sein Blick sich hielt, desto ruhiger und glücklicher wurde er. Die schreckliche Frage, die einst alle seine geistigen Bauten zusammengestürzt hatte: ‚Warum?' war für ihn nicht mehr vorhanden. Jetzt war auf diese Frage: ‚warum?' in seiner Seele stets die einfache Antwort bereit: weil es einen Gott gibt, jenen Gott, ohne dessen Willen kein Haar vom Haupte eines Menschen fällt."

Welt und Gott, Natur und Geist, Ich und Volk sind ihm eins geworden. Und jetzt wird ihm alles Leben leicht, auch die praktischen Dinge; er handelt sicher und einfach wie die Natur. In neuem Lebensglauben und -willen läßt er seine Häuser in Moskau und auf dem Lande wieder aufbauen. Wo andere noch Totenstarre sehen, ein armes, unwissendes, zerstörtes Rußland, da sieht er schon wieder „eine ungewöhnlich mächtige Kraft des Lebenstriebes, eine Kraft, die mitten im Schnee auf dieser großen Fläche das Leben dieses ganzen eigentümlichen, einzigen Volkes aufrecht erhielt." Und zum Dank schenkt ihm dieses Volk seine holdseligste Verkörperung: Natascha.

In ihr ist die Seele Rußlands – seine Natur und sein Volk – Hauch, Duft, Klang und Gestalt geworden.

Unvergeßliche Bilder haften: Nataschas dionysischer Aufschrei auf der Hasenjagd – Natascha beim Onkel im russischen Volkstanz: „Woher hatte diese kleine Gräfin, die von einer emigrierten Französin erzogen war, diesen russischen Geist eingesogen? Sie machte alles so gut, so genau, daß Anissja Fjodorowna vor Lachen die Tränen kamen, während sie auf diese schlanke, anmutige, ihr so fremde, in Samt und Seide erzogene Gräfin blickte, die doch alles verstand und ausdrücken konnte, was in Anissja lebte und in Anissjas Vater, in ihrer Mutter und Großmutter, kurz in jedem Russen."

Natascha mit der Freundin am Fenster des Landhauses im nächtlichen Geplauder, das Fürst Andrej belauscht: „Nein, sieh nur diesen Mondschein! Wie köstlich! komm her, meine Seele; mein Täubchen, komm her! Siehst du? Ich möchte so niederkauern, die Hände um die Knie, immer fester, immer fester – und mich in die Luft schwingen, so …"

Und Natascha, die sechzehnjährige, auf ihrem ersten Ball, „so glücklich wie noch nie im Leben, auf jener höchsten Staffel des Glücks, darauf der

Mensch vollkommen gut und liebreich wird und nicht an die Möglichkeit des Bösen, des Unglücks und des Kummers glaubt“.

Und doch – auch sie muß den Tribut des Irdischen zahlen, ihre reine Sinnlichkeit muß in Schuld und Scham beunruhigt und mißleitet, ihre holde unbewußte Natur erst zur bewußten werden, im Abgrund des Leids ihren Gegenpol, den Geist, den göttlichen Geist erfahren und erobern.

So wird sie Weib, Gattin, Mutter, so steht sie – Kinder an Brust und Händen – groß und unvergänglich am Ausgang der Dichtung, das Sinnbild epischen Werdens und Lebens.

Wechselseitig haben Natur und Geist sich vermählt: Natascha fand Pierre, Maria Bolkonskij, die vergeistigte, ins Unendliche strebende, fand Nataschas sinnenfreudigen Bruder Nikolai. Die Welt ward einig, ward vollkommen. Nach weltgeschichtlichen Stürmen und Katastrophen rauscht der epische Strom wieder im klaren, ruhigen Flußbett dem Ewigen zu.

Anna Karenina

Alle großen Epiker gestalten ihr Volk nicht nur in der Dichtung, sondern auch im Leben. Ihr Werk ist nicht nur ein Bild, sondern auch ein Vorbild, in dem ihr Volk sein tiefstes Wesen, seine edelsten Möglichkeiten begreift und ergreift. Durch Jahrhunderte haben die Gestalten Homers den Griechen geformt, im Schoß der Mutter, im Hirn des Philosophen, in der Hand des Bildhauers. Und so hat Tolstoi in „Krieg und Frieden" dem geliebten russischen Volke sein Idealbild gezeichnet: Kutusow, Tuschin, Platon Karatajew, Pierre Besuchow, Andrej Bolkonskij, Natascha, Nikolai Rostow und sein Bruder, der fünfzehnjährige Petja, der für sein Vaterland stirbt, ehe denn er gelebt hat: Fürst und Bauer, alt und jung, Männer und Frauen finden hier die Wesensbilder, zu denen sie sich läutern und steigern sollen.

Es zeigt die Lebensüberfülle und den Verantwortungsernst Tolstois, daß er nicht zufrieden ist mit diesem Schaffen und Bilden im Werk und durch das Werk, daß es ihn immer wieder drängt, unmittelbar im atmenden Menschenmaterial zu formen. Kaum hat er „Krieg und Frieden" vollendet, da öffnet er wieder die Schule, die er ein Jahr nach der Hochzeit im Überdrang der großen epischen Aufgabe geschlossen hat, da hält er Konferenzen und Proben mit der Lehrerschaft der Umgegend, da plant er die Errichtung von Lehrerseminaren auf dem Lande, „Universitäten in Bastschuhen“, die den künftigen Bauernlehrer von früh auf unter die gleichen Lebensbedingungen wie seine Bauern stellen sollen. „Ich habe wieder wie vor vierzehn Jahren diese Tausende von Kinderchen, mit denen ich zu tun habe, liebgewonnen ... Wenn ich in die Schule komme und diese vielen, zerlumpten, schmutzigen, mageren Kinder mit ihren hellen Augen und nicht selten Engelsgesichtern sehe, dann überkommt mich eine Unruhe und ein Schrecken ähnlich dem, den ich beim Anblick ertrinkender Menschen empfinden würde. Mein Gott im Himmel! wie soll man sie nur herausziehen? und wen zuerst und wen später? Hier geht das Kostbarste, was es gibt, elend zugrunde: jenes Geistige, das einem bei den Kindern so in die Augen fällt“ (an A. A. Tolstoi, Dezember 1874).

Nicht die 35 Kinder seiner Schule nur, die Millionen Schulkinder Rußlands will er fördern und formen. Er will ein Lese- und Leitbuch schreiben, das sie weckt und entwickelt, das ihnen durch Sprache und Dichtung in allen Weiten und Tiefen die Welt der Seele erschließt. Vor zehn Jahren haben ihm die Schulkinder Jasnaja Poljanas seelisch vielleicht mehr gegeben, als er ihnen zu geben vermochte. Jetzt besitzt er sich im ganzen Reichtum seiner Anlagen, seiner bildenden Gewalt, jetzt kann er ihnen und allen danken, schenken, helfen. Er, der eben den größten russischen Roman gestaltet hat, schreibt nun ein ABC-Buch von vier Teilen zu je 160–180 Seiten. In der ganzen Weltliteratur gibt es kein Nacheinander von gleicher epischer Schönheit und Verantwortlichkeit.

„Ich schreibe in diesen letzten Jahren ein ABC-Buch und gebe es eben jetzt in Druck. Zu erzählen, was diese Arbeit vieler Jahre für mich bedeutet, ist schwer. Ich hoffe, das Buch Ihnen im Laufe des Winters schicken zu können. Meine stolzen Illusionen darüber sind: daß aus diesem ABC-Buch zwei Generationen aller russischen Kinder, von den kaiserlichen angefangen bis zu den Bauernkindern, lernen und ihre ersten poetischen Eindrücke schöpfen werden, und daß ich nach Vollendung dieses ABC-Buches ruhig werde sterben können" (an A. A. Tolstoi, 12. Januar 1872). „Meine ganze Seele hab' ich in diese Arbeit hineingelegt" (an A. A. Feth, 16. März 1872).

Das Buch enthält nach einer Selbstanzeige Tolstois: l. das ABC und eine Anleitung zum ersten Unterricht im Lesen und Schreiben; – 2. Lesestücke: Fabeln, Beschreibungen, Märchen, Erzählungen und Aufsätze wissenschaftlichen Inhalts. Mit Ausnahme der neuen Übersetzungen aus Äsop und Herodot und einigen Fabeln, Geschichten und Märchen, deren Inhalt aus dem Indischen, Arabischen, Deutschen, Englischen und volkstümlichen Sagen entnommen ist, sind alle russischen Lesestücke vom Autor für das Buch verfaßt; – 3. eine Anleitung zur Orthographie und Grammatik mit Hilfe von verschiedenem Druck der grammatischen Formen; – 4. einige volkstümliche Sagen, die nach Ansicht des Autors in richtige russische Verse gebracht sind; – 5. eine Anleitung zur Erlernung des Altslawischen (der Kirchensprache) mit Erklärungen der wichtigsten grammatikalischen Formen; – 6. altslawische Lesestücke mit russischer Übersetzung, ausgewählte Stellen aus Chroniken, Lebensbeschreibungen aus dem Tschetij-Minej von Makar und Dmitrij Rostowski und aus der Heiligen Schrift; – 7. eine Arithmetik von der Addition bis zu den Brüchen einschließlich und 8. eine Anleitung für den Lehrer.

Wieder betont Tolstoi in der „Anleitung für den Lehrer“, daß der Unterricht nicht von einem abstrakten Lehrplan ausgehen dürfe, sondern nur von der Seele des Kindes. Ihre jungen Keime dürfen nicht unter Wissenslasten verschüttet, sie müssen befreit, ernährt, entfaltet werden. „Vermitteln Sie dem Schüler soviel Kenntnisse als möglich und bringen Sie ihn zu der größten Zahl von Beobachtungen in allen Wissenschaften, aber geben Sie ihm so wenig als möglich allgemeine Schlüsse, Definitionen, Einteilungen und Terminologien aller Art. Geben Sie die Definition, Einteilung, Regel, Benennung erst dann, wenn der Schüler schon so viel Kenntnisse hat, daß er selbst imstande ist, den allgemeinen Schluß zu prüfen, – wenn der allgemeine Schluß ihm die Arbeit nicht erschwert, sondern erleichtert.“ Aus der Anschauung und dem Erlebnis müssen die Kenntnisse wachsen, sonst sind sie wurzel- und wertlos. „Der Schüler, der glaubt, daß sich die Erde auf dem Wasser und den Fischen hält, urteilt richtiger als jener, der glaubt, daß die Erde sich bewegt, ohne es begreifen und erklären zu können.“

Um aber so den Stoff zu durchdringen und zu beleben, bedarf es der Liebe; sie allein ist schöpferisch. „Hat der Lehrer Liebe zur Sache, so wird er ein guter Lehrer sein, liebt der Lehrer den Schüler wie ein Vater oder eine Mutter, so wird er besser sein als ein anderer Lehrer, der alle Bücher der Welt gelesen hat, aber weder die Sache noch den Schüler liebt. Vereinigt der Lehrer Liebe zur Sache und zum Schüler in sich, dann ist er der vollkommene Lehrer.“

Die erste Ausgabe des ABC-Buchs erschien 1872, die zweite von 1875 kürzte den eigentlichen Unterrichtsteil, schaltete die Arithmetik aus und verteilte den Lesestoff nach Fertigkeitsstufen. Vier Bändchen in russischer, vier in altslawischer Sprache zum Preise von acht bis zehn Kopeken eilten von Auflage zu Auflage und waren 1908 schon in mehr denn 1,5 Millionen Stück verbreitet.

Da Tolstoi sein ABC-Buch für die Kinder und für das Volk schreibt, müht er sich, seine Sprache zur größten Einfachheit, Klarheit und Anschaulichkeit zu bilden. Und im Ringen darum wird ihm deutlich, wie wenig dem die bisherige Literatursprache Rußlands nachkommt. „Ist es nicht eine verlogene Sprache, in der wir schreiben und der auch ich mich bediente?" Neue Formen der Sprache gilt es zu suchen. Und die Sprache des Volkes muß das Muster fein. „Die Sprache, die das Volk spricht und die Laute zum Ausdruck alles dessen besitzt, was ein Dichter überhaupt sagen kann, ist mir lieb. Überdies – und das ist die Hauptsache – ist diese Sprache der beste poetische Regulator: Alles Geschwollene, Überflüssige, Krankhafte läßt sie nicht zu, unsere literarische Sprache aber ist knochenlos; man mag in ihr schwatzen, was man will: es kommt immer nur Literatur heraus … Ich liebe alles Bestimmte, Klare, Schöne und Maßvolle, und das finde ich in Dichtung, Sprache und Leben des Volkes, in unseren Kreisen aber das gerade Gegenteil" (an Strachow, März 1872).

Dies also vertiefte Sprachbewußtsein war kurz vorher schon durch eine andere sprachliche Quelle gespeist worden: die Ausbildung seines ältesten Sohnes, den er selbst zur Gymnasialprüfung vorbereitete, hatte Tolstoi zur griechischen Sprache und Dichtung geführt; nach drei Monaten konnte er Xenophon frei, Homer mit Lexikon lesen. Begeistert erfuhr er die Klarheit und Bildkraft ihrer Darstellung, ihm schien, er sei zum Urquell epischer Sprache und Dichtung vorgedrungen: „Wie bin ich glücklich, daß Gott diesen Wahnsinn über mich geschickt hat! Erstens genieße ich, zweitens habe ich mich überzeugt, daß ich bisher von allem wahrhaft Schönen und einfach Schönen nichts gewußt habe – und drittens bin ich froh, weil ich nichts schreibe und wortreichen Unsinn nie mehr schreiben werde. Ich bin schuldig und bei Gott, ich werde es nicht mehr tun. Erklären Sie mir nun, warum niemand Äsops Fabeln kennt, nicht einmal den herrlichen Xenophon, von Plato und Homer, die mir noch bevorstehen, schon gar nicht zu reden. Soweit ich bisher urteilen kann, ist Homer in unseren, nach deutschen Mustern hergestellten Übersetzungen nur verhunzt – im häßlichen, aber unwillkürlichen Gleichnis: gekochtes oder destilliertes Wasser gegen Quellwasser, so kalt, daß einem die Zähne schmerzen, und dazu der Sonnenglanz und sogar Kies-Splitter, die das Wasser noch klarer und frischer machen. Voß und Shukowski singen mit honigsüßen, einschmeichelnden Stimmen, aber dieser Teufelskerl singt und brüllt aus voller Brust und denkt nicht daran, ob ihm jemand zuhört“ (an A. A. Feth, Dezember 1870).

Und wie so oft gewinnen auch jetzt die seelisch-geistigen Erlebnisse Tolstois Gestalt und Farbe in der Wirklichkeit: zum zweitenmal führt eine Kumys-Kur den Ermatteten in die Steppen Samaras; mit seinem Schwager wohnt er in einer Kibitka, die ihnen ein Mullah vermietet hat. „Die Sehnsucht und Gleichgültigkeit, über die ich klagte, sind vergangen; ich fühle, wie ich mich zum Skythen wandle, alles ist fesselnd und neu … die Baschkiren, die nach dem Herodot riechen, die russischen Bauern und die Dörfer, die dank der Schlichtheit und Gutmütigkeit der Bevölkerung besonders reizvoll sind“ (an seine Frau, 23. Juni 1871).

Er liest und lebt Herodot, schaut nach den Roßherden, den Tausenden von Pferden, die morgens mit ihren Füllen von den Bergen kommen, reitet zur Enten- und Wolfsjagd und ißt täglich Hammelfleisch aus Holzschüsseln mit den Händen. Weitum kennt und liebt man „den Grafen“, schlachtet ihm den fettesten Hammel, stellt ein Faß Kumys auf und bindet ihm die Stute, die er gelobt hat, als Geschenk an den Wagen. Um sich der „jungfräulichen Erde“ enger zu verbinden, kauft er ein Gut und kehrt nun fast jedes Jahr, allein oder mit seiner Familie, dorthin zurück.

Auch diesem Lande verwächst er in Liebe und Fürsorge, hier wird er zum biblischen, altepischen Patriarchen: 1873 drohte Samara nach drei schlechten Jahren eine neue, furchtbare Mißernte. Vor der unausweichlichen Hungersnot wandte sich Tolstoi mit einem statistisch belegten, ergreifenden Aufruf an die russische Öffentlichkeit. Durch seine Freundin, die Gräfin A. A. Tolstoi, gelang es ihm, die Zarin zu gewinnen. In den großen Städten bildeten sich Hilfskomitees. Gaben kamen von allen Seiten und wuchsen von Monat zu Monat. Tolstoi selber ging von Hof zu Hof, half und verteilte. Und als die Not überwunden war, lud er im Sommer 1875 zu einem freudigfestlichen Pferderennen, das alle Völkerschaften der Umgegend, Baschkiren, Kirgisen und Kosaken, einige tausend Menschen, in der Steppe vereinte, mit ihren Zelten, mit Kumys, mit Kesseln, ja mit ihren Schafen. Schaukämpfe wurden aufgeführt, Chöre tanzten und sangen. Einförmig-schwermütige Lieder klangen zur Schalmei. Das Fest dauerte zwei Tage. Lebensherrlich schreibt der Epiker, der inzwischen „Anna Karenina“ begonnen hat, nach seiner Heimkehr: „Ich habe zwei Monate lang meine Finger nicht mit Tinte und mein Herz nicht mit Gedanken befleckt“ (an Feth, 26. August 1875).

Tolstois Blick, der von den napoleonischen Kämpfen in „Krieg und Frieden“ aufsah, der sich umsah nach einer ähnlich bedeutenden Epoche im Leben Rußlands, mußte von der Gestalt und Zeit Peters des Großen gefesselt werden. „Dort ist der Anfang von allem. So oft ich den Knäuel zu entwirren suchte, kam ich unversehens immer wieder zu diesen Zeiten Peters des Großen zurück“ (an A. A. Tolstoi, 5. Juni 1872).

Im Wesen des Stoffes lag der Gedanke an eine dramatische Behandlung. Noch die späteren Bemerkungen zeichnen ihn als den „Kampf zwischen der sinnlichen Begierde und dem Gewissen einzelner Personen wie des ganzen russischen Volkes“. Im Winter 1869/70 suchte Tolstoi sich im Lesen Shakespeares, Molières, Goethes über Wesen und Technik des Dramas Klarheit zu schaffen. Aber nur eine Anfangsszene, die Zusammenkunft der Strelitzen, schrieb er nieder.

Sobald ihm die Vollendung des ABC-Buchs Zeit und Sammlung gab, führte er auch diesen Stoff seiner eigentümlichen, epischen Form zu. Ausgedehnte Studien sollten die Fundamente legen. „Liowotschka“, schreibt die Gräfin den 19. November 1872 an ihren Bruder, „ist den ganzen Tag beschäftigt; er sitzt immer von einem Haufen von Büchern, Porträts und Bildern umgeben, zieht die Stirne kraus und liest, macht Anmerkungen und Auszüge. Abends, wenn die Kinder sich schlafen legen, erzählt er mir seine Pläne." Und Winters Ende, März 1873, meldet sie der Schwester: „Alle Personen aus der Zeit Peters des Großen hat er schon fertig; sie sind angezogen, geschmückt und sitzen auf ihren Plätzen, aber sie atmen noch nicht. Ich sagte ihm das gestern Abend, und er gab zu, daß es wahr sei." Aus allen Anmerkungen und Plänen des Notizbuchs gestalten sich nur siebzehn Skizzen, die von Einzelzügen und -gestalten wimmeln, ohne daß ein gemeinsamer epischer Strom sie aufnimmt: die politischen Kämpfe des jungen Peter und seiner Schwester Sophie (1689) in sechs Fassungen, die militärischen Herbstmanöver von 1699 in fünf Ausarbeitungen und sechs verschiedene Darstellungen aus dem zweiten Feldzug Peters an das Asowsche Meer.

„Ich kann", sagt ein Wort Tolstois, das sein Schwager Behrs vermittelt, „diese Epoche nicht klar in meiner Einbildung erstehen lassen. Ich stoße auf Schwierigkeiten, weil ich das damalige Leben nicht kenne und noch weniger Einzelheiten aus jener Zeit, und das quält mich in meiner Arbeit."

Schon bei „Krieg und Frieden" hatte er seiner Frau geklagt: „Alles Historische will mir nicht gelingen, und die Arbeit geht deshalb sehr langsam vorwärts" (7. Dezember 1864), und Turgeniew hatte damals schief, aber nicht grundlos unterschieden, daß alles Ursprüngliche, Beschreibende, die Jagd, die nächtliche Kahnfahrt usw. herrlich, erstklassig sei, das historische Anhängsel jedoch, eben das, was die Leser entzücke, eine Scharlatanerie. „Krieg und Frieden" ist kein „historischer Roman". Tolstoi, diese Urnatur, ist im Kern unhistorisch, hat auch dort sein Volk nicht in seiner geschichtlichen, sondern in seiner natürlichen und metaphysischen Wesenheit gestaltet. Das ist aber das Wesen des Epos im Gegensatz zur Halbkunst des „historischen Romans“. Eben dadurch wird der geschichtliche Vorgang erhöht zum Mythos.

Bei Peter dem Großen war diese Mythisierung nicht möglich, weil hier nicht das Volk im Mittelpunkt stand, sondern eine einzelne geniale Persönlichkeit, die in der Dämonie ihres Tuns alles andere als episch vorbildlich war, die sich bis zur Ermordung des eigenen Sohnes überhob, und das alles, um Westeuropas Kultur gewaltsam in Rußland einzuführen, das nach Tolstois Überzeugung nur aus sich selber wachsen, in seiner natürlichen und metaphysischen Eigenart sich entfalten und erfüllen sollte. So findet er schließlich, daß seine Meinung über die Persönlichkeit Peters I. der allgemeinen Meinung gerade entgegengesetzt sei, die ganze Epoche sei ihm unsympathisch geworden (Behrs, Erinnerungen). Im Sommer 1873 gibt er den Plan auf, nachdem er schon im März 1873 „Anna Karenina“ begonnen hat.

Der „Russische Bote“ brachte in den ersten vier Monatsheften von 1875 den Anfang, dieselben Hefte des nächsten Jahres die Fortsetzung, das Dezemberheft und die vier ersten Hefte des Jahres 1877 führten das siebente Buch zu Ende. Im politischen Zwist mit dem Herausgeber (über Rußlands Anteil am serbischen Krieg) erschien das achte Buch als Sonderdruck. Immer wieder riß es Tolstoi vom Schreibtisch ins handelnde Leben. „Meine Arbeit“, mußte er mehr als einmal den erwartungsvollen Freunden melden, „rückt nicht viel vorwärts, aber“ – mit geringschätzigem Blick auf alle Literaten, mit kraftgebreiteten Armen: „Gott sei Dank habe ich sonst, wofür ich leben kann!“ (An Feth, 17. März 1875)

„Krieg und Frieden“ ist der heroische Roman. Er zeigt das russische Volk im Hochgebirge seines geschichtlichen Lebens – die seltenen Jahre der Weihe, denen viele des ebenen Alltags folgen. Und oft erweisen diese sich als die härteren, ist es einem Volk schwerer, für seine Ideale zu leben, als für sie zu sterben. So braucht der Gesellschaftsroman, der diese Jahre schildert, an epischem Gehalt dem heroischen Roman nicht nachzustehen. Unscheinbarer, aber nicht weniger verantwortungs- und bedeutungsvoll steht hinter „Anna Karenina“ die Frage: Wie behauptet das gegenwärtige Geschlecht im Frieden und Alltag die Würde seines Volkstums? Wie rechtfertigt es den Heroismus seiner Väter?

Wieder scheiden sich zwei Grundkräfte und -kreise: Natur und Zivilisation, Volk und Gesellschaft. Und nicht nur geographisch, sondern auch symbolisch haben sie ihren Mittelpunkt in Moskau und seiner ländlichen Umwelt, und in Petersburg, der Stadt des Hofes, dem Einfallstor des Westens. Petersburg ist die „große Welt“, die Welt des höfischen Dienstes, der auf persönlichen Beziehungen, Umgangeformen und Einfällen beruht, ist die Welt der Bälle, der feierlichen Diners, der glänzenden Uniformen und Toiletten, „die Welt, die sich gewissermaßen mit einer Hand an den Hof anklammert, um nicht zur Halbwelt herabzusinken“. Ihr Ziel ist Rang, Reichtum, Vergnügen, ihr Wesen Zerstreuung und Lüge. Dementgegen ist Moskau trotz seiner Größe immer noch eine altrussische Landstadt – „ein stehender Sumpf“, sagen die Lebemenschen. Vor seinen Toren dehnt sich das Land: Äcker, Wiesen und Wälder, Gutsbesitzer und Bauern, Rußlands Wurzel- und Wesensgrund, Rußlands Volk und Heimat. Hier ist noch die Familie die Keimzelle des

Gemeinschaftslebens. Dienst und Arbeit sind – einförmig und beharrlich – noch dem Volk oder der Natur verbunden. Der Mensch entflieht sich nicht in ruheloser Zerstreuung und Betäubung, sondern sucht und sammelt sich in Klarheit und Wahrheit.

Aus diesen entgegengesetzten Welten steigen die beiden Handlungslinien: zwei Liebesgeschichten, die Liebe des Flügeladjutanten Grafen Wronsky zu Anna, der Gattin des hohen Ministerialbeamten Karenin, und die Liebe Ljewins, des Gutsherrn, zur achtzehnjährigen Prinzessin Kitty Schterbazkaja.

Beide entspringen der gleichen Tiefe des Eros, beide müssen unter den grundverschiedenen Bedingungen ihrer Welten entgegengesetzt verlaufen. Ljewins und Kittys Liebe ist ein ununterbrochener Aufstieg, der – nach kurzer Verwirrung Kittys und Befangenheit Ljewins – zur Ehe, zur Geburt, zur Gemeinschaft mit Natur und Volk, ans Herz Gottes führt. Annas und Wronskys Liebe führt nach jähem feurigem Aufsturm in immer schnellerem Sturz durch Qual, Zwiespalt, Einsamkeit und Verzweiflung in den Abgrund der Selbstvernichtung.

So hat der Roman den Doppelrhythmus alter Darstellungen des Jüngsten Gerichts, wo die Scharen der Verklärten und Verdammten in unaufhörlicher Gegenbewegung aneinander vorbeiziehen.

In Ljewins und Kittys Welt wird auch das Einfache und Alltägliche bedeutend und beglückend, weil es im liebenden, ehrfürchtigen Zusammenhang mit der Natur, der Menschheit, der Gottheit erlebt wird. Ljewins großes altertümliches Haus ist ein ganze Welt, die Welt, in der sein Vater und seine Mutter gelebt haben und gestorben sind, ein vollkommenes vorbildliches Leben gelebt haben, das er mit seinem

Weibe, seiner Familie zu erneuern träumt. Seine Liebe weiß nichts von lyrischer Leidenschaft. „Er stellte sich zuerst immer die Familie vor und dann erst das Weib, das ihm die Familie gründen sollte.“

Eine Heuernte unter seinen Bauern wird ihm zum kosmischen Erlebnis. Während er in Reih und Glied mit ihnen die Sense schwingt und schwingt, fröhlich und schweißbedeckt, gerät er in jene Gleichmäßigkeit und Selbstvergessenheit, in der er nur noch Natur, Kraft und Rhythmus ist, willenlos und wonnevoll. Mittags ißt er vom Kwaß des greisen Bauern, der ihm seine häuslichen Angelegenheiten vertraut, dem er erzählt aus seiner Menschlichkeit, dem er „sich näher fühlt als seinem eigenen Bruder“. Und nachts schläft er unter Gottes Sternen auf einem Heuschober, umklungen von bäuerlichem Geplauder, von Lied und Gelächter, und plant, seinem alten Leben, seiner nutzlosen Bildung ein Ende zu machen: „Ein Weib nehmen? Arbeiten und arbeiten müssen? Pokrowskoje verlassen? Ackerland kaufen? Einer Gemeinschaft beitreten? Eine Bäuerin heiraten? Wie soll ich das vollbringen?“

Die Liebe weist ihn von diesem Rückweg zur unbewußten Natur vorwärts zur bewußten, über die Natureinheit zur sittlichen und religiösen Einheit. Metaphysische Würde strahlt – bei aller farbigen humordurchlächelten Einzelschilderung – aus der kirchlichen Trauungsfeier: „‚Herr, segne uns!‘; die ganze Kirche von den Fenstern hinauf zu den Kreuzbögen mit seinem Klang erfüllend, erhob sich der volltönende Akkord vom unsichtbaren Chore aus, erst anschwellend, einen Augenblick gleichsam erstarrend und leise verklingend. ‚Daß Er ihnen sende eine vollkommene, friedsame Liebe, daß Er ihnen helfe, das bitten wir Gott.‘“ Ergriffen fühlt Ljewin, welche Verantwortung er in seiner Liebe auf sich nimmt: das Schicksal des Menschen, der ihm künftig die Menschheit verkörpern wird, das Schicksal der Ungeborenen, die ihn der Kette der Generationen angliedern werden. „Was vermag ich dieser furchtbar schweren Lebensaufgabe gegenüber ohne Hilfe? Ja, was ich brauche, ist Hilfe." Und er fallt nieder vor Gott in Liebe und Demut, und wie aus Gottes Mund tönen die Worte des alten Priesters: „Es wird verbunden der Knecht Gottes Konstantin mit der Magd Gottes Jekatjerina."

Kaum ist die Ehe geschlossen, muß sie sich bewähren. Gemeinsam müssen Ljewin und Kitty am Sterbebett seines Bruders dem Geheimnis des Todes ins Antlitz sehen. Aller Jammer der Kreatur wird ihnen enthüllt. Im kleinen, unsauberen, vollgespuckten Gasthofzimmer liegt der Schwindsüchtige, von einer pockennarbigen Dirne betreut, ein toter, zerfallender Körper, im Antlitz den strengen, vorwurfsvollen Ausdruck des Neides, den der Sterbende dem Lebenden gegenüber empfindet. Ljewin ist hilflos vor Leid, vor Grauen, vor Hoffnungslosigkeit. Aber Kitty weiß noch diese Todesatmosphäre mit schöpferischer Liebe zu durchdringen, weiß den Sterbenden zu säubern, zu betten, zu nähren, weiß seine Bitterkeit und Verzweiflung zu versöhnen. Ihre selbstlose Liebe wird ihm zum Sinnbild der ewigen Liebe, der er sich jetzt wieder im Abendmahl zuwendet. Und auch Ljewin überwindet in ihrer Liebe sein Todesgrauen und wird gütig und hilfreich. Reiner und stärker wird so ihre gemeinsame Liebe gegründet und gerechtfertigt. Das Geheimnis des Todes überwächst – nicht minder groß – das Geheimnis der Geburt und ruft zu neuem Leben: am Sterbebette Nikolais fühlt Kitty die ersten Zeichen der Schwangerschaft.

Trauung und Tod waren die metaphysischen Augenblicke des Lebens, in denen die Seele – unbekümmert um die gewohnte Überzeugung oder Wissenschaft – triebhaft durchbrach zu Gott. Ein gleicher Augenblick ist die Geburt. Als Kittys Wehen beginnen, als sie Ljewin zum Arzt schickt, als er verstört dem Haus enteilt, stammelt er hilflos, flehend, unwillkürlich: „Herr, erbarme dich! Vergib, hilf!" Und als er wiederkehrt und Stunde auf Stunde vergeht und Kittys Leiden ins Maßlose wachsen und sie dennoch ihm zulächelt, ihn zu beruhigen, als er in fiebernder Qual ohne jedes Zeitbewußtsein ohnmächtig zwischen den Zimmern irrt, da „wußte und fühlte er nur das eine, daß das, was jetzt geschah, dem ähnlich war, was sich vor einem Jahr im Gasthaus der Gouvernementsstadt am Totenbette seines Bruders Nikolai abgespielt hatte. Nur war es damals Trauer gewesen, und jetzt war es Freude. Aber sowohl jene Trauer als diese Freude lagen abseits von den alltäglichen Lebensverhältnissen, bildeten in diesem alltäglichen Dasein gleichsam die lichten Durchblicke, durch die ein Höheres hindurchleuchtete. Und ebenso unfaßbar wie damals nahm die Seele bei Betrachtung dieses Höheren einen bis dahin ungeahnten Aufschwung zu einer Höhe, zu der ihr der Verstand nicht zu folgen vermochte. ‚Mein Gott, hilf und vergib mir!' murmelte er unaufhörlich vor sich hin, und trotz seiner langjährigen und scheinbar völligen Entfremdung von der Religion hatte er die Empfindung, als wende er sich an Gott mit derselben natürlichen Zuversicht, wie er es in den Tagen seiner Kindheit und ersten Jugend getan hatte."

Diese tief erlebten metaphysischen Augenblicke wollen aus ihrer Vereinzelung gelöst, zur Weltanschauung geschlossen werden. Ljewin, der zwischen zwanzig und vierunddreißig Jahren wie viele seiner Kameraden den Jugendglauben einer naturwissenschaftlichen Welterklärung geopfert hat, richtet und prüft sich: Warum hat er in jenen Augenblicken zu beten begonnen und während des Betens auch geglaubt? Warum glaubt seine Frau? Und warum neunundneunzig Prozent des russischen Volkes?

Er studiert Plato, Spinoza, Kant, Schelling, Hegel und Schopenhauer, ohne daß seiner Urnatur diese Kreuzfahrer des Geistes nahekommen. Er sieht nur eine fortgesetzte Umstellung derselben Worte, künstliche Gedankengänge, unhaltbare Bauten.

Unbefriedigt fragt er in den Weltraum: „Was bin ich? Wo bin ich? Wozu bin ich da?“

Sobald er tätig ist, schweigen die Fragen. Da ist ihm jede Pflicht und Stunde deutlich im festgeordneten Aufgaben- und Anschauungskreis. Nur wenn er nachdenkt, starren die Rätsel. Er ringt, grübelt, verzweifelt und kommt dem Selbstmord nah.

Da spricht er in Erntetagen mit einem Bauern über zwei seiner Dorfleute: „Es gibt halt verschiedene Menschen,“ sagt ihm der Bauer, „der eine lebt nur für seine leiblichen Bedürfnisse wie der Mitjuscha, er stopft nur seinen Wanst voll. Fokanytsch, der ist ein rechtschaffener alter Mann, er lebt für seine Seele und hält Gott in Ehren.“ „Wieso hält er Gott in Ehren? Wieso lebt er für seine Seele?“ fragte Ljewin fast schreiend. „Das ist mal eben so, er lebt nach der Wahrheit, wie Gott es haben will. Es gibt eben verschiedene Menschen. Sie werden auch keinem was zuleide tun.“

Diese einfachen Bauernworte fahren in Ljewins Seele „wie ein elektrischer Funke, durch den eine

Tolstoi und die Kinder

ganze Schar vereinzelter, ohnmächtiger und abgerissener Gedanken, die ihn unaufhörlich beschäftigt hatten, plötzlich umgewandelt und zu einem Ganzen gefügt worden.“

Wie einst Pierre Besuchow in Platon Karatajew den Sinn des Lebens weniger erkannt als erlebt hat, wie in Platon ihm „das Wort Mensch geworden“ ist, so wird auch Ljewin weniger das, was der Bauer sagt, als was er darstellt: seine ganze selbstverständliche Lebens- und Gott-Einigkeit zum erlösenden Erlebnis. Wie dem greisen Bauern der Heuernte fühlt er sich ihm „näher als seinem eigenen Bruder“, fühlt er mit ihm durch alle verwirrenden Dogmen und Lehren den einfachen Kern des Christentums: die Einheit des Lebens und der Welt in der überpersönlichen Liebesgemeinschaft, in Gott. Beseligt fühlt er sich in diesem Erlebnis, das höher ist denn alle Vernunft, wieder dem Glauben seiner Kindheit, dem Glauben Kittys, dem Glauben des einfachen russischen Volkes verbunden. Er ist von seiner letzten Einsamkeit erlöst. Was er ererbt von seinen Vätern hat, hat er in persönlichem Ringen und Leiden neu erworben, um es wahrhaft zu besitzen. Er ist wieder Natur, aber nicht mehr unbewußte, sondern bewußte, durchgeistigte, vollendete Natur. – – –

So hat sich – die Familie als epische Lebenseinheit genommen – ein Menschenleben erfüllt, einfach, groß und musterhaft, in „reiner Menschlichkeit“, von der auch hier Goethes frommes Wort gilt, daß sie „alle menschliche Gebrechen sühnet“. Wieder einmal ward die Welt vollkommen, vor Gott gerechtfertigt.

Das ist der Zug der Verklärten hinauf ins Licht. Im Gegenrhythmus stürzt der Zug der Verdammten: Auch Anna Karenina ist von Haus aus eine Natur, begnadet mit Liebreiz und Lebensmacht. „Es war, als ob ihr ganzes Wesen so von Lebensüberfülle gesättigt sei, daß diese sich gegen ihren Willen bald im Glanz ihrer Augen, bald in ihrem Lächeln einen Ausdruck schaffte.“ Ihr fester, leichter Schritt, ihre biegsamen Bewegungen, ihre vollen, wie aus altem Elfenbein gedrechselten Schultern, ihr üppiges schwarzes Haar: alles strahlt und zittert von Leben. Aber schon verrät „der ernste, bisweilen traurige Ausdruck ihrer Augen“, daß etwas in dieser reichen Natur unerfüllt geblieben ist.

Mit achtzehn Jahren ist die Frühverwaiste, Unerwachte von einer vorsorglichen Tante dem fast um zwanzig Jahre älteren Karenin angekuppelt worden. An der Seite dieses vollendeten Ministerialbeamten – der bei aller Anständigkeit und dienstlichen Tüchtigkeit nur ein tönendes Erz und eine klingende Schelle ist, weil er der Liebe nicht hat –, in einer Gesellschaft, deren Hohlheit und Lüge ihr wesensfremd bleibt, ist ihre Jugend vergangen, lebensleer. Nur das Kind hat aus ihren vielen Möglichkeiten eine verwirklicht. Aber ihre Natur ist zu reich und stark, um zu sterben, ohne gelebt zu haben. In dämonischer Bereitschaft harrt sie – sich selber unbewußt – auf das Erlebnis, das ihr Entfaltung und Erfüllung bringt. So liegt schon zu Anfang „zugleich etwas Furchtbares und Grausames in ihrem Reiz“.

Die Liebe zu Wronsky ist es, die den Sturm und den Ausbruch herbeiführt.

Karenin war der eine Typus des Petersburger Lebens, der Beamte: „Immer wenn er mit dem wirklichen Leben zusammengestoßen war, war er ihm ausgewichen“ –. „Sich in die Gedanken- und Gefühlswelt eines anderen Wesens zu versetzen, war eine seelische Tätigkeit, die Alexei Alexandrowitsch völlig fremd war.“ – „Er freute sich bei dem Gedanken, daß auch bei einer so wichtigen Lebensfrage niemand sagen konnte, er habe nicht in Übereinstimmung mit den Vorschriften jener Religion gehandelt, deren Banner er inmitten der allgemeinen Erkaltung und Gleichgültigkeit stets hochgehalten hatte.“ – „In allen Fragen der Kunst und Poesie und besonders in der Musik, für die ihm jedes Verständnis fehlte, hatte er ganz' bestimmte, festgeprägte Ansichten. Er sprach gern von Shakespeare, von Raffael, von Beethoven, auch von der Bedeutung der neuen Richtungen in der Poesie und Musik, die für ihn alle mit klarer Folgerichtigkeit eingeteilt waren.“

Wronsky ist der zweite Typus Petersburgs: der Offizier. Seine ursprüngliche Eigenart und Liebenswürdigkeit ist früh verführt, er ist im Pagenkorps erzogen worden. Familienleben hat er nie gekannt. Als junger glänzender Offizier hat er in vielen kleinen Liebschaften „das üppige und rohe Petersburger Leben“ gelebt. „Eine eheliche Verbindung war ihm nie auch nur im Bereich des Möglichen erschienen. Nicht nur, daß er keine Neigung zum Familienleben hatte, der Gedanke an eine Familie und insbesondere an einen Ehemann war bei ihm – gemäß den Ansichten der Junggesellenwelt, in der er lebte – stets mit der Vorstellung von etwas Fremdartigem, Feindseligem und vor allem mit dem Gefühl der Lächerlichkeit verknüpft.“ Er ist nicht weniger ehrgeizig als Karenin und lebt nicht minder als Karenin in bloßen Konventionen; nur daß die Konventionen der Offizierswelt kühner und rücksichtsloser sind als die der Beamten. Ihnen zerfällt die Petersburger Welt in zwei Gattungen: die Gattung der altväterischen und lächerlichen Leute, „die daran glauben, daß der Mann mit der einen Frau leben müsse, der er angetraut worden, daß ein junges Mädchen unschuldig sein müsse, eine Frau schamhaft, ein Mann mannhaft, enthaltsam und charakterfest; daß man seine Kinder erziehen, sein Brot verdienen, seine Schulden bezahlen müsse“ und die Gattung der „wirklichen Menschen“, zu denen sie gehören, „die vor allem elegant, großherzig, kühn und lustig sein muß, die sich jeglicher Leidenschaft ohne Erröten hingeben und alles Übrige verspotten darf“. Ein Kodex von Lebensregeln, den Wronsky sich ein für allemal aufgestellt hat, ordnet sein Leben, alles was er tun und lassen muß, mit unzweifelhafter Bestimmtheit. „Wronsky hatte noch nie diesen Kreis überschritten und niemals auch nur einen Augenblick bei der Ausführung dessen, was er zu tun habe, geschwankt. Es stand für ihn kraft dieser Lebensregel unzweifelhaft fest, daß man einen Falschspieler bezahlen müsse, seinen Schneider aber nicht, daß man einen Mann nicht belügen dürfe, eine Frau aber wohl, daß man niemand auf der Welt betrügen dürfe, ausgenommen einen Ehemann, daß man eine Beleidigung nie verzeihen dürfe, selbst aber beleidigen könne, und dergleichen mehr. Wronsky fühlte, daß er, nach dieser Richtschnur lebend, ruhig sein und den Kopf hoch tragen könnte.“

Was bleibt diesem Offizierstypus, dessen seelische Quellkraft durch seine verzerrte Umwelt gebunden und mißleitet ist, um eine Natur wie Anna Karenina zu entzünden? Es bleibt die angeborene, auch diese Kavalierskonventionen durchschimmernde Vornehmheit seiner Gesinnung, es bleibt seine strahlende sinnliche Lebensfülle. Wronsky hat Ähnlichkeit mit einem Rassepferd. Immer wieder „entblößt ein Lächeln seine dichten weißen Zähne“, und oft glaubt man die Adern unter seiner Haut spielen zu sehen. Seine Welt ist ein Rennstall, sein Schlachtfeld die Rennbahn, derselbe Lebensstrom durchpulst ihn und sein Pferd: „er fühlte, wie ihm das Blut zum Herzen strömte, und daß er ebenso wie das Pferd die Lust verspürte, sich zu bewegen, nach etwas zu beißen". Die für lange Zeit „schwerste und quälendste Erinnerung seines Lebens" ist der Todessturz des Pferdes, den seine ungeschickte Bewegung verschuldet hat.

In der gesellschaftlichen Ordnung des täglichen Lebens wird die konventionelle Gebundenheit Wronskys und Karenins weniger deutlich. Erst als das Außerordentliche, die große, königliche Leidenschaft in diese Welt des Scheines tritt, da zeigt sie sich in ihrer Enge und Ohnmacht. Da wird offenbar, daß Annas Vollnatur an zwei geflickte Halbnaturen gekettet ist, daß weder rückwärts noch vorwärts ein Weg für sie zur Freiheit ist. In ihrer ausweglosen Not verfällt sie dem Gift, das allein ihre Um- und Scheinwelt aufrecht hält: bald fühlt auch sie sich „in einen undurchdringlichen Panzer der Lüge gekleidet". Bald ist ihre klare Anmut zur dämonischen Schönheit eines gefallenen Engels gewandelt: „Ihr Gesicht strahlte in hellem Glanz, aber dieser Glanz war kein freudiger – er erinnerte an den furchtbaren Schein einer Feuersbrunst mitten in dunkler Nacht."

Karenin leidet weniger unter dem Verlust von Annas Liebe, Annas metaphysischer Persönlichkeit – er hat sie nie besessen –, als unter dem drohenden Verlust seiner gesellschaftlichen Stellung: „Sie haben sich unpassend benommen, und ich wünsche, daß dies nicht wieder vorkommt." Da zerreißt Annas Leid und Leidenschaft den Schleier der Liebe: „Ich war in Verzweiflung und kann nicht anders als in Verzweiflung sein. Ich höre Sie sprechen und denke an ihn. Ich liebe ihn, ich bin seine Geliebte; Sie sind mir unerträglich, ich fürchte, ich hasse Sie.“

Aber das Furchtbare ist, daß Wronsky, zu dem sie damit offen übertritt, sie ebensowenig zu schützen und zu behaupten vermag. Er hat mehr physischen Mut als Karenin, er wird sich jeden Augenblick vor dessen Pistole stellen, jede Ehrenkränkung Annas vor seine Pistole fordern, aber er hat ebensowenig seelisch-geistige Ursprünglichkeit und Überlegenheit. Anna gegenüber hat er von Anfang an „einen Ausdruck von Fassungslosigkeit und Unterwürfigkeit, welcher fast an den Ausdruck eines klugen Hundes gemahnte, der sich schuldig fühlt“. Er ist schuldig, weil er nicht im engen Kreise seiner Konvention geblieben ist, weil er gewagt hat, das Außerordentliche in seine äußerliche Lebensordnung hineinzureißen. Es gibt keine Antwort in seinem Ehrenkodex auf die Fragen, die ihn jetzt bedrängen. Die Scheidung ist schwer, da Anna ihr Kind nicht lassen will, ist unmöglich, wenn Karenin sie nicht zugibt. Und schon drängt ein Kind von ihm selber ins Leben und verwirrt die unlösbaren Beziehungen noch schicksalsvoller.

Wochenbettfieber bringt Anna dem Tode nahe. Die Sterbende rettet sich von der Leidenschaft zurück zum Gesetz. Im Fieberparoxismus schafft sie das Bild ihres Gatten um, läutert und steigert ihn zu einem erhabenen christlichen Duldertypus. „Keiner hat ihn gekannt, nur ich, und auch mir ist es schwergefallen.“ Sie ist ganz Reue, feierliche, schwärmerische Zärtlichkeit. Und er, der an ihr Sterbebett geeilt ist im Gedanken, „daß durch ihren Tod auf einen Schlag alle Schwierigkeiten aus dem Wege geräumt würden“, mit dem Entschluß: „Wenn es (das Telegramm über ihre Krankheit) eine Täuschung ist – ruhige Verachtung und Abreise. Wenn es Wahrheit ist – den äußeren Anstand wahren“, wird hypnotisiert von Annas fiebernder Vorstellung, er wird, wie sie ihn sehen will; erstarrte Jugend- und Bibelerinnerungen werden in dieser übersteigerten Situation in ihm mächtig und wirksam, verzeihend reicht er auf Geheiß der Sterbenden Wronsky, dem Qual- und Schamzerwühlten, die Hand.

Aber Anna genest. Das überhöhte Bild ihres Gatten stürzt, von der Konvention in ihm und um ihn niedergezogen. Aus dem Schein- und Zerrbild ihrer Ehe kehrt sie aufs neue zu Wronsky zurück. Karenin, der in ein selbstgerechtes Sektierertum flüchtet, der vom Hellseher sich den Willen Gottes deuten läßt, verzögert und verweigert die Scheidung. Die Gesellschaft kehrt sich in widerlicher Heuchelei gegen sie. Sie wird geächtet und verachtet von Frauen, die in Lüften und Liebschaften waten, aber den Schein zu wahren wissen. Wronsky, unter ein Schicksal gestellt, das er weder tragen noch entwirren kann, das er in einem Selbstmordversuch vergebens abwerfen will, sucht in Freundeskreisen Entspannung und Erholung von der Gewitterluft seines Heims. Sie fühlt, wie er ihr entflieht, sucht den seelisch Entgleitenden sinnlich zu fesseln, erniedrigt sich in sinnloser Eifersucht, quält ihn um die ekle Scheinwelt draußen, die ihm die Tore öffnet und ihr verschließt.

„Die gereizte Stimmung, die sich zwischen sie gedrängt hatte und sie trennte, war keiner äußeren Ursache zuzuschieben. Alle Versuche zu einer Aussprache steigerten nur die Gereiztheit, statt sie abzuschwächen. Diese Gereiztheit war eine innere: sie spürte die Abnahme seiner Liebe, ihn reute es, um ihretwillen sich in diese schwierige Lage gebracht zu haben, die sie ihm stets noch schwerer machte, statt sie ihm zu erleichtern. Weder er noch sie sprachen sich über den Grund ihrer Gereiztheit aus, aber jeder von ihnen war der Ansicht, daß der andere im Unrecht sei."

Zwiste und Zärtlichkeiten jagen sich. In täglich engeren und schnelleren Wirbeln kreisen Annas Gedanken: „Meine Liebe wird immer leidenschaftlicher und selbstsüchtiger, die seine erlischt immer mehr. Und darin liegt der Grund unseres Bruches. Ändern läßt sich hier nichts. Mir ist er alles, und ich verlange, daß er sich mir mehr und mehr hingibt. Er aber strebt danach, sich mehr und mehr von mir zu entfernen. Vor unserer Verbindung gingen wir einer dem andern entgegen, nachher haben wir uns immer weiter voneinander entfernt, unaufhaltsam."

Ihre ruhelose Melancholie überschattet den Himmel, ihr personliches Schicksal wird ihr zum Menschenschicksal. Wohin ihr Blick fällt, ist Zwiespalt und Chaos: „Wozu sind diese Kirchen, dieses Geläute und diese Lüge? Nur um zu verbergen, daß wir uns hassen." „Sind wir denn nicht alle nur dazu auf diese Welt geworfen, um uns zu hassen und zu quälen, einer den andern?" „Alles ist unwahr, alles ist Lüge, alles Täuschung und von Übel." – So wird sie über den Rand des Lebens hinausgedrängt. Verzweifelt und ausweglos, unschuldig-schuldig schreit die Menschheit aus ihr empor, indes die Räder der Eisenbahn über sie hinmalmen: „Mein Gott, vergib mir alles!"

Nicht umsonst hat Tolstoi der Dichtung Anna Kareninas Namen gegeben: Sie ist der eigentlich hinreißende, dämonische Mensch des Romans, eine undurchdringliche, unerschöpfliche Urnatur. In ihrer runden, festen, schimmernden Lebensfülle, ihrer stolzen Schönheit und Sicherheit scheint Rußland selber strahlend Gestalt geworden. „Sie ist sehr schön,“ sagt Kitty von ihr, „aber sie hat etwas, das Mitleid, furchtbares Mitleid heischt.“ Die Unrast und Lüge, der Ehrgeiz und Machthunger einer gesellschaftlichen Scheinwelt haben ihren Boden unterwühlt, ihre Luft vergiftet, ihr Wesen entstellt. Rußlands Urbild und Vorbild findet in Rußlands Hauptstadt kein Wachstum mehr, endet verzerrt, verkannt und verstoßen unter den blutigen Rädern der Zivilisation.

„Einer nach dem andern geht zugrunde um der Lehre der Welt willen,“ schreibt Tolstoi sechs Jahre später als Prediger und Prophet in seiner Schrift „Mein Glaube“, „und haufenweise folgen ihnen die Menschen und suchen, Märtyrern gleich, Qualen und Untergang. Ein Leben nach dem andern wirft sich unter den Wagen dieses Gottes, und der Wagen geht über sie hin und reißt ihr Leben in Stücke – und neue, immer neue Opfer werfen sich stöhnend und schluchzend unter das todbringende Rad.“

Wahrlich, „Anna Karenina“ ist nicht nur eine große Dichtung, ist auch Warnung, Prophezeiung und Gericht. – Aber Annas Aufschrei: „Mein Gott, vergib mir alles!“ ist nicht das letzte Wort. Noch folgt das achte Buch des Romans – wie Gottes Antwort, nicht an sie, doch an Rußland, im Sinn der altbiblischen an Abraham: „Finde ich nur zehn Gerechte in Sodom, so will ich um ihretwillen dem ganzen Ort vergeben.“ In Ljewins schlichtem, tätigem Gottsuchertum, in Kittys reiner, selbstloser Mütterlichkeit finden sich noch einmal Rußlands Adel und Bauer, Natur und Gott zu einer liebenden, schöpferischen Gemeinschaft, einer bodenständigen Kultur.

Ljewins Gelübde, das die Dichtung abschließt, ist wie ein feierlicher Schwur für sich und sein Volk: „Was auch geschehen mag, mein Leben, mein ganzes Leben soll keinen Augenblick mehr wertlos sein, in jeder Minute soll es durchdrungen sein von jenem zweifellosen Sinn des Guten, mit dem ich es kraft meines Wesens erfüllen kann.“

Die Krise

Meine Beichte 1879 – Kritik der dogmatischen Theologie 1879/81 – Zusammenfassung und Übersetzung der vier Evangelien 1881 – Mein Glaube 1882/84 – Was sollen wir denn tun? 1884/86

Wie vieles im Leben Ljewins sind auch seine Glaubensnöte und -kämpfe Tolstois eigenem Leben entwachsen. Gerade in den Abschlußjahren von „Anna Karenina" setzt seine religiöse Krise ein. Schon die „Jünglingsjahre", das Tagebuch aus dem Kaukasus, „Krieg und Frieden" vor allem hatten unruhig nach Gott, nach dem Sinn des Lebens gefragt. Und die Antwort, die der sterbende Andrej Bolkonskij gefunden, daß die „Liebe für unsere Brüder, für die, welche uns lieben, wie für die, welche uns hassen … jene Liebe, die Gott auf Erden gepredigt hat", „das Wesen der Seele selbst ist", das „nichts, auch der Tod nicht zerstören kann", ist Tolstois tiefste Antwort geblieben.

Aber diese letzte Antwort, die der Künstler intuitiv vorweggenommen hatte, mußte der Mensch sich erst in mühsamer Bewußtheit, in geschlossener Folge zu eigen machen und gegen die verwirrenden Lehren seiner Umwelt klären und behaupten.

Lange hatte Tolstoi jene Erkenntnis des Herzens genügt, von der er noch 1876 an Strachow schreibt: „Die wahre Erkenntnis wird durch das Herz gegeben, das heißt durch die Liebe. Wir erkennen nur, was wir lieben." In immer tieferer und weiterer Verbundenheit hatte er die Welt liebend gestaltet und im Gestalten erkannt. Und so hätte er – ein Teil der schaffenden Kraft – gerade in seinen lebensherrlichsten Jahren religiösen und philosophischen Bedenken mit den Worten Meister Eckharts erwidern können: „Wer das Leben tausend Jahr lang fragte: warum lebst du? Wenn es antworten sollte, spräche es nichts andres als: ich lebe darum, weil ich lebe. Das kommt daher, weil das Leben aus seinem eigenen Grunde quillt; darum lebt es ohne Warum, indem es sich selber lebt. Wer nun einen wahrhaften Menschen, der aus seinem eigenen Grunde heraus wirkt, fragte: warum wirkst du deine Werke? Wenn er recht antworten sollte, spräche er nichts andres als: ich wirke, weil ich wirke" (vom innersten Grunde).

Aber die Sicherheit und Fülle des schöpferischen Instinkts ermattete. Mit „Krieg und Frieden" und „Anna Karenina" waren fünfzehn Jahre ununterbrochener dichterischer Spannkraft durchgehalten, Werke von einem unvergleichlichen epischen Ausmaß sieghaft bewältigt. Naturgegeben mußte diesem Wellenberg ein Wellental, dieser ungewöhnlichen Anspannung eine tiefe Abspannung folgen. Und sie mußte umso bedeutsamer werden, als sie mit Tolstois Alterswende zusammenfiel, dem fünfzigsten Lebensjahr, da Lebensdrang und -fülle der beruhigten Umschau, der Ordnung und Weisheit des Alters weichen.

Bis ins Körperliche mußte diese Wende gerade eine Natur wie Tolstoi erschüttern. Seine sinnliche

Darstellungskraft war nicht zum wenigsten seiner überquellenden sinnlichen Lebenskraft entströmt. Sewastopoler Kriegskameraden erzählen, wie Tolstoi, auf dem Boden liegend, einen Mann von 160 Pfund stemmen konnte. Und Wassilij Morosow, der Jasnapoljaner Schüler, schildert, wie Tolstoi geraden Anlaufs gleich einem Vogel über die Leine zu springen vermochte, oder um seine Kraft zu erproben, zwei Gewichte, jedes zu achtzig Pfund, aneinanderband, sich um den Hals hängte, ebensoviel in die Hände nahm, dazu Morosow auf seine Schultern setzte und leicht umherging.

Solch einer strahlenden Lebenskraft mußten die ersten Anzeichen des physischen Stillstandes und Abstieges erschreckend und bedrückend werden. „Meine Muskeln wuchsen und erstarkten, mein Gedächtnis bereicherte sich, die Fähigkeit, zu denken und zu begreifen, wurde größer, ich wuchs und entwickelte mich; und da ich dieses Wachstum fühlte, war es für mich natürlich, zu denken, dies sei das Gesetz der ganzen Welt, in dem ich auch die Lösung der Fragen meines Lebens finden werde. Aber es kam eine Zeit, wo mein Wachstum aufhörte – ich fühlte, daß ich mich nicht entwickele, daß ich zusammenschrumpfe, daß meine Muskeln schwach werden, meine Zähne ausfallen“ (Meine Beichte). Unentrinnbar fühlt dieser Träger und Künder des Lebens den Tod – nicht nur um sich, wie beim Tode des Bruders, sondern in sich; er sieht den Tod im Leben, in allem Leben, das ihn umgibt, alles Leben scheint ihm „bloß eine unaufhörliche Annäherung an den Tod“ zu sein („Das Leben“). In Leid und Bitternis stöhnt er: „Leben kann man nur, solange man vom Leben berauscht ist; sobald man ernüchtert ist, muß man sehen, daß all dies nur Täuschung ist, und eine dumme Täuschung ... einfach grausam und dumm!“ (Meine Beichte).

„Und so kam es, daß ich – ein gesunder, glücklicher Mensch – die Empfindung hatte, ich könne nicht mehr leben; eine unüberwindliche Macht trieb mich, auf irgendeine Art mich vom Leben zu befreien. Ich kann nicht sagen, daß ich mich habe töten wollen. Die Macht, die mich trieb, das Leben zu lassen, war stärker, wuchtiger, umfassender, als das Wollen. Es war eine Kraft, dem früheren Triebe zum Leben ähnlich, nur in umgekehrter Richtung. Ich strebte mit allen Kräften fort vom Leben. Der Gedanke an Selbstmord kam mir ebenso natürlich, wie mir früher die Gedanken an die Verbesserung meines Lebens gekommen waren. Dieser Gedanke war so verlokkend, daß ich allerlei Kunstgriffe gegen mich selbst anwenden mußte, um ihn nicht voreilig auszuführen. Zuvor wollte ich nichts unversucht lassen, um Klarheit in diese Wirrnis zu bringen“ (Meine Beichte).

Jenseits von Idee und Begriff war er bisher der Natur und Gott einig gewesen im Lebens- und Schöpferdrang. Jetzt vergaß und verleugnete er diese unbewußte Weltfrömmigkeit, seine ganze Vergangenheit erschien ihm gewissenlos, gottlos, sinnlos; angstvoll hielt sein Bewußtsein den Atem an, um der Antwort auf die Frage zu lauschen: „Ist in meinem Leben ein Sinn, der nicht zunichte würde durch den unvermeidlichen, meiner harrenden Tod?“

Wie Ljewin sucht er die Antwort zuerst bei der Wissenschaft. „Ich suchte eine Aufklärung über meine Frage in dem gesamten Wissen, das die Menschen errungen haben. Ich suchte qualvoll und lange ... Tag und Nacht, ich suchte, wie ein untergehender Mensch nach Rettung sucht – und ich fand nichts“ (Meine Beichte).

Nicht ohne dauernde Enttäuschung und Empörung erfuhr Tolstoi (100 Jahre nach Kant, dessen Kritik der praktischen Vernunft ihm erst 1887 bekannt wurde), daß seine metaphysische Fragestellung von der Wissenschaft nicht beantwortet werden könne, daß sie ins Machtreich der Religion gehöre.

„So wurde ich zwingend dahin gebracht, anzuerkennen, daß neben der vernünftigen Erkenntnis, die mir bis dahin als die einzige galt, die ganze lebende Menschheit noch eine andere, vernunftlose Erkenntnis hat – den Glauben, der die Möglichkeit gibt, zu leben.“ „Was ist aber dieser Glaube? Der Glaube ist nicht nur die Enthüllung der unsichtbaren Dinge usw., ist nicht die Offenbarung, ist nicht das Verhältnis des Menschen zu Gott, ist nicht nur die Zustimmung zu dem, was dem Menschen gesagt worden (wie er meist aufgefaßt wird), – der Glaube ist die Erkenntnis vom Sinn des menschlichen Lebens, kraft dessen der Mensch sich nicht vernichtet, sondern lebt. Der Glaube ist die Kraft des Lebens“ (Meine Beichte).

Mit der gleichen Angst und Unrast, mit der er die Wissenschaften durchsucht hatte, erforschte er jetzt die Religionen, die Bücher des Buddhismus, des Mohammedanismus und vor allem des Christentums. Er befragte die Menschen seiner Umgebung, der gebildeten Gesellschaft, ob sie gläubig seien, aber deren seltene Bejahung führte ihn höchstens zu konventionellen Resten eines längst erstarrten Kirchenglaubens, die den Sinn des Lebens nicht erhellen, den Tod nicht überwinden konnten.

Und wie Pierre Besuchow, wie Ljewin begann er sich den Gläubigen unter den armen, einfachen, ungelehrten Leuten zu nähern, den Pilgern, Mönchen, Sektierern, Bauern. Sie hatten dieselbe Glaubenslehre wie die vermeintlichen Gläubigen der gebildeten Kreise. Aber während jene im steten Widerspruch zu ihrem Glauben lebten, war das ganze Leben dieser eine Bestätigung des Lebenssinnes, den die Glaubenserkenntnis gab. Sie hatten den wirklichen Glauben, der Entbehrungen und Leiden, Krankheit und Tod überwand. Wenn wir, je klüger wir sind, um so weniger den Sinn des Lebens begreifen, im Leiden und Tod nur eine häßliche Ironie sehen können, diese Menschen vermögen ruhig zu leben, zu leiden, sich dem Tode zu nähern, ruhig, ja mit Freudigkeit. In unseren Kreisen ist ein Tod ohne Schrecken und Verzweiflung eine seltene Ausnahme, im Volk ist der ergebene, demütige, freudige Tod die Regel. Es sind Erkenntnisse, die in der „Beichte" wie ganz neue auftauchen. Und doch hatte sie Tolstoi in den Lazaretten und Gräben Sewastopols längst ergriffen gemacht. In den Schlachtbildern von „Sewastopol" und „Krieg und Frieden" hatte er ihnen Gestalt gegeben.

Nur eine bewußte Erneuerung und Steigerung der alten Lebenslinie ist es, wenn er jetzt bekennt: „Ich gewann diese Menschen lieb. Je tiefer ich in ihr Leben eindrang, in das der Lebenden und Verstorbenen, von denen ich gelesen und gehört hatte, desto mehr gewann ich sie lieb, und desto leichter wurde es mir selber zu leben ... Das Leben unseres Kreises, der Reichen, Besitzenden und Gebildeten, ward mir nicht nur widerwärtig, sondern verlor für mich jeglichen Sinn. Alle unsere Handlungen, unsere Anschauungen, unsere Wissenschaft, unsere Künste – mir war klar geworden, daß all dies nichts als Spielerei sei, daß man keinen Sinn darin suchen könne. Das Leben des gesamten arbeitenden Volkes aber, der ganzen Menschheit, die das Leben schafft, stand klar vor mir in seiner wahren Bedeutung. Ich hatte erkannt: Das ist das Leben selbst. Der Sinn, der diesem Leben beigelegt wird, ist die Wahrheit, und so nahm auch ich ihn an." „So seltsam auch vieles von dem, was zu dem Glauben des Volkes gehörte, für mich war, ich nahm alles an: ich besuchte die Kirchen, betete morgens und abends, fastete und bereitete mich zum Abendmahl vor." „Die Kirche als die Gemeinde der Gläubigen, die vereint sind durch die Liebe und darum die wahre Erkenntnis haben, wurde die Grundlage meines Glaubens. Ich sagte mir: Die göttliche Wahrheit könne einem einzelnen Menschen nicht zugänglich sein, sie enthüllt sich nur einer ganzen Gemeinschaft von Menschen, die die Liebe vereinigt." „Durch die Ausübung der kirchlichen Zeremonien demütigte ich meine Vernunft und fügte mich der Überlieferung, die die ganze Menschheit hatte. Ich vereinigte mich mit meinen Vorfahren, mit allen, die ich liebte, meinem Vater, meiner Mutter, Großvätern, Großmüttern: sie und alle ihre Vorfahren haben geglaubt und gelebt und mich hervorgebracht. Ich vereinigte mich mit all den Millionen Menschen aus dem Volke, die ich hochachtete" (Meine Beichte).

Drei Jahre lebte Tolstoi so, dem orthodoxen Glauben des einfachen Volkes nicht ohne Gewaltsamkeit verbunden. Dann aber erkannte er immer schärfer, immer unversöhnlicher, daß – wie Rußlands Gesellschaft – auch Rußlands Kirche eine Lüge sei. Ein urchristlicher, heiliger Kern war da, gewiß – und ihn erahnte, erlebte der Instinkt des Volkes –, aber er war überwuchert von Lehren und Dogmen, die der ursprünglichen Lehre Christi gerade zuwiderliefen. War sie nicht ein Frevel wider das Gesetz der Liebe – dies höchste Gesetz Christi – die Anmaßung, mit der die Orthodoxie alle Andersgläubigen für Ketzer erklärte, die in der Lüge leben, sie verdammte, verfolgte und wenn möglich verbrannte? Und war es nicht ein gleicher Frevel, daß Kirche und Staat sich in ihren liebeswidrigen Gewaltsamkeiten stützten, daß die Kirche den brudermörderischen Krieg und die Todesstrafe, die Hinrichtung irregeführter, hilfloser Jünglinge billigte? „Gott ist die Liebe," sagt das Evangelium, „und wer in der Liebe bleibet, der bleibet in Gott und Gott in ihm" und: „So jemand spricht: ich liebe Gott und hasset seinen Bruder, der ist ein Lügner. Denn wer seinen Bruder nicht liebet, den er siehet, wie kann er Gott lieben, den er nicht sieht!" Um der Liebe willen wandte sich Tolstoi gegen die orthodoxe Lehre, zu prüfen, was an ihr Kern und Wahrheit, was Schein und Lüge sei. 1879 bis 1881 schrieb er seine „Kritik der dogmatischen Theologie".

Er vertieft seine hebräischen und griechischen Kenntnisse, um das Alte und Neue Testament im Urtext zu lesen. Er studiert die neuere Bibelforschung, die Arbeiten Tischendorfs, Griesbachs, des Bischofs Reuß, der Tübinger und der historischen Theologenschule, er prüft die offiziellen Kommentare der orthodoxen Erklärer.

Seine „Kritik der dogmatischen Theologie" prüft die orthodoxe Glaubenslehre nach der Darstellung, die das Sendschreiben der morgenländischen Patriarchen, der Katechismus des Philaret und besonders die offizielle dogmatische Theologie des Macarius gibt. Die Kritik wird zur erbitterten Anklage, zum gereizten Gericht. „Es ist klar, daß ich mich getäuscht hatte, wenn ich glaubte, bei der Kirche eine Antwort und eine Lösung meiner Zweifel zu finden. Ich glaubte zu Gott zu kommen und war in einen schmutzigen Sumpf geraten, der in mir nur die Gefühle weckte, die ich am meisten fürchte: Abscheu, Wut und Empörung.“

Aufs schärfste unterscheidet Tolstoi zwischen der Lehre Christi und den Dogmen der Kirche, zwischen der Gemeinschaft der Gläubigen und der selbstsüchtigen erblichen Hierarchie, die sich die Unfehlbarkeit und alleinige Vermittlung der sakramentalen Gnaden zuschreibt. Ohne einen Versuch, sie von innen zu deuten, sie religions- und philosophiegeschichtlich zu verstehen, bekämpft und schmäht seine ungeschichtliche und unphilosophische Natur die Mysterien des Dogmas, die Symbole der Liturgie. Hier spricht nicht der Künstler Tolstoi, der Menschen und Vorgänge versteh, indem er sie nachschafft, hier spricht nur der Kritiker, der von außen angreift. Er, der Gottsucher, kommt zu den Vorwürfen der religiös verständnislosen Aufklärer des 18. Jahrhunderts: „Ich fand in diesen Lehren nicht nur baren Unsinn, sondern auch die bewußte Lüge von Menschen, die den Glauben erwählt hatten, um ihn als Mittel zur Erreichung gewisser eigener Ziele zu benutzen.“ „Ein von ungläubigen Menschen verübter Betrug, der sich im Laufe der Jahrhunderte ausgebildet und ein bestimmtes, auf eine schlechte Sache gerichtetes Ziel hat.“ „Die Kirche – dieses ganze Wort ist nur ein Name für einen Betrug, mit dessen Hilfe die einen Menschen über die andern herrschen wollen.“ „Ich erinnere mich, daß ich, als ich noch nicht an der Lehre der Kirche zweifelte und in dem Evangelium die Worte las: ‚Die Lästerung des Menschensohnes wird vergeben werden, aber die Lästerung des Heiligen Geistes wird euch weder in diesem noch im künftigen Leben vergeben werden‘, diese Worte durchaus nicht verstehen konnte. Jetzt aber sind mir diese Worte furchtbar klar. Das ist die Lästerung des Heiligen Geistes, die weder in diesem noch im künftigen Leben verziehen werden kann. Diese Lästerung – das ist die furchtbare Lehre der Kirche.“ „Die orthodoxe Kirche? Jetzt kann ich mit diesem Worte keine andere Vorstellung mehr verbinden als die von einer Anzahl ungeschorener, sehr selbstbewußter, verirrter und wenig gebildeter Leute, die in Samt und Seide, mit brillantenverzierten Brustbildern von Heiligen einhergehen und Erzbischöfe oder Metropoliten genannt werden, und von tausend anderen ungeschorenen Menschen, die sich in einer schrecklichen, sklavischen Abhängigkeit von diesem Dutzend befinden und damit beschäftigt sind, unter der Maske gewisse Sakramente auszuüben, das Volk zu scheren und zu betrügen.“

Einseitigkeit und Ungerechtigkeit, die sich steigern bis zur Gehässigkeit. Aber dieser Haß ist getäuschte Liebe. Was er liebte und suchte, war das Bild Christi, Liebe, Güte, Selbstverleugnung in schöpferischer Reinheit und Gewalt; was er fand, war das in so vielem erstarrte veräußerlichte Scheinbild der orthodoxen Kirche, das weder den Willen noch die Kraft hatte, die Welt, die aus den Fugen war, wieder einzurenken, das mit einer seelenlosen Gesellschaft, einem despotischen, machthungrigen Staate in Eintracht lebte.

Und er wandte sich zu dem Urbild Christi, das in den Evangelien gezeichnet ist, es in seiner ganzen Reinheit wiederherzustellen, „die Übertünchung zu entfernen, die das Gemälde verdeckt“ (an Felix Schröder), – und es leuchtend und rettend der verirrten Menschheit entgegenzuhalten. Er schrieb seine „Zusammenfassung und Übersetzung der vier Evangelien“ und als Auszug daraus die „Kurze Darlegung des Evangeliums“, die alles enthalten sollte, was von dem überlieferten Text echt ist und der wahren Lehre Christi entspricht.

„Je weiter ich auf diesem Wege schritt, desto zweifelloser ward für mich der Unterschied zwischen Wahrheit und Lüge. Im Beginne meiner Arbeit hegte ich noch Zweifel, machte ich noch Versuche künstlicher Erklärung; je weiter ich aber kam, desto sicherer und klarer ward die Sache, desto zweifelsfreier die Wahrheit. Ich befand mich in der Lage eines Mannes, der eine zertrümmerte Statue zusammensetzt. Anfangs mögen noch Zweifel obwalten, ob dies oder jenes Stück ein Teil eines Beines oder Armes sei; sind aber erst die Beine zusammengesetzt, dann kann das Stück nicht mehr zu ihnen gehören, und paßt es obendrein mit einem andren seitlich aneinander und fallen alle Linien seines Bruches mit einem Stück unterwärts zusammen, dann kann ferner kein Zweifel obwalten.“

„Die Lehre eines auf die Erde herabgestiegenen Gottes kann nicht verschieden verstanden werden. Kam Gott auf die Erde, um den Menschen die Wahrheit zu offenbaren, dann war das mindeste, was er tun konnte, sie so zu offenbaren, daß sie alle verstanden … Ist Jesus kein Gott, sondern ein großer Mensch – die Lehre eines großen Menschen ist nur darum groß, weil sie verständlich und klar ausspricht, was die andern weder verständlich noch klar ausgesprochen haben. Was an der Lehre eines großen Mannes nicht verständlich ist, das ist auch nicht groß, und die Lehre eines großen Mannes kann keine Sekten erzeugen. Darum allein ist sie groß, weil sie alle in einer einzigen Wahrheit für alle eint.“

Diese geläuterte Wahrheit der Evangelien soll jeden überzeugen wie ihn selber, „daß das Christentum nicht nur kein Gemisch von Hohem und Niederem, nicht nur kein Aberglaube ist, sondern die allerstrengste, reinste und vollkommenste metaphysische und ethische Lehre, über die hinaus der menschliche Verstand sich bis heute nicht erhoben hat, und in deren Kreise sich, ohne sich dessen bewußt zu sein, alle höchste menschliche Tätigkeit bewegt, sei sie nun eine politische, wissenschaftliche, poetische oder philosophische".

Tolstoi sammelt und deutet die Grundwahrheiten des Christentums in zwölf Kapiteln unter den schlichten Bitten des Vaterunsers, wie sie sein Brief an Tschertkow vom Dezember 1885 auslegt: „Vater unser, von uns Menschen allen, nicht irdischer, sondern himmlischer, ewiger Vater, von dem ich ausgegangen bin und zu dem ich zurückkehre, geheiligt werde uns Dein Wesen, das die Liebe ist. Zu uns komme Dein Wesen – die Liebe – so, daß wie im Himmel Bewegung und Leben der Gestirne in Liebe und Einigkeit vor sich gehen – Dein Wille – ebenso einmütig, liebeerfüllt auch unser Leben hier auf Erden sich nach Deinem Willen gestalte. Das Brot des Lebens, das heißt: der Liebe zu den Menschen, des Verständnisses der Menschen, gib uns heute und vergib, mach, daß keinen Einfluß auf mich und mein Leben habe, was früher war – auch ich will niemandem unter den Menschen vorwerfen, was sie gegen mich getan. Führe mich nicht in Versuchung, die von außen lockt, vor allem aber erlöse mich von dem Übel, dem Bösen in mir. In ihm sitzt der Stolz, sitzt das Verlangen, das zu tun, was mir gefällt, sitzt alles Unheil – von ihm erlöse mich!"

Bald aber drängt es ihn, seinen so geläuterten und gefesteten Glauben aus den Worten des Evangeliums hinauszutragen in die Sprache und Probleme der Gegenwart. Seine Jugendbekenntnisse („Kindheit“ - „Knabenalter“ – „Jünglingsjahre“) waren Selbstgestaltungen gewesen. Seine jetzigen sind Lehre. Wie Jonas der Prophet muß er die Erkenntnisse, zu denen er sich durchgerungen hat, seinem verirrten Volke künden. „Soll ich“, glaubt er die Stimme Gottes zu hören, „nicht trauern um das große Volk, das dem Verderben entgegenging, weil es lebte wie das Vieh und die rechte Hand nicht von der linken zu unterscheiden vermochte? Deine Erkenntnis der Wahrheit war nur dazu nutze, um weitergegeben zu werden denen, die sie nicht besaßen.“

Und so schreibt er die Schrift „Mein Glaube“ (1882 bis 1884).

Einer in Selbst- und Genußsucht, in Haß und Machtgier zerspaltenen Welt verkündet er: „Die ganze Lehre Christi besteht darin, den Menschen das Reich Gottes, den Frieden zu geben. In der Bergpredigt, im Gespräch mit Nikodemus, in den Episteln der Jünger, in allen seinen Predigten spricht er nur davon, was die Menschen trennt, sie verhindert, in Frieden zu leben und so in das Reich Gottes einzugehen. Alle Gleichnisse sind nur Schilderungen dessen, was das Reich Gottes ist, und Bekräftigungen dafür, daß nur die Liebe zu den Brüdern und der Friede mit ihnen zu diesem Reiche Gottes verhilft.“

„Diese Einheit, diese Liebe der Menschen untereinander ist ihr natürlicher, glückseliger Zustand, derselbe Zustand, in dem nach Christi Worten die Kinder geboren werden, und in dem jeder Mensch lebt, solange er nicht durch Täuschung, Verirrung und Verführung gestört wird."

Tolstois Urnatur glaubt an die Reinheit und Güte der Natur mit religiöser Inbrunst. Nur weil wir uns von ihr entfernt haben, sind wir uneinig geworden mit ihr, mit uns. Und wenn wir die Bedingungen zu einem neuen Menschheitsglück und Gottesfrieden bedenken? „Eine der ersten und von allen anerkannten Bedingungen zum Glück ist ein Leben, in welchem der Zusammenhang des Menschen mit der Natur nicht zerstört ist, das heißt ein Leben unter freiem Himmel, bei Sonnenlicht und freier Luft, Gemeinschaft mit der Erde, mit Pflanzen und Tieren." Die zweite Bedingung ist Arbeit, freie Arbeit und körperliche Arbeit, die der Natur neue Güter entringt. Die dritte zweifellose Bedingung ist die Familie, Reinheit, Vertrauen und Liebe zwischen den Gatten, zwischen Eltern und Kindern. Die Familiengemeinschaft ist das Sinnbild und die Keimzelle der weiteren liebevollen Gemeinschaft zu Volk und Menschheit, der vierten Bedingung zum Glück. Und schließlich die fünfte ist Gesundheit und ein schmerzloser Tod.

All diesen Bedingungen sind wir umso näher, je näher wir der Natur bleiben, umso ferner, je mehr wir die Stadt, die Zivilisation, das Geld und die Technik suchen. „Der Jünger Christi wird arm sein … er wird nicht in der Stadt, sondern auf dem Lande leben; er wird nicht zu Hause sitzen, sondern arbeiten im Wald und Felde, das Licht der Sonne, Erde, Himmel und Tiere sehen, wird nicht darüber grübeln, was er essen soll, seine Verdauung zu fördern, sondern er wird dreimal am Tage hungrig sein; er wird sich nicht auf weichen Kissen wälzen und nachsinnen, wie er sich vor der Schlaflosigkeit retten soll, er wird schlafen, wird Kinder haben, wird mit ihnen leben, wird in freier Gemeinschaft mit allen Menschen stehen, und was die Hauptsache ist, er wird nichts tun, was er nicht tun mag, wird nicht Furcht haben vor dem, was ihm geschehen kann. Krank sein, leiden, sterben wird er ebenso wie alle (danach zu urteilen, wie Arme krank sind und sterben, haben sie es leichter als Reiche), aber ohne Zweifel wird er glücklicher leben."

Ein patriarchalisches Ur- und Vorbild, das erst seine Weihe empfängt durch die selbstlose Liebe. Sein Sinn ist nicht Selbstgenuß, sondern Selbstverleugnung. „Des Menschen Sohn ist nicht gekommen, daß man ihm diene, sondern daß er diene und sein Leben hingebe zur Errettung für viele."

In der selbstlosen Arbeits- und Liebesgemeinschaft sind wir erlöst von unserer Einsamkeit und Vergänglichkeit, sind wir Gottes gewiß und teil. Für sie müssen wir leben, für sie zu sterben bereit sein. Jede Sünde gegen sie ist eine Sünde wider den Heiligen Geist. Weder aus uns noch im Auftrag des Staates dürfen wir über unsern Nächsten, auch den frevelnden Nächsten, richten, weder aus uns noch im Auftrag des Staates ihm, auch wenn er feindlich uns überfällt, mit den Waffen entgegentreten. „Ihr habt gehöret", sagt Christus im Matthäus-Evangelium, „daß da gesagt ist: Auge um Auge, Zahn um Zahn. – Ich aber sage euch, daß ihr nicht widerstreben sollt dem Übel." „Diese Worte: widerstrebet nicht dem Übel oder dem Bösen, in ihrer klaren Bedeutung, wurden für mich", bekennt Tolstoi, „wirklich der Schlüssel, der mir alles erschloß." „Alle seine ersten Jünger erfüllen dies Gesetz des Nichtwiderstrebens und verbringen ihr ganzes Leben in Armut und Verfolgung und vergelten nie Böses mit Bösem." „Widerstrebe nicht dem Übel will heißen: widerstrebe niemals dem Übel, das heißt: übe nie Gewalt aus, das heißt: begehe nie eine Handlung, die der Liebe widerspricht. Und wenn du dabei gekränkt wirst, so ertrage die Kränkung und tue dennoch nichts Gewaltsames gegen den Nebenmenschen."

In einem heiligen Fanatismus der Liebesgemeinschaft verurteilt Tolstoi jede, auch ihre gerechtfertigte Störung, auch jene, die nur einen Störenfried unschädlich machen, gewaltsam die Liebesgemeinschaft schützen will. Ein Frevler darf nur durch Liebe entwaffnet, zur Reue und Liebeseinheit zurückgeführt werden. Nur dann wird der Frevel im Keime erstickt. Jede Gewalt, der gewaltsam begegnet wird, fällt – fortzeugend Böses gebärend – als eine unabsehbare Kette von Gewaltsamkeiten ins All.

Gewiß liegt hier ein zwingender ethischer, ja metaphysischer Grund. Aber nur wer gleich Tolstoi glaubt, daß der Mensch von Natur aus gut ist, kann diese unbedingte Forderung stellen. Glaubt man an die christliche Erbsünde oder mit Kant an das Radikal-Böse im Menschen, ja glaubt man auch nur an die soziale oder psychopathische Unvermeidlichkeit des Verbrechens, so ist die Forderung unhaltbar. Eine Gemeinschaft, die auch den Schutz der Wehrlosen und Unmündigen als sittliche Aufgabe hat, kann ihre Frauen, Kinder und Kranken nicht frevlen Angriffen überlassen. Wir haben nicht das Recht, den Verbrecher hochmütig zu richten, wir müssen das Verbrechen als sozial- oder psychopathische Erscheinung begreifen, nicht strafen, sondern heilen und bessern. Aber keine Gemeinschaft darf auf den sittlichen Selbstschutz verzichten.

Nur liegt es im Wesen der Macht, daß sie mißbraucht wird. Unter dem Vorwande des sittlichen Selbstschutzes hat der zaristische Staat gegen freie Ideen und Ideenträger gewütet, unter dem Vorwande staatlichen Selbstschutzes hat fast jeder Staat – in bewußter oder unbewußter Täuschung – Eroberungskriege entfesselt.

Tolstois unbedingte Forderung des Nichtwiderstrebens ist eine Idee im Kantischen Sinn, nicht gegeben, sondern aufgegeben, eine sittliche Richtschnur.

Und nicht die grundsätzliche Stellung Tolstois gegen den Staat als Träger der richterlichen und militärischen Gewalt ist gerechtfertigt, wohl aber seine Stellung gegen den zaristischen Staat, der diese Gewalt in seiner inneren und äußeren Politik furchtbar mißbraucht hat, bis zu seinem Untergang.

Die russische Gesellschaft, die russische Kirche, der russische Staat – bis zum letzten Atemzuge wird Tolstoi nicht mehr aufhören, sie zur Umkehr zu rufen, im Namen der Natur, im Namen Christi, im Namen einer liebenden Menschheitsgemeinschaft.

Eben damals tut er es in einem seiner erhabensten Dokumente, das die ganze Größe und Problematik seiner Lehre vom Nichtwiderstreben ergreifend offenbart.

Am l. März 1881 war Alexander II. dem Attentat zweier Anarchisten zum Opfer gefallen. Die Täter waren eingekerkert, zum Tode verurteilt, zur Hinrichtung bereitet. Tolstoi, der wußte, wieviel irregeleiteter Idealismus unter den Anarchisten zu finden war, der eben in der Schrift „Mein Glaube“ die Anarchisten, Revolutionäre und Sozialisten bitter „die einzigen gläubigen Menschen unserer Zeit“ genannt hatte, fühlte tieferschüttert, wie sich hier wieder Gewalt und Gegengewalt zu einer unentwirrbaren, unabreißbaren

Kette des Bösen verknotete. Er fühlte die soziale, die Menschheitsschuld, an der er selber teilhatte. Und in heiliger Verantwortung schrieb er dem Sohn des Ermordeten, dem Zaren Alexander III.: „ … Verzeihen Sie meiner Anmaßung um Gottes willen und glauben Sie mir, daß ich nicht schreibe, weil ich eine hohe Meinung von mir habe, sondern weil ich schon so tief in der Schuld Aller stehe und fürchte, mich noch schuldiger zu machen, wenn ich das nicht tue, was ich tun kann und soll … Wer wir auch sein mögen, Herrscher oder Hirten, wir sind Menschen, die durch die Lehre Christi erleuchtet sind … Den Pflichten des Herrschers gehen die menschlichen vor, sie müssen die Grundlage der Herrscherpflichten sein und mit diesen übereinstimmen. Gott wird Sie nicht fragen, ob Sie Ihre Herrscherpflichten erfüllt haben, er wird Sie fragen nach der Erfüllung Ihrer Menschenpflicht, Ihre Lage ist furchtbar, aber eben dazu haben wir die Lehre Christi, daß sie uns leite in den furchtbaren Augenblicken der Versuchung … Matthäus 5, 43. ‚Ihr habt gehört, daß gesagt ist: Du sollst deinen Nächsten lieben und deinen Feind hassen. Ich aber sage euch: Liebet eure Feinde, tut wohl denen, die euch hassen, auf daß ihr Kinder seid eures Vaters im Himmel‘ Matthäus 5, 38. ‚Ihr habt gehört, daß da gesagt ist: Auge um Auge, Zahn um Zahn. Ich aber sage euch, daß ihr nicht widerstreben sollt dem Übel‘ … Vollbringen Sie die größte Tat in der Welt, überwinden Sie die Versuchung, geben Sie, der Zar, der Welt das größte Beispiel der Erfüllung der Lehre Christi, vergelten Sie Böses mit Gutem … Vor etwa zwanzig Jahren bildete sich ein Nest meist junger Leute, die die herrschende Ordnung der Dinge und die Regierung haßten. Diesen Menschen schwebt irgendeine andere Ordnung vor oder auch gar keine, und mit aller Art gottloser, unmenschlicher Mittel – Brandstiftung, Raub, Mord – bekämpfen sie die herrschende Gesellschaftsordnung. Zwanzig Jahre kämpft man dagegen, aber wie ein Säureherd, der immer neue Keime erzeugt, ist dieses Nest bis heute nicht nur nicht zerstört worden, sondern es wächst, und diese Menschen haben es zu Taten von entsetzlicher Grausamkeit und Tollkühnheit gebracht, die den Gang des Staatslebens gefährden ... Man hat versucht, im Namen der staatlichen Notwendigkeit, des Allgemeinwohls mit Rechtseinschränkungen, Verbannungen, Hinrichtungen zu wirken, hat versucht, um derselben staatlichen Notwendigkeit, des Allgemeinwohls willen Freiheiten zuzugestehen (liberale Vergünstigungen) – das Ergebnis war immer das gleiche. Warum sollte man nun nicht im Namen Gottes nur sein Gesetz erfüllen, ohne an den Staat und das Allgemeinwohl zu denken? ... Majestät! Infolge irgendwelcher fataler, furchtbarer Mißverständnisse fiel in die Herzen der Revolutionäre ein furchtbarer Haß gegen Ihren Vater – ein Haß, der sie zu dem entsetzlichen Morde führte. Dieser Haß kann mit dem Toten begraben werden. Die Revolutionäre konnten ihm – wenn auch mit Unrecht – die Schuld am Tode vieler aus ihrer Gemeinschaft zuschreiben. An Ihren Händen klebt kein Blut, Sie sind das unschuldige Opfer Ihrer Lage, Sie sind rein und schuldlos vor sich und vor Gott. Aber Sie stehen am Scheideweg. Noch einige Tage – und wenn jene triumphieren, die da sagen und denken, die christlichen Wahrheiten könnten bloß im Gespräch erörtert werden, im Staatsleben aber müsse Blut fließen und der Tod herrschen, dann verlassen Sie für immer jenen seligen Zustand der

Reinheit und des Lebens mit Gott und treten auf den Weg der zahllosen Staats-Notwendigkeiten, die alles rechtfertigen, sogar die Sünde gegen das Gesetz Gottes um des Menschen willen. Wenn Sie nichts verzeihen, wenn Sie die Verbrecher hinrichten lassen, erreichen Sie nichts als daß Sie aus Hunderten drei oder vier herausreißen; das Böse aber erzeugt Böses, und an Stelle der drei oder vier wachsen dreißig, vierzig empor, Sie selbst aber verlieren für alle Zeit den Augenblick, da Sie den Willen Gottes erfüllen konnten und nicht erfüllten, und Sie entfernen sich für immer von dem Scheidewege, auf dem Sie das Gute statt des Bösen wählen konnten, und versinken für immer in den Werken des Bösen, die man Staatswohl nennt. Verzeihen Sie! Vergelten Sie Böses mit Gutem, und von Hunderten von Bösewichten werden sich Dutzende vom Teufel weg zu Gott wenden, und bei Tausenden, bei Millionen wird das Herz beben vor Freude, vor Rührung, angesichts eines solchen Beispiels der Güte auf dem Throne, in einem für den Sohn des Ermordeten so furchtbaren Augenblick …"

Tolstois patriarchalische Lebensregeln seiner Schrift „Mein Glaube" hatten der eigentlichen sozialen Not kaum ins Gesicht geschaut. Erst als die Familie im September 1881 zur Erziehung der Kinder nach Moskau übersiedelte, in der Großstadt erst ging ihm die ganze Furchtbarkeit der sozialen Frage auf. Armut, Hunger, Krankheit, körperliche und seelische Verkommenheit. „Hier erdrückt einen die ungeheure Zahl der Unglücklichen. Es ist nicht so wie im Dorfe, wo sich ein natürlicher Kreis bildet" (an W. I. Alexejew, November 1881). „Diese Bettler sind nicht solche mit einem Bettelsack, die im Namen Christi bitten wie die auf den Dörfern, das sind Bettler ohne den Bettelsack und ohne den Namen Christi“ (Was sollen wir denn tun?). Und über ihnen lebt die Gesellschaft in Verschwendung und Verblendung, in Trägheit und Lieblosigkeit. „Ich sehe jetzt, daß ich das alles gewußt habe, die ganze Menge der Versuchungen, in denen die Menschen leben, aber nicht daran glaubte, sie mir nicht vorstellen konnte, so wie Sie aus der Geographie gewußt haben, daß es einen Kaukasus gibt, ihn aber erst kennenlernten, als Sie hinkamen. Und das Ungeheure dieser Übel erdrückt mich, bringt mich zur Verzweiflung, erfüllt mich mit Mißtrauen und macht mich staunen, daß sie niemand sieht“ (an Alexejew). Er besucht die Armenviertel, die Nachtherbergen, die Gefängnisse. „Ein Monat ist vergangen,“ schreibt er in sein Tagebuch, „der qualvollste meines Lebens. Übersiedlung nach Moskau … Gestank, Steine, Luxus, Armut, Verbrechen.“ Eines Abends, da er aus dem Jammer einer Nachtherberge heimkehrt, erzählt er seine Eindrücke einem Freunde. Mit tränenerstickter Stimme schreit er auf: „So kann man nicht weiterleben, man kann nicht so leben, es geht nicht!“

„Das Großstadtleben, das mir von jeher fremd und seltsam erschienen war, wurde mir jetzt so zuwider, daß alle Genüsse des vornehmen Lebens mir zur Qual wurden … Ich konnte ohne Erbitterung weder unsern noch einen fremden Salon, weder einen sauber gedeckten Tisch sehen noch einen herrschaftlichen Wagen mit einem wohlgenährten Kutscher und ebensolchen Pferden, noch Kaufhäuser, Theater und glänzende Versammlungen. Unwillkürlich sah ich daneben die hungrigen, frierenden und verachteten Bewohner der Nachtherberge. Und ich konnte den Gedanken nicht loswerden, daß diese zwei Dinge zusammenhingen, daß eines die Folge des andern war. Wie dieses Gefühl meiner Schuld gleich im ersten Augenblick in mir aufstieg, so blieb es auch in mir lebendig“ (Was sollen wir denn tun?).

Eine Volkszählung im Januar 1882 dachte Tolstoi zu nützen, um das Großstadtelend bis in seine Schlupfwinkel aufzuzeigen und zu bekämpfen. In einem öffentlichen Aufruf mahnt er, sich nicht auf die Zählarbeit zu beschränken, sondern den Unglücklichen näherzutreten, sie mit Geld und Arbeit zu unterstützen, die Kinder in Schulen, die Alten in Asyle zu bringen, ja zur Hygiene des Großstadtlebens einen ständigen Verein zu bilden, dessen Mitglieder sich über die einzelnen Stadtteile Moskaus zerstreuen und dafür sorgen sollten, daß Armut und Elend nicht wiederaufkämen, sondern stets schon im Keime vernichtet würden.

Aber sein hoffnungsvoller Idealismus wurde bitter enttäuscht. Man hielt ihn mit leeren Versprechungen hin. Der materielle wie persönliche Anteil blieb kärglich. Ganz anderer Arbeit würde es bedürfen, um wirklich das soziale Gewissen aufzurütteln. Ihm wurde deutlich, daß es mit der Hilfe von außen nicht getan war. „Ich erinnere mich, daß ich mir während der ganzen Zeit meines unglücklichen Experimentes, den armen Stadtbewohnern zu helfen, wie ein Mensch vorkam, der einen andern aus dem Sumpf ziehen will, selber aber auf einem ebenso sumpfigen Boden steht.“ Um den Armen zu helfen, genügt es nicht, ihre äußere Lage vorübergehend zu bessern, an den Symptomen herumzukurieren, sich selber, die Gesinnung und Lebensweise der Besitzenden gilt es zu bessern, wahrhaft sozial zu gestalten, mit Arbeit, Liebe und Selbstverleugnung zu durchdringen.

Der Reiche muß aufhören, von der Arbeit des Armen zu leben: „Wenn es einen Müßiggänger gibt, so existiert auch gleichzeitig ein anderer Mensch, der vor Hunger zugrunde geht … wenn ich das gequälte ermüdete Pferd bedaure, von dem ich mich ziehen lasse, so ist das erste, was ich zu tun habe, wenn es mir wirklich leid tut, daß ich absteige und auf meinen eigenen Füßen weiterwandere." Jeder Mensch muß arbeiten – dann nur ist er ein lebendiges Glied der Gemeinschaft – und nicht nur geistig, sondern auch körperlich. Die Trennung in Kopf- und Handarbeiter hat die Volkseinheit zunächst zerrissen, Arme und Reiche unheilbar geschieden, Priester, Beamte, Gelehrte und Künstler, die der Hand- und Landarbeit enthoben wurden, zu bloßen Gliedern ihrer Kaste und zu menschlichen Krüppeln gemacht. Und was die Teilung in Kopf- und Handarbeit begonnen, das hat die industrielle Arbeitsteilung erschreckend vollendet, sie hat die Menschen zu Bruchstücken, zu Rädern im Wirtschaftsmechanismus entwürdigt.

Der Mensch, der in täglich erfrischtem Selbst- und Allgefühl von seiner eigenen Arbeit lebt, der harmonischen Arbeit von Hirn und Hand, giert nicht nach Eigentum, das seine Seele verführt und bedrückt: „Eigentum ist nur ein Mittel zur Ausnützung der Arbeit anderer, … die Wurzel alles Übels und aller Leiden." Er giert nicht nach dem Gelde, der lebensfernsten Form des Eigentums, „einer neuen schrecklichen Form der Sklaverei, die – ebenso wie deren alte Formen – den Sklaven wie den Sklavenhalter verführt und verdirbt." Er vermag dem Gebot Christi wahrhaft zu folgen: „Das Volk fragte und sprach zu ihm: Was sollen wir denn tun? Er antwortete und sprach zu ihnen: Wer zween Röcke hat, der gebe dem, der keinen hat, und wer Speise hat, tue auch also“ (Lukas 3, 10 und 1 l).

Nationalökonomisch bleibt das Weltbild Tolstois – das urchristliche und kommunistische Elemente eint – beschränkt auf die geschlossene Hauswirtschaft und Dorfwirtschaft. Nur dort wären seine Forderungen – wenigstens teilweise – durchführbar. Die Stadt-Volks- und Weltwirtschaft haben in seiner Welt keinen Raum und sollen keinen Raum in ihr haben, weil sie die Gemeinschaft mit der Natur auflösen, weil sie die Ursprünglichkeit und Ganzheit des Menschen wie der Menschheit zerstören, weil sie den Menschen in staatliche und wirtschaftliche Beziehungen verstrikken, die von seinem Willen und Gewissen unabhängig sind, die sein physisches und metaphysisches Leben gefährden.

Aber der Strom der weltgeschichtlichen Entwicklung läßt sich nicht zurückdämmen, sondern nur eindämmen und leiten. Das Ziel kann niemals rückwärts, immer nur vorwärts liegen. Der Zwiespalt zwischen Natur und Zivilisation kann nur durch eine neue, bewußte Natur: die Kultur, überwunden werden.

Als Nationalökonom – als Weiser des äußeren Wegs – geht Tolstoi fehl, aber als Ethiker – als Deuter und Mahner zur inneren Wandlung – ist er auch hier von ergreifender Wahrheit. Mit prophetischer Hellsicht hat er 1886 den furchtbaren Zusammenbruch des zaristischen Systems vorausgesagt: „So sehr wir uns auch bemühen mögen, die offenbare Gefahr, daß den von uns geknebelten Menschen endlich die Geduld reißt, vor uns zu verbergen, so sehr wir uns auch bemühen, dieser Gefahr durch jede Art von Betrug, von Gewaltmaßregeln, von Beschwichtigungs-mitteln entgegenzuarbeiten, sie wächst trotzdem mit jedem Tag, mit jeder Stunde. Schon längst steht sie drohend vor uns, jetzt aber ist die Zeit reif, und mit Mühe nur vermögen wir unser Schifflein flott zu erhalten auf der tosenden und über uns zusammenschlagenden See, die uns jeden Augenblick zornig herabziehen und verschlingen will. Die Arbeiterrevolution mit all ihren Schrecken der Verwüstung und des Mordes, sie droht uns nicht nur, nein, schon seit dreißig Jahren wandeln wir auf diesem Vulkan, und wir vermögen nur vorläufig, durch allerlei schlaue Manöver den Ausbruch hinzuhalten ... Der Haß und die Verachtung des bedrückten Volkes schwellen immer mehr an, während die Kräfte, die physischen wie die sittlichen, der reicheren Klassen abnehmen ... Es bleibt denen, die ihr altes Leben nicht ändern wollen, nur eines: die Hoffnung, daß es für die Dauer ihres Daseins noch so weitergehen wird, und was nach ihnen kommt – das kümmert sie nicht! So macht es der blinde Haufen der Reichen, aber die Gefahr wächst und wächst, und die furchtbare Katastrophe kommt immer näher“ (Was sollen wir denn tun?).

Es war die tiefste Tragik Tolstois, daß er nicht einmal seinem persönlichen Leben die Einheit und Reinheit schaffen konnte, die er seinem Volke predigte.

Neben dem Moskauer Stadthause, darin seine Familie das von ihm verurteilte Leben der Gesellschaft führt, mietet er sich zwei kleine, stille Zimmer für sechs Rubel im Monat. Morgens arbeitet er dort am Schreibtisch, nachmittags geht er über die Moskwa auf die Sperlingsberge und sägt und hackt Holz mit den Bauern.

Aber sein Tagebuch stöhnt: „Sehr schwer ist es mit der Familie, schwer, weil ich ihnen nicht zustimmen kann. All ihre Freuden: Examen, Erfolge in der Gesellschaft, Musik, Wohnungseinrichtungen, Einkäufe – alles das sehe ich als Übel und Unglück für sie an und kann es ihnen nicht sagen. Ich kann es wohl und sage es auch, aber meine Worte ergreifen keinen … In schwachen Augenblicken staune ich über ihre Hartherzigkeit. Sehen sie denn nicht, daß ich nicht bloß leide, sondern nun schon drei Jahre des Lebens beraubt bin! … An ihrem Leben teilnehmen heißt, die Wahrheit verleugnen" (16. April 1884). Schon jetzt taucht der Gedanke in ihm auf, um seiner Seelenreinheit willen aus dem Hause zu gehen: „Was soll ich ihnen? Wozu all meine Qualen? Wie schwer auch ein Vagabundenleben sein mag (es ist aber leicht) – es kann nichts geben, was diesem Herzensweh gleichkäme." (16. Juni 1884)

Der Tod des Iwan Iljitsch – Das Leben – Der Herr und sein Knecht

In der Lebensangst und -Unruhe der Krise hatte Tolstoi nach bewußter Erkenntnis gestrebt, nach greif- und haltbaren Leit- und Lehrsätzen. Die allmähliche Klärung und Beruhigung lockte ihn wieder von der Auseinandersetzung zur Gestaltung. Aber der erste Versuch einer neuen Dichtung vermag die Erschütterung noch nicht überpersönlich zu bilden. Die „Aufzeichnungen eines Irrsinnigen“ (1884) formen aus persönlichen Erinnerungen die aufsteigende Erkenntnis von der Sinnwidrigkeit, der Lieblosigkeit unseres Lebens, vom Tode, der in uns selber wächst und plötzlich hervorstarrt und aus Glück und Sicherheit uns in Qual und Grausen und drohenden Irrsinn jagt.

Es war im siebenten Jahre seiner Ehe, daß Tolstoi ins Gouvernement Pensa reiste, um ein käufliches Gut zu besichtigen. Zum erstenmal war er lang und fern von der Liebe seiner Frau und Kinder getrennt, die ihn beglückend umhütete. Da fühlte er sich im fremden Gasthofzimmer von Arsamas plötzlich einsam und schutzlos den dunklen Rätseln des Lebens und Alls gegenüber. „Es war zwei Uhr nachts. Ich war furchtbar müde und wollte nur eins: einschlafen. Hatte gar keine Schmerzen. Plötzlich wurde ich von solcher Sehnsucht, Furcht und einem derartigen Entsetzen ergriffen wie nie zuvor – solch ein qualvolles Gefühl hatte ich noch nie gehabt, und Gott gebe es niemandem! Ich sprang auf und ließ anspannen" (an seine Frau, September 1869). Das war der erste panische Schrecken, der – nicht wie der Tod des Bruders von außen – der von innen, aus Tolstois eigener lebensvoller Natur hervorbrach.

Ihn nimmt die Skizze als Ausgang: „Aber das ist doch alles so töricht", sprach ich zu mir selbst. „Vor wem fürchte ich mich eigentlich? Vor wem bangt mir so?" „Vor mir", antwortete unhörbar die Stimme des Todes. „Ich bin da." Ein Frostschauer überlief mich. Ja, mir bangte vor dem Tode. Er wird kommen, er ist da, ist da … Mein ganzes Wesen empfand das Bedürfnis zu leben, das Recht aufs Leben, und zugleich den Vollzug des Todes. Und diese innere Zwiespältigkeit erfüllte mich mit Entsetzen … Die rote Flamme der Kerze, der verglimmende Docht – alles das sagte mir dasselbe: Es gibt nichts im Leben als nur den Tod – und der sollte nicht sein."

Tolstoi zeichnet, wie die Todesfurcht beständig einer Wolke gleich über seinem „Irrsinnigen" hängenbleibt, wie dieser vor ihr in die Frömmigkeit des Kirchenglaubens flüchtet, wie er sich im Kreise der Seinen beruhigt, um schließlich in einer zweiten Gasthofnacht zu Moskau noch schrecklicher von metaphysischem Grauen geschüttelt zu werden. Und noch ein drittes Mal überfällt es ihn, da er sich auf einer Wolfsjagd in Wald und Schnee verirrt: „Die Beine waren mir schwer geworden. Ein Grauen befiel mich, und ich blieb stehen. Und plötzlich trat der ganze

Schrecken von Arsamas und Moskau, nur um das Hundertfache verstärkt, vor meine Seele ... Sollte ich hier den Tod finden? Nein, das wollte ich nicht. Was soll mir der Tod? Was ist er überhaupt? Ich wollte wieder wie früher meine Fragen stellen, wollte Gott rufen und ihm Vorwürfe machen. Doch plötzlich fühlte ich, daß ich das nicht wagte, nicht durfte, daß es mir nicht ziemte, von ihm Rechenschaft zu fordern, daß er längst alles Nötige gesagt hatte, und daß alle Schuld bei mir allein war. Und ich begann ihn um Vergebung zu bitten." Tiefer kehrt sich der „Irrsinnige" dem Glauben seines Volkes, dem Evangelium, den Heiligenlegenden zu, den weltlichen Geschäften in brüderlicher Liebes- und Opferbereitschaft ab. Und mit der Selbstsucht und Sünde überwindet er den Tod, die Furcht, die Zwiespältigkeit. „Und das Licht erleuchtete mich vollends, und ich wurde eins mit dem, was da ist."

Das alles ist unmittelbar Tolstois eigener Krise und Erlösung entnommen – bis auf die Verbitterung und Vorwürfe seiner Frau – aber mehr gestreift als gestaltet und bricht schließlich ab, ohne die Beziehungen zur ironisch-bittren Überschrift und Einleitung durchzuführen, die den Aufzeichnenden zur Untersuchung seines Geisteszustandes einer Medizinalabteilung der Gouvernementsverwaltung überweisen.

Tolstoi bricht ab, um im „Tod des Iwan Iljitsch" (1884 bis 1886) das Problem der Todesfurcht und -Überwindung gänzlich unpersönlich und überpersönlich zu gestalten.

Iwan Iljitsch ist nach keiner Seite eine Persönlichkeit, er ist ein Beamter, wie es deren Tausende gibt, gescheit, lebhaft, angenehm, anständig, „für seine Pflicht hielt er alles, was höchstgestellte Menschen dafür hielten". Er geht den üblichen Weg eines Beamten, mit seinen Erwartungen, Enttäuschungen und mageren Erfolgen. In der Jugend hat er seine kleinen Verhältnisse, im passenden Alter seine standesgemäße Ehe, den Sohn und die Tochter. Die Ehe hat ihre glücklichen, verbitterten und versöhnten Jahre. Anerkennung der Vorgesetzten begleitet seine richterliche Tätigkeit, die das Menschliche vom Dienstlichen streng zu sondern, sich auf das reine Formelwesen virtuos zu beschränken weiß. In seinem Hause verkehrt die beste Gesellschaft, ein engerer Kreis gibt ihm die häufigen lieben Freuden des Kartenspiels. Sein Leben geht leicht, angenehm, schicklich, mit einem Wort: korrekt. Da – im fünfundvierzigsten Jahre bringt ein Sturz von der Zimmerleiter eine unscheinbare Verletzung in der Seite, eine blaue Stelle – nichts weiter. Aber sie ist das Merkzeichen des Todes – wie der Förster einen Baum für den Holzfäller zeichnet. Langsam kommen die Schmerzen, die Unruhen, die Konsultationen. „Blinddarm" sagt die eine, „Niere" die andre medizinische Berühmtheit. Zwei Monate schluckt er Arzneien mit der Inbrunst eines Orthodoxen. Aber die Schmerzen werden stärker, die Nächte schlaflos. Ob er sich lange sträubt, schließlich muß er gestehen: das ist nicht eine Krankheit, die kommt und vergeht, das ist der Tod, das ist das Ende! „Ja, das Leben ist gewesen und es entflieht; es entflieht, und ich kann es nicht halten. Wozu mich täuschen? Sehen es nicht alle außer mir, daß ich ein Sterbender bin? Die Frage ist nur: wieviel Wochen, wieviel Tage noch – vielleicht ein Augenblick, daß ich dem Tode entgegengehe? Eben noch Licht und im Augenblick Nacht. Eben war ich noch hier, und jetzt bin ich dort – wo? Wenn ich nicht mehr bin, was wird dann sein? Nichts wird sein. Wo aber werde ich sein, wenn ich nicht mehr bin? Ist's wirklich der Tod? Nein, ich will nicht!“ Er springt auf und will ein Licht anzünden, wirft Leuchter und Kerze auf den Fußboden und sinkt auf das Kissen zurück.

Erschütternd wird gezeichnet, wie grauenvoll in dieses übliche, ideenleere, selbstgefällige Leben des Gesellschaftsmenschen der Tod eintritt. Niemand will ihn sehen, nicht die Frau, nicht die Freunde, nicht der Arzt, alle belügen sich und ihn: „Und diese Lüge quälte ihn …, daß man in dieser entsetzlichen Lage ihn belügen wollte, und daß man ihn veranlaßte, ja förmlich zwang, an dieser Lüge teilzunehmen. Die Lüge, die Lüge, diese am Vorabend seines Todes an ihm verübte Lüge, die den schrecklichen, feierlichen Akt seines Sterbens herunterziehen sollte auf eine Stufe mit ihren Visiten, ihren Gardinen, ihren Kaviarbrötchen – oftmals, wenn sie mit ihm ihr Spiel trieben, war er nahe daran, ihnen ins Gesicht zu schreien: Hört auf zu lügen! Ihr wißt ja und ich weiß es auch: ich bin ein Sterbender. So hört doch wenigstens auf zu lügen!“

Nur Gerassim, der Küchenjunge vom Lande, der in der unbewußten Wahrheit der Natur verblieben ist, ist aufrichtig, mitleidig, hilfreich, beruhigend.

Iwan Iljitsch „weinte über seine Hilflosigkeit, über seine entsetzliche Verlassenheit, über die Grausamkeit der Menschen, über die Grausamkeit Gottes, über die Abwesenheit Gottes: ‚Warum hast Du mir das getan? Warum hast Du mich dahin gebracht? Wofür, wofür peinigst Du mich so furchtbar?‘ Er erwartete gar keine Antwort, er weinte darüber, daß es keine Antwort gibt, keine geben kann“.

Vor den Augen des Sterbenden zieht sein ganzes Leben vorüber, und alles – alles außer ein paar Kindheitserinnerungen erweist sich als Leere und Lüge. Und dieses moralische Leid wird qualvoller als sein physisches – Frau, Tochter, Diener und Doktor: „er sah in ihnen sich selbst, alles das, wodurch er gelebt hatte, und sah deutlich, daß all dies nicht das Rechte war, daß all dies ein schrecklicher, ungeheurer Betrug war, der das Leben und den Tod verhüllte. Dieses Bewußtsein vergrößerte, verzehnfachte seine körperlichen Leiden."

In Haß und Neid bäumt er sich gegen seine Umgebung, und „mit dem Haß erhoben sich die qualvollen körperlichen Leiden, und mit dem Leiden das Bewußtsein der nahen Vernichtung". Drei Tage lang schreit er in der sinnlosen Angst eines zum Tode Verurteilten, daß man es drei Zimmer weit mit Entsetzen vernimmt.

Erst zwei Stunden vor seinem Tode, als sein Sohn, der Gymnasiast, hereintritt, seine umherschlagende Hand ergreift und schluchzend an die Lippen drückt, blitzt durch das verzweifelte Dunkel jäh ein überirdisches Licht. In der selbstlosen Liebe des Sohnes wächst auch er über sich selbst hinaus, er wird der überpersönlichen, ewigen Liebesgemeinschaft gewiß, er fühlt Schmerz um den Sohn, um die Frau: „man muß also handeln, daß es ihnen nicht wehe tue" und fühlt den eigenen Schmerz und Tod nicht mehr. – „Wo der Tod gewesen war, war Licht!"

Diese scheinbar naturalistische, in Wahrheit meisterhaft zum Sinnbild geklärte und gesteigerte Lebens- und Todeslinie zeigt die größere Stärke und Sicherheit des Strichs in der Darstellung der Todesfurcht. Die Todesüberwindung bleibt noch ein wenig aphoristisch und gedacht. Erst als Tolstoi ihr in seinem Werk „Das Leben" (1885–1887) die Rechtfertigung und kosmische

Ordnung ergründet hatte, wurde auch ihre dichterische Gestaltung ihm voll und farbig zugänglich.

„Das Leben" ist das neue Ja Tolstois, das Ja, das durch Zweifel und Verzweiflung hindurch wiedergewonnen und gesteigert ist, ist nicht nur die Klärung, sondern die Verklärung aller Lebenswidersprüche.

Es ist das alte schlichte Evangelium der Arbeits-, Liebes- und Opfergemeinschaft, das mit neuer religiöser Inbrunst entwickelt wird.

Tolstoi zeigt, wie für den selbstsüchtigen, den tierischen Menschen, der nur auf sein persönliches Wohl bedacht ist, auf Selbsterhaltung und Selbstgenuß, das Leben „bloß eine unaufhörliche Annäherung an den Tod ist". Solch ein Mensch – und unsere Gesellschaft besteht aus solchen – ist mitten im Leben vom Tod umfangen. Aber „öfter und öfter erwachen die Menschen zum vernünftigen Bewußtsein, sie werden lebendig in ihren Särgen – und der fundamentale Widerspruch des menschlichen Lebens erhebt sich trotz all ihrer Bemühungen, ihn vor sich selbst zu verbergen, mit erschreckender Kraft und Klarheit". Sie spüren, daß mit dem bloßen Streben zum Eigenwohl der Kampf aller gegen alle gesetzt ist, Täuschung und Übersättigung im Genuß und schließlich Leiden und Tod. Sie spüren, daß der Sinn des Lebens nicht Sonderung und Zwiespalt sein kann, sondern Einheit und Liebe, daß die Menschen nicht einander bekämpfen und beherrschen, sondern einander dienen sollen. Der vernünftige Mensch triumphiert über den tierischen; und über Unverstand, Grausamkeit und Tod, die ihn früher bedrängten, offenbart sich ihm als Sinn und Zweck des Lebens „die unendliche Erleuchtung und Einigung aller Wesen der Welt", die Unterordnung unter die Vernunft, die den Himmelskörpern, Tieren und Pflanzen unbewußt gegeben, dem sittlichen Bewußtsein des Menschen aufgegeben ist. Diese „Vernunft“ ist nicht die logische, rationale Kraft – Tolstoi ist kein Rationalist, so sehr seine Worte zuweilen den Anschein erwecken: „Den Verstand muß man wie ein Opernglas nur bis zu einem gewissen Grade aufschrauben; dreht man weiter, dann sieht man schlechter“ (an W. W. Rachmanow, Herbst 1889). Seine Vernunft ist die bewußte Liebe, er spricht von der „Vernunft des Menschen, die sich in seinem Herzen als Liebe offenbart“. „Die Liebe“, sagt er, „ist die einzige vernünftige Tätigkeit des Menschen.“

In dieser Erkenntnis der überpersönlichen Liebes- und Lebenseinheit wird der Mensch „von neuem geboren“, wie es Christus verkündet und gefordert hat. Was er in der allerfrühesten Kindheit einmal glückselig empfunden hat – als reine, unbewußte Natur, „wenn die Seele noch nicht verschüttet ist durch all die Lüge, die das Leben in uns erstickt“ – das soll er jetzt bewußt erfahren und erwerben: „jenes glückselige Gefühl der Rührung, wo man alle lieben möchte: die Nebenmenschen und den Vater und die Mutter und die Brüder und die bösen Menschen und die Feinde und den Hund und das Pferd und den Grashalm; da möchte man nur eines: daß alle es gut haben, daß alle glücklich seien; und noch mehr möchte man selbst dies bewirken können, man möchte sich, sein ganzes Leben hingeben, damit alle es immer gut haben und sich freuen. Das gerade und das allein ist jene Liebe, in der das Leben des Menschen besteht.“

Das Kind, das unbewußte, als natürliches Urbild – und als geistiges Vorbild: Johannes, der greise Evangelist. „Nach der Überlieferung sagte er nur: ‚Brüder, liebet euch untereinander!‘ In einem solchen Menschen dämmert kaum das tierische Dasein – es ist ganz aufgezehrt von einem neuen Verhältnis zur Welt, einem neuen lebenden Wesen, das keinen Platz mehr findet in der Existenz des leiblichen Menschen."

Solcher Lebens- und Liebeseinheit, die in der Liebe wächst wie die Pflanze im Licht, kann der Tod nichts anhaben. Ihr ist der Tod nur der Übergang in eine freiere, reinere Liebesgemeinschaft. Sie weiß, daß unser wahres Leben unabhängig ist von Raum und Zeit, daß es weder bei unserer Geburt begonnen hat noch mit unserem leiblichen Tode endet, daß es „hier wächst und zunimmt, bis es die Grenzen erreicht, die es nicht mehr fassen, und dann hinaustritt aus den Bedingungen, die sein Wachstum aufhalten, und in ein anderes Dasein hinübergeht".

Das körperliche Leben ist nur das niedrigste Verhältnis zur Welt, das der Mensch aufgibt; seelisch lebt und wirkt er weiter, auch in dieser Welt, auch in mir. „Der Mensch ist gestorben, aber sein Verhältnis zur Welt wirkt fort auf die Menschen, und nicht nur so wie im Leben, sondern weit stärker, und die Wirkung steigert sich mit seiner Vernünftigkeit und seiner Liebe und wächst wie alles Lebende, ohne Pause und ohne Ende."

Als das herrlichste und erhabenste Sinnbild dieser unvergänglichen Lebenskraft und -gegenwart webt Christus unter uns, von dessen kurzem leiblichen Dasein wir nur eine unklare Vorstellung haben, dessen seelisch-geistiges Sein aber, dessen Liebesmacht in Millionen Menschen Jahrhundert um Jahrhundert weiterwirkt.

Enthoben der persönlichen Verlassenheit und Vergänglichkeit weiß der erwachte Mensch sich „der Liebeskette, die jedes menschliche Leben mit dem der Voreltern, der Nachkommen, der Zeitgenossen, mit dem Leben der Welt verbindet“, schaffend eins. Und diese selige Gewißheit genügt ihm, genügt Tolstoi, „daß der abgeschmackte und schreckliche Aberglaube des Todes mich nie mehr quäle“.

Aus diesem in seiner Stimmung fast hymnischen, in seiner philosophischen Darlegung oft stammelnden Bekenntnis zum Leben, das sich bis zu einer Apologie des Schmerzes steigert – als einer lebensfördernden, nicht lebensfeindlichen Gewalt –, aus diesem strahlendsten Sieg über den Tod, den Tolstoi je errungen, fällt ein warmer Schein auf die letzte Todesdichtung, die Tolstoi geschrieben hat: „Der Herr und sein Knecht“ (1895).

Ihre Atmosphäre erinnert an die Erzählung „Der Schneesturm“ (1856), ihre Problemstellung an „Drei Tode“ (1858). Aber wieviel reiner und tiefer ist nun das Problem geformt. Hier ist nichts mehr von jener Bitterkeit und Tendenz der Gesellschaftssatire, hier sind alle Dissonanzen in reiner Menschlichkeit, in reifer Güte gelöst.

Eine Schneenacht voll Weiße und Weite, voll Sturm und Frost, voll Einsamkeit und Gefahr. Der Kaufmann Wassilij Andrejewitsch Brjechunow fährt mit seinem Knecht Nikita zu einem Gutsbesitzer, um für einen Wucherpreis einen Wald zu erhandeln. Unterwegs verirren sie sich, die Geldgier hindert den Kaufmann, in einem hilfreichen Bauernhof auf den Morgen zu warten, sie verirren sich wieder, sie bleiben im Schnee stecken. Der Kaufmann will auf dem Pferde davonreiten, ohne sich um Nikita zu kümmern: „Ihm tut das Sterben nicht viel – was hat er für ein Leben!“ Aber er reitet im Kreise und bricht bald mit dem erschöpften Pferd am eben verlassenen Wagen nieder. Nikita, dem der Tod leicht ist, weil das Leben ihm schwer war und weil er sich demütig in Gottes Hand fühlt, liegt schon im tödlichen Frostschlaf und stammelt mühsam: „Ich ster – sterbe. Meinen Lohn gib dem Jungen oder meinem Weibe.“ Da wirft sich der Kaufmann in schlichter, brüderlicher Menschlichkeit über den Erfrierenden und deckt und wärmt ihn mit seinem Leibe. Sterbend fühlt er das reine Glück dieses Liebesopfers, die Erlösung von Selbstsucht und Angst, die überpersönliche Lebens- und Liebeseinheit: „Er will aufstehen und kann nicht, er will den Arm bewegen, er kann nicht, das Bein, er kann es auch nicht, er will den Kopf bewegen, auch das kann er nicht. Er ist erstaunt darüber, aber nicht im geringsten gekränkt. Er erinnert sich, daß Nikita unter ihm liegt, daß er warm und lebendig ist, und es scheint ihm, als wäre er Nikita und Nikita er, und daß sein Leben nicht in ihm, sondern in Nikita sei. Er horcht auf und hört den Atem, ja sogar ein leises Schnarchen Nikitas. ‚Nikita lebt, so lebe auch ich‘, sagt er feierlich zu sich selbst. – Und er denkt an das Geld, an den Laden, das Haus, an die Einkäufe und Verkäufe und an die Millionen der Mironows; es wird ihm schwer, zu begreifen, warum der Mensch, der Brjechunow hieß, sich mit all den Dingen beschäftigt hat – er wußte ja nicht, worum es sich handelte, denkt er von Wassilij Brjechunow. Wußte ich's nicht, so weiß ich es jetzt – jetzt ohne Irrtum – jetzt weiß ich es. Und wieder hört er den Ruf dessen (des Todes), der ihn schon vielmal gerufen hatte. ‚Ich komme!‘, sagt freudig sein ganzes Wesen, und er fühlt: er ist frei, nichts hält ihn mehr fest ...“

Volkserzählungen

Immer tiefer fühlte Tolstoi sich dem einfachen, naturhaften Volke verpflichtet und verbunden, nicht als Mensch nur, sondern auch als Dichter. Auch die Literatur der Gebildeten schien ihm Verfall. Und auch ihre Erneuerung schien ihm nur aus dem Volke möglich. Schon 1872 hatte er an Strachow geschrieben: „Mir scheint fast, das ist kein Verfall, es ist der Tod mit der Bedingung einer Auferstehung im Volkstümlichen. Die letzte poetische Welle hat ihren Höhepunkt in Puschkin, dann kam Lermontow, Gogol, wir armen Sünder, und die Welle verschwand im Erdboden. Die andere Linie begann mit dem Studium des Volkes und wird mit Gottes Hilfe aufkommen, und Puschkins Periode ist gestorben und in nichts zergangen … Glücklich, wer es erleben wird, wie diese zweite Linie sich erhebt. Ich hoffe es.“

Damals hatte er das bewußte Studium der Volkssprache begonnen, im Umgang mit den Bauern, Landstreichern und Gottesleuten. „Von diesen Leuten“, sagte er später zu Paul Boyer, „kann man nur lernen. Als ich früher mit ihnen plauderte oder mit jenen Wanderburschen, die – den Rucksack auf der Schulter – unser Land durchziehen, schrieb ich mir sorgfältig diejenigen ihrer Ausdrücke auf, die ich zum erstenmal hörte, gute, gediegene, altrussische Ausdrücke, die oft aus unserer modernen literarischen Sprache verschwunden sind … Ja, der Geist der Sprache ist in diesen Menschen lebendig." „Er geht", berichtet 1879 Strachow seinem Freund R. I. Danilewskij, „auf die Landstraße hinaus und trifft da bald auf Pilger und Betbrüder. Er beginnt Gespräche mit ihnen, und wenn es gerade gute Exemplare sind und er selbst bei Laune ist, bekommt er wunderbare Erzählungen zu hören … Außer der Frömmigkeit interessiert Tolstoi auch die Sprache. Er hat die Schönheit der Volkssprache bewundernswert zu verstehen begonnen und entdeckt jeden Tag neue Worte und Wendungen, schimpft mit jedem Tag mehr über unsere Literatursprache."

Dem Studium der Volkssprache verband sich das Studium der Volksdichtung. 1877 lud Tolstoi einen bekannten Sagenerzähler zu sich, lauschte entzückt seiner alten, volkstümlichen Sprache und schrieb einige seiner Legenden auf, die er in seinen Volkserzählungen gestaltete. Zur Zeit der „Beichte" wurden „die Heiligenlegenden und Prologe meine Lieblingslektüre … Da war das Leben Makars des Großen, Josaphats des Königsohns (die Geschichte Buddhas), da waren Predigten von dem Wanderer im Brunnen, von dem Mönch, der Gold gefunden, von Peter dem Zöllner; da war die Geschichte der Märtyrer, die alle eines bekundet hatten: daß der Tod das Leben nicht ausschließt; da waren auch Erzählungen von Analphabeten, Einfältigen, die von den Lehren der Kirche nichts wußten und doch erlöst wurden" (Meine Beichte).

In diesen Jahren der Krise waren Volk und Volksdichtung ihm nicht mehr Gegenstand literarischen

Studiums, sie waren ihm die lebendige Quelle, darin er den Sinn des Lebens fand. In Dank und Ehrfurcht war er ihnen neu und tiefer verbunden: „Wir studieren und stellen dieses Volk zu unserem Vergnügen und Zeitvertreib in unseren Werken dar und haben ganz vergessen, daß wir es nicht studieren und darstellen sollen, sondern daß wir ihm dienen müssen“ (Was sollen wir denn tun?).

Aus diesem neuen künstlerischen Pflichtbewußtsein stellt er der Kunst seiner Zeit die Frage: „Wir haben eine Unmasse von Leuten zu großen Schriftstellern gestempelt, sie bis ins kleinste zergliedert, ganze Berge von Kritiken über sie geschrieben, Kritiken über die Kritiken der Kritiker verfaßt, wir haben Bildergalerien errichtet und die verschiedenen Kunstrichtungen bis in die feinsten Einzelheiten studiert, wir haben so viele Symphonien und Opern, daß es uns schwerfällt, sie alle selbst zu hören. Was aber, frage ich, haben wir zu den Volkssagen, den Legenden, Märchen, Liedern hinzuzufügen verstanden? Was für Gemälde, was für eine Musik haben wir dem Volke gegeben?“ (Was sollen wir denn tun?)

Diese Aufgabe, die von der Kunst seiner Zeit vergessen und verachtet ist, will er aus den leid- und freudvollen Erkenntnissen seiner Krise auf sich nehmen: eine Dichtung aus dem Volk, – seinem alten Glauben, Gemüt und Schrifttum – und für das Volk, das schlichte Volk und das ganze Volk: denn nur die Kunst ist wahrhaft groß, deren tiefe schlichte Menschlichkeit allen Kreisen verständlich und förderlich ist.

In Demut beginnt er den neuen Weg – er weiß: „Geistige und schöpferische Arbeit, wie sie der Gesamtheit in Wahrheit not tut, ist der schwerste Beruf des Menschen – ein Kreuz, wie es im Evangelium heißt. Und das einzige zweifellose Merkmal des in Wahrheit Auserwählten ist die Selbstverleugnung, das Opfer seines Ich, zur Betätigung der in den Menschen zur Förderung seiner Mitmenschen gelegten Kraft“ (Was sollen wir denn tun?).

Das erste Werk auf diesem Wege sind die „Volkserzählungen“. Tolstoi selber hat sie unter diesem Titel nie gesammelt, aber es ist der natürliche Name für eine Gruppe von Erzählungen, deren erste noch in das Jahr 1872 zurückreicht: „Gott sieht die Wahrheit, aber sagt sie nicht sogleich“; es ist die Geschichte Platon Karatajews: vom alten Kaufmann, der zu Unrecht eines Mordes beschuldigt, nach sechsundzwanzig Jahren im sibirischen Kerker stirbt, gerade als seine Unschuld enthüllt ist. Die Skizze aus „Krieg und Frieden“ ist vertieft und ausgeführt. Im Jahre 1881 folgt „Wodurch die Menschen leben“, 1885 „Lösche den Funken“, „Das Lichtchen“, „Die beiden Alten“, „Wo Liebe ist, da ist auch Gott“ und „Texte zu Holzschnitten“, 1886 „Sechs Volkslegenden“: „Wie das Teufelchen das Brotränftl verdient hat“ – „Wieviel Land der Mensch braucht“ – „Das eigroße Korn“ – „Das Patenkind“ – „Die drei Greise“ – „Der reuige Sünder“, 1903 „König Assarhadon“ und „Drei Fragen“ (im Sammelband russischer Autoren für die bei den Kischinjewer Pogromen Verarmten).

All diese Erzählungen sind von jenem Geist beseelt, den Tolstoi erlösend im Glauben und Schrifttum seines Volkes gefunden hatte: dem Geiste des Evangeliums. – „Immer hat die Mehrheit der Menschen das, was wir als erhabenste Kunst ansehen, verstanden und geliebt: die Schöpfungsgeschichte, die Gleichnisse des Evangeliums, die Legenden, die Märchen, die Volkslieder –“. Sie dienen dem Volk,

Tolstoi und die Bauern

indem sie ihm seine tiefsten Wahrheiten, seine heiligste Aufgabe im Bilde vorhalten. „Die Kunst muß die Gewalt unterdrücken, und nur sie kann es. Ihre Sendung ist, das Reich Gottes erstehen zu lassen, will sagen: das Reich der Liebe“ (Was ist Kunst?).

Alles, was Tolstoi in den theoretischen Schriften seiner Krisenjahre als Erkenntnis und Predigt gegeben hatte: die Gefahren des Eigentums, des Geldes, der Trunksucht, die Gottwidrigkeit des Krieges und Gerichts, die Notwendigkeit der Arbeit, Liebe und Selbstverleugnung gibt er hier in farbigen Gestalten und Schicksalen und – gleich Ikonen – auf dem Goldgrund seiner reifen Weisheit und Güte. Oft drängt sich wie in Predigt-Märlein die Lehre zu deutlich vor; öfter durchdringen sich Bild und Lehre zur klassischen Reinheit und Größe vollkommener Legenden.

Mythisch, unvergeßlich stehen die drei verwitterten Greise vor uns, die allein auf einem namenlosen Inselchen ihrem Seelenheil leben. Ihr ganzes Gebet ist der Ruf nach oben: „Drei seid ihr, drei sind wir, erbarme dich unser!“ Ein Bischof, der vorüberfährt und durch Pilger von ihnen hört, landet, unterweist sie aus der Heiligen Schrift und sagt ihnen das Vaterunser vor, wieder und wieder, bis sie es selber beten können. Aber die Nacht darauf eilen die Greise dem Schiffe nach über das Meer, als wäre es trockenes Land und beschwören den Bischof: „Wir haben es vergessen. Lehre uns noch einmal!“ Da ahnt der Bischof in Ehrfurcht die heilige Tiefe ihrer und aller wort- und begrifflosen Frömmigkeit: „Auch euer Gebet gelangt zu Gott, ihr heiligen Greise“, sagt er erschüttert, „betet für uns Sündige!“

Jelissej Bodrow in den „Beiden Alten“ verkörpert wieder den wundervollen, natur- und gotteinigen russischen Bauern, Tolstois Urbild und Vorbild, das zuerst in Platon Karatajew Gestalt geworden. Vielleicht ist die „reine Menschlichkeit“ dieses glatzköpfigen Bienenvaters noch unmittelbarer. Eine lächelnde Güte, ein heiliger Humor umstrahlt sie aus letzten Leidens- und Liebestiefen.

Mit dem greisen Jeffim Tarassytsch Schewelew hat er sich verabredet, nach Jerusalem zu pilgern und hat endlich im Alter die 100 Rubel Reisegeld zusammengebracht. Und so wandern sie fort. Unterwegs aber trifft Jelissej in einer Hütte, wo er nach Wasser sucht, eine von Mißernten geschlagene Bauernfamilie in Hunger und Ohnmacht, dem Tode nah. Da leert er seinen Reisesack, schöpft aus dem Brunnen, kauft im Dorfe Salz, Mehl und Butter und heizt und kocht und füttert sie alle. Sorge und Pflege der Erschöpften halten ihn über Nacht, den zweiten, den dritten Tag. Am vierten will er gehen, nachdem er noch reichliche Vorräte gekauft hat. Da hört er, daß der Bauer aus Not seine ganze Heuernte und Feldfrucht einem reichen, hartherzigen Bauern versetzt hat und dieser sich weigert, davon herauszugeben. Soll ich sie vom Tode gerettet haben, um sie hilflos zurückzulassen?, denkt er, die Leute müssen Hilfe haben. „Sonst gehst du über das Meer, Christus zu suchen und verlierst ihn in dir selber.“ Und er kauft ihnen die Ernte und den Heuschlag los, kauft ihnen ein Pferd und Mehl bis zur Neuernte, und kehrt, da sein Geld nach Jerusalem nun nicht mehr reicht, demütig nach Hause zurück, ohne den Grund zu verraten.

Jeffim aber sieht erstaunt am Heiligen Grabe vorn im Schimmer der Opferkerzen Jelissejs Glatze leuchten, ohne sich zu ihm durchzufinden. Auf der Heimkehr gerät er in die Hütte der einst Verhungernden, liebend Geretteten, die von Jelissej erzählen als einem Boten des Himmels, der ihnen das Leben und den Glauben an Gott zurückgegeben habe. Nun versteht Jeffim, wie er den Freund am Heiligen Grabe dreimal sehen und nicht erreichen konnte. „Nun weiß ich, wo er mir zuvorgekommen ist. Meine Opfer können angenommen sein oder nicht, seine hat der Herr angenommen.“

Daheim trifft er den selbstlos Schweigenden im frommen Frieden seines Bienengartens: „Da steht Jelissej unter der kleinen Birke, ohne schützendes Netz, ohne Handschuh, in seinem grauen Kaftan. Er hat die Hände ausgebreitet und schaut nach oben, und seine Glatze leuchtet über den ganzen Kopf, wie er in Jerusalem am Grabe des Herrn gestanden hat, und über ihm leuchtet und spielt die Sonne durch das Birkenlaub, wie in Jerusalem, und um seinen Kopf schwirren goldglänzende Bienchen umher im Kranz, und doch sticht ihn keine.“ – – –

Strachow erzählt in einem Briefe, wie orthodoxe Freunde Tolstois gleich Aksakow, die über seine theologisch-kritischen Schriften schmerzlich erzürnt gewesen, ihm der Volkserzählungen wegen begeistert verzeihen. „In den Erzählungen, sagt Iwan Sergejewitsch, kommt es zum Ausdruck, das Leo Nikolajewitsch in solch einem reinen, herzlichen, liebevollen Verhältnis zur heiligen Wahrheit steht, daß das Geheimnis dieses Verhältnisses unserer Analyse nicht untersteht und ihn außerhalb unseres Urteils stellt. Offenbar hat er sein Konto-Korrent mit Gott“ (an Danilewskij, 5. Juli 1885).

Volksdramen: Die Macht der Finsternis

Seit dem Plan zu einem Drama aus dem Leben Peters des Großen (1869–1870) hatte Tolstoi sich der dramatischen Dichtung nicht mehr zugewandt. Sie stand seinem durchaus epischen Weltgefühl entgegen. Während Homer ihn dauernd begeisterte, schalt er die Tragödien des Aischylos, Sophokles, Euripides „rohe, wilde, für uns oft sinnlose Werke“ (Was ist Kunst?). Und gegen Shakespeare, den größten neueren Dramatiker, geht der wohl größte neuere Epiker 1903 in einem eigenen Aufsatz zum verblendeten Angriff über. Er will beweisen, daß Shakespeare „kein Künstler“ war. „Er konnte Gott weiß was gewesen sein, aber ein Künstler war er nicht.“ „Ich werde beweisen, daß Shakespeare selbst nicht als Schriftsteller vierter Ordnung betrachtet werden kann.“ Und er spricht von den deutschen Kritikern, die „Shakespeare erfanden“.

Tolstois und Shakespeares Weltbild sind so entgegengesetzt, daß sie einander nicht mehr sehen und verstehen können. Nichts kann Tolstoi fremder und feindlicher sein als Shakespeares dämonischer Individualismus, der durch die Renaissance und den Protestantismus hindurchgegangen ist. Die Renaissance ist für Tolstoi der Sündenfall der neueren Geistesgeschichte: „Da sie nicht mehr imstande waren, an die kirchliche Religion zu glauben, die sich selbst der Lüge überführte, und da sie die wahre christliche Lehre, die ihr ganzes Leben verwarf, nicht anzunehmen vermochten, so kehrten diese reichen und mächtigen Menschen – ohne jegliches religiöses Verständnis des Lebens – unwillkürlich zu der heidnischen Weltanschauung zurück, die den Sinn des Lebens im Genuß der Persönlichkeit erblickt. Und in den höheren Klassen vollzog sich das, was ‚die Renaissance der Wissenschaft und der Künste' genannt wird, und was im Grunde genommen die Verneinung jeder Religion ist, das Bekenntnis, daß sie ganz überflüssig sei" (Was ist Kunst?). „Man begann Shakespeare zu schätzen, als man das moralische Kriterium verloren hatte" (Tagebuch, 4. April 1897).

Die Selbstvollendung und Verherrlichung der Persönlichkeit, „das Gefühl des Stolzes … der Hauptinhalt der Kunst zur Zeit der Renaissance" ist für Tolstoi das Ideal des Antichrists. Selbstverleugnung, Liebe, Mitleid, Keuschheit sind die Gegenziele, die seine Kunst verkündet, die brüderliche Einigung aller Menschen mit Gott und untereinander, das Einanderdienen, nicht das Einanderbekämpfen und -beherrschen.

Auch Tolstois zutiefst epische Weltanschauung ist nicht ohne Kampf. Der Widerstreit der tierischen und göttlichen Natur im Menschen, der sinnlichen und geistigen, selbstischen und selbstlosen, ist ihm schmerzlich bewußt geworden. „Wir sind alle voller Sünden, und darum ist die Vollkommenheit ein Kampf" (an Tschertkow, Herbst 1888). Aber er weiß: „Das Heil ist im Kampf, in der Vorwärtsbewegung nach einer Vollkommenheit hin, die der Vollkommenheit des Vaters ähnlich ist.“ Und so ist das Leben ihm nicht ein unlösbarer tragischer Konflikt, sondern eine leid- und kampfreiche, aber stete und sichere „Annäherung an den Vater“. So wird dieser Kampf ihm „die schönste Freude meines Lebens“.

Aus dieser Freude, dieser religiösen Kampf- und Siegesgewißheit, wuchsen Tolstois Volkserzählungen, wächst auch sein großes Volksdrama: „Die Macht der Finsternis“ (1886).

Der Religiosität des einfachen russischen Volkes hat Tolstoi für seine eigene religiöse Entwickelung vieles zu danken. Noch in seinem letzten Lebensjahre gibt sie ihm Zuversicht. „Im Volke schlummern viele religiöse Kräfte,“ sagt er zur Schriftstellerin W. Malachjewa-Mirowitsch, „auf ihnen ruht meine ganze Hoffnung.“ Aber er weiß ebenso, daß das Volk, je näher es der elementaren Natur ist, desto näher, gefährlich näher auch den tierischen Instinkten und Leidenschaften steht, und daß es diesen überantwortet ist, wenn es von der Entchristlichung der oberen Klassen angesteckt wird. Schon gewinnt im Volke die Vorstellung Raum, „daß es zwei Glauben gebe: der eine, der ungelehrte, dumme, bäuerliche Glaube, nach dem Christus sich demütigte, verzieh, die Menschen bedauerte und uns auch dasselbe befohlen hat, daß aber dieser Glaube veraltet sei … Der andere Glaube ist der der Pfarrer, der Herrschaften, der Kaufleute, ein nach den Büchern gelehrter Glaube, ein Glaube, nach dem man nur die Gesetze der Regierung und der Kirche befolgen muß, sonst dürfe man alles“ (an Sergej Semenew). „Es ist qualvoll,“ schreit Tolstoi in einem Briefe an Strachow auf, „die Erniedrigung und Verderbtheit zu sehen, zu der das Volk gebracht worden ist" (April 1892). Und Tolstois Freundin A. A. Tolstoi schreibt, als sie „Die Macht der Finsternis" gelesen hat, erschüttert: „Es tut nichts, daß keiner von uns die schrecklichen Verbrechen begangen hat, von denen die Rede ist, aber jeder von uns ist daran mehr oder weniger beteiligt" (26. Januar 1887).

Tolstois Volksdrama „Die Macht der Finsternis" ist zugleich die dunkle Klage und Anklage von der „furchtbaren Wildheit, darin das Volk lebt" (an Semenew), und die helle Heilsgewißheit vom immerwährenden Durchbruch Gottes, vom Siege der im Volk schlummernden religiösen Kräfte.

„Mein Seelenzustand", schreibt Tolstoi zur selben Zeit, „ist fast immer ein frohbewegter, denn ich sehe überall Schnitter, die zur Ernte hinausziehen" (an M. A. Nowosselow) und: „Ganze Menschen habe ich in letzter Zeit wenig getroffen, aber zerstreutes Licht inmitten der Finsternis und wärmende Funken – erstaunlich viel im Vergleich mit dem, was noch vor drei Jahren war – – –. Ich lebe gut und froh, habe immer an einem Drama geschrieben" (an I. B. Feinermann, Januar 1887).

Von früh auf zeigt das russische Drama einen starken sozialkritischen Einschlag. Fonwisins „Landjunker" (1782) ist die satirische Komödie gegen die Roheit und sittliche Verwahrlosung des Landadels, Kapnists „Schikane" (1798) gegen die Korruption der russischen Beamtenschaft. Gribojedows „Verstand schafft Leiden" (1824) gibt das erste satirische Gesamtbild der Moskauer Gesellschaft. Und Gogols „Revisor" (1836) ist die Stilisierung des Komischen bis zum Tragikomischen, des Lachens bis zum Grauen, der russischen Provinzstadt zum Sinnbild Rußlands, ja der Welt. Ostrowskijs „Gewitter" (1860) zeichnet die Gebundenheit und Selbstsucht der kleinbürgerlichen Welt. Pisemskijs „Bitteres Los“ (1858) aber ist das erste wirkliche Bauerndrama der russischen Dichtung. Kurz vor der Aufhebung der Leibeigenschaft formt es das Erwachen des sittlichen Selbstbewußtseins im Bauern, die Würde der Menschheit, die in ihm aufbegehrt gegen den entarteten, sittenlosen Landadel. Während der Zinsbauer Ananij Jakowlew in Petersburg als Straßenhändler tätig war, hat sein Gutsherr seine Frau verführt. Ananij verzeiht ihr bei seiner Rückkehr und erkennt selbst das Kind, die Frucht ihrer Sünde, an. Als sie sich aber in verblendeter Leidenschaft noch weiter dem Gutsherrn zukehrt, als dieser durch den Amtmann sie und sein Kind ins Gutshaus einholt, da tötet Ananij das Kind und flieht in die Wälder. Dort erlebt er die religiöse Wiedergeburt. Er kehrt zurück ins Dorf und stellt sich dem Gericht. Vor der versammelten Gemeinde bekennt er seine Sünde, seine alleinige Schuld: „Vergebt mir, rechtgläubige Christen! Noch einmal werf ich mich vor euch nieder: Denkt nicht schlecht vom Verfluchten und betet für meine sündige Seele.“

Pisemskijs „Bitteres Los“ ist der würdige dramatische Vorgänger von Tolstois „Macht der Finsternis“ und besonders im Durchbruch des Schuldigen zum öffentlichen Bekenntnis vor der Gemeinde wohl nicht ohne Anregung.

Aber Tolstois Bauerntragödie formt nicht den Kampf zwischen Bauern und Gutsherrn, nicht – oder doch nur mittelbar – den sozialen, sondern den religiösen Kampf des Bauerntums, den Kampf zwischen seiner tierischen und christlichen Natur.

„Ist erst eine Klaue im Netz, so ist der ganze Vogel verloren“, heißt der Untertitel, in einem deutschen

Sprichwort: „Reich' dem Teufel den Finger, und er hat dich ganz."

Mit furchtbarer Unerbittlichkeit wird dramatisch aufgerollt, wie aus der ersten Schuld die zweite, aus der zweiten die dritte folgt, eine unabsehbare Kette, die nur durch sittliche Wiedergeburt, durch religiöse Sühne zerrissen werden kann.

Am Anfang steht die sinnliche Zügellosigkeit Nikitas, des gewissenlosen, aber nicht bewußt bösartigen Dorf-Don-Juans. Er hat eine brave Waise verführt und leugnet's im Meineid, als seine Heirat die Sünde gutmachen soll, weil er sich inzwischen schon der Frau eines kranken reichen Bauern genähert hat. Um ihn nicht zu verlieren, schüttet diese ihrem kranken Gatten Giftpulver in den Tee, die Nikitas Mutter, der treibende Dämon des Dramas, mitgebracht hat. Nikita heiratet die Bäuerin, aber kaum macht sie ihn zum Mitwisser ihrer Tat und dadurch zum Mitschuldigen, da wird sie ihm widerwärtig, und er flüchtet in ein Verhältnis mit ihrer Stieftochter. Die Frau, die um seinetwillen zur Gattenmörderin geworden ist, beschimpft und verdrängt er. Das Kind, das ihm die Stieftochter gebiert, ermordet und begräbt er, durch seine Frau und Mutter getrieben. Eine klug eingefädelte Heirat der Stieftochter scheint alles gutzumachen. Schon sind die Hochzeitsgäste zahlreich und vornehm bei Gesang und Spiel versammelt, nur der Segen des Brautvaters, sein Segen, fehlt noch – da stehen die Schatten der Verratenen und Ermordeten gegen ihn auf. „Wo soll ich hin? Ach, öffne dich, Mutter Erde!"

Die erste Reue durchzuckt ihn, als der sterbende Bauer in tragischer Ironie die christliche Bitte aller sterbenden Russen auch an ihn richtet – den Ehebrecher, dessentwegen er von der eigenen Frau vergiftet wird: „Verzeih mir um Christi willen!“ Dann steigen Angst, Grauen und Tränen in ihm, als der fromme Vater, der ihn besucht, sein Haus – das Haus der Sünde – verläßt: „Lieber hinterm Zaun übernachten als hier in deinem Schmutz! Geh in dich, Nikita, denk' an deine Seele!“ Am furchtbarsten aber steht sein Gewissen gegen ihn auf, da ihn die Frauen drängen, das eben geborene Kind der Stieftochter – sein Kind! – umzubringen. Die Frau, die um der Stieftochter willen verratene Frau, die Mörderin ihres Gatten, will den teuflischen Triumph, ihn mit hinabzureißen: „Jetzt bin ich's nicht allein … Er soll mir auch seins heidnische Mißgeburt erwürgen! Was hab ich mich allein abgequält, wie ich Peters Glieder zucken sah. Er soll auch sehen, wie's tut. Ich will kein Mitleid mit ihm haben.“ Er stürzt sich mit dem Spaten auf sie. Frau und Mutter droht er zu erschlagen in Entsetzen und Grausen. Das Wimmern des längst erwürgten Kindes verfolgt und verdammt ihn: „Es wimmert und wimmert! Mein Leben hab ich verwirkt, mein Leben verwirkt. Was haben die aus mir gemacht?! Wo find ich Rettung?!“

Nur der Tod kann noch Ruhe bringen. Vor der letzten, ungeheuerlichen Freveltat, zu der die Frauen ihn drängen: der Stieftochter den Brautsegen zu geben, die er verführt, deren Kind er getötet hat, flüchtet er zum Strick und zum Pflock, ein Ende zu machen. Aber vom Rande des Grabes sieht er ins ewige Licht. Da zerreißt seine tierische Finsternis, da bricht die religiöse Urkraft des russischen Bauern durch, da kniet er nieder vor der Hochzeitsgesellschaft: „Hier liege ich! Rechtgläubige Gemeinde! Ich habe gesündigt, ich will Buße tun.“ Und er gesteht seine Sünden und nimmt alle Schuld auf sich, auf sich allein: „Ich fürchte mich jetzt vor niemandem. Vergib mir, rechtgläubige Gemeinde!“

Nikita und seine Frau sind blind und dumpf in ihre Sünden verstrickt, werden vom Wirbel ihrer Leidenschaften willenlos fortgerissen. Das bewußte Prinzip des Bösen und des Guten ist in Nikitas Eltern verkörpert – jeder Mensch ist so des Bösen und Guten Kind – sie sind der Teufel und der Engel der alten Mysterien, in lebendigster Menschengestalt.

Der Teufel, das ist die Mutter: das Weib (das Blut), mit der alten Schlangenschlauheit und Beredsamkeit. „Während ein Weib vom Ofen kullert, hat's siebenundsiebzig Einfälle. Wie will der Mann da klug werden!“ Sie ist gänzlich amoralisch, sie kennt nur die tierische Selbstsucht und Verschlagenheit: „Was lebt, denkt ans Leben. Da heißt's Grips haben, mein Hühnchen.“ Sie liebt ihr Kind, aber nur wie eine Tier-Mutter, nur sein tierisches Glück besorgt sie und richtet dabei in Sünde und Schande seine Seele zugrunde.

Der Engel, das ist der Vater: der Mann, der Geist, der Gott entsprossen ist. Er stammelt und stottert nur, aber seine Weisheit und Frömmigkeit ist wie die der drei Greise höher denn Wort und Begriff. Auch er will das Glück des Sohnes, aber sein geistig-seelisches Glück, seine Einheit mit Gott. Er weiß: folgt man seinem sinnlichen, selbstsüchtigen Trieben, „macht's, wie's einem bequem ist – mit einem Mal, schau, hat man sich einen Strick um den Hals gebunden, so ist's nicht gut; wenn's aber nach dem Gesetz ist, nach Gottes Willen, dann ist einem immer freudig zumut.“ Er muß sehen, wie im Hause des Sohnes die Selbstsucht, die Geldgier und die Wollust herrscht. „Ach, sie haben Gott vergessen“, jammert er, und er schaut voraus: „Mein Sohn geht ins Verderben … Eine

Sünde hängt sich an die andre, eine zieht die andre mit“, in heiligem Zorn geht er aus dem Hause. Erst als der Sohn in reuigem Umbruch zu Gott zurückkehrt, da lebt und jubelt er auf: „Hier ist Gottes Werk!“ Ob der Sohn auch eingekerkert, in seiner sinnlichen Natur gerichtet und vernichtet wird, seine geistig-seelische ist gerettet. Das weiß er, und das verkündet er ihm und der Welt – und es wird zur Verheißung für jeden reuigen, furchtlosen Sünder, für uns alle, die wir schwachen Fleisches, aber guten Willens sind: „Gott vergibt dir, mein teures Kind. Du hast kein Mitleid mit dir gehabt, drum wird er Mitleid haben.“ In Jubel und Triumph hallt sein Gestammel hin über die irdische Gebrechlichkeit: „Gott! Gott! Ja, Gott!“ – – –

Die rohe Handlung der Tragödie ist Tolstoi von einem befreundeten Staatsanwalt in Tula mitgeteilt, ein bäuerlicher Familienzwist, darin zwei Jahre vordem Tolstoi zu Rat gezogen (Teneremo: Gespräche Leo Tolstois), ist als Vorgeschichte ihr eingeschmolzen. Aber wie sind die Personen gestaltet und gesteigert, wie die Kämpfe und Schicksale vertieft und geheiligt, wie die Sprache geformt und gefärbt: „Ich habe das ganze Vokabularium, das ich mir in Notizbüchern angelegt hatte, ausgeräubert, um ‚Die Macht der Finsternis‘ zu schreiben“ (zu Paul Boyer).

Das Stück erschien im Volksschriften-Verlag der Gesellschaft „Posrednik“ (der Vermittler), der schon die Volkserzählungen gebracht hatte, und wurde von den Gebildeten wie den – lesekundigen – Bauern mit gleicher Ergriffenheit aufgenommen. Die öffentliche Aufführung wurde von der Zensur verboten. Eine Petersburger Privatgesellschaft brachte im Januar 1890 drei sorgfältige Vorstellungen. Erst Nikolaus II. gab die ungekürzte öffentliche Aufführung frei

(1895). Inzwischen aber trug die erste Aufführung in Paris (den 10. Februar 1888 im Théatre libre) und in Berlin (den 26. Januar 1890 durch die Freie Bühne) die Wirkung des Dramas in die Weltliteratur. Dem aufkeimenden deutschen Naturalismus gab es die vorbildliche Bestätigung und Anregung.

Gegenüber der „Macht der Finsternis" ist das Lustspiel „Die Früchte der Bildung" (1889) nur eine dramatische Studie zum Hausgebrauch. „Meine Tochter Tanja wollte Theater spielen und bat mich um etwas; ich habe zugesagt und verbessere das Werk nun, so gut es geht, da wird es Feiertags bei uns gespielt" (an L. F. Amenkowa, 26. Dezember 1889).

Unter gar zu äußerlichen Bildern, wie dem Spiritismus und der Bazillenfurcht, in Gestalten, die nicht von innen geformt, nur in karikaturistischen Umrissen gezeichnet sind, in einer Handlung, die sich – besonders im führenden schlauen Kammerkätzchen – eng der französischen Lustspieltechnik anschließt, wird die Scheinbildung und Genußsucht der oberen Schichten verspottet.

Eine derbe pädagogische Holzschnittfolge für die Dorfbühne sind die sechs Szenen des „Ersten Branntweinbrenners", die eine der Volkserzählungen „Wie der Teufel das Brotränftl verdient hat" dialogisieren. Sie zeigen, wie der Teufel, der von allen Ständen allein dem arbeitsamen, gottergebenen Bauern nicht beikommen kann, sich durch die Erfindung des Branntweins seiner bemächtigt, die tierischen Eigenschaften in ihm zur Herrschaft bringt und ihn zu den Füchsen, Wölfen und Schweinen erniedrigt. Ihre volkstümliche Schlagkraft half ihnen auf den Volks- und Soldatenbühnen zur lebendigen Wirkung.

Die Kreutzersonate – Der Teufel

Je mehr Tolstoi sich in demütiger Freude auf dem Wege zur Vollkommenheit fühlte, je inbrünstiger er Volk und Gesellschaft sich nachzuziehen suchte, desto verantwortungsvoller, desto rückhaltloser glaubte er die Gefahren, die Ab- und Irrwege deuten zu müssen. Immer wieder hörte der Prophet die Stimme seines Gottes: Setze dich hin und schreibe! „Heute Nacht, sagte die Stimme mir, daß die Zeit gekommen sei, das Übel der Welt aufzudecken. Und in der Tat, es darf nicht mehr gezögert und hinausgeschoben werden. Nichts mehr von Fürchten, nichs von Überlegen, wie und was man sagen soll. Das Leben wartet nicht. Mein Leben geht schon zur Neige und kann jeden Augenblick abbrechen. Wenn ich aber mit irgend etwas den Menschen dienen kann, wenn ich durch etwas meine Sünden gutmachen kann, mein ganzes müßiges, wollüstiges Leben, so nur dadurch, daß ich den Menschen, meinen Brüdern, sage, was mir klarer zu verstehen gegeben ward als andern Leuten, was nun schon zehn Jahre mich quält und mein Herz zerreißt" (Tagebuch, 25. Mai 1889).

Wieder und wieder hatte er das Ziel gezeichnet: die Arbeits-, Liebes- und Opfergemeinschaft, die Einigung der Menschen untereinander und mit Gott. Alle Selbstsucht, die im Wege stand, hatte er warnend und richtend mit Namen genannt, die Geld- und Genußsucht der einzelnen, die Herrschsucht der Stände, die Ländersucht der Staaten. Eine Gier aber war umso verderblicher und gefährlicher, als sie öffentlich gehätschelt, gefüttert und gefeiert wurde, als sie sich lügnerisch mit dem höchsten Namen, dem Namen der Liebe, deckte: die sexuelle. „Was für schreckliche geistige und körperliche Leiden, was für unnütze Vergeudung von Kraft die Menschen nur wegen der Zügellosigkeit des geschlechtlichen Triebes erleben! Seit die Welt besteht, seit den Zeiten des trojanischen Krieges, der über dieser geschlechtlichen Zügellosigkeit entstanden ist, bis zu den Selbstmorden und Ermordungen von Verliebten, von denen fast jede Zeitung berichtet, entsteht der größte Teil der Leiden des menschlichen Geschlechts aus dieser Zügellosigkeit" (Was ist Kunst?).

In einem düster-gewaltigen Werke formt Tolstoi alle moralischen und sozialen Sünden, alle Nöte und Probleme, alle Lügen und Masken der sexuellen Frage zu einem Schicksal, einer Gestalt: in der „Kreutzersonate" (1889).

„Wenn das Ziel der Menschheit das Glück ist, das Gute, die Liebe, was Sie vorziehen; wenn das Ziel der Menschheit das ist, was die Propheten verkündet haben, daß alle Menschen sich vereinigen werden in einmütiger Liebe, daß sie die Schwerter umschmieden werden in Pflugscharen usw., so steht der Erreichung dieses Zieles was im Wege? Die Leidenschaften, und unter den Leidenschaften ist die stärkste, schlimmste und hartnäckigste die geschlechtliche, die sinnliche Liebe. Wenn also die Leidenschaften und schließlich auch die stärkste von ihnen, die sinnliche Liebe, aus der Welt geschafft werden, so wird die Prophezeiung erfüllt sein, die Menschen werden sich brüderlich vereinigen, das Ziel der Menschheit wird erreicht sein."

Im nächtlichen Eisenbahnzug wird dieses Thema gestellt und ausgeführt. Und der es ausführt – nicht als Theorie, sondern als das furchtbare Erlebnis und Ergebnis seines ganzen Daseins – ist der Gutsbesitzer Posdnyschow, der vor Jahren aus Eifersucht seine Frau getötet hat und freigesprochen worden ist, weil er es in Wahrung seiner Ehre getan habe. Ein Ruheloser, von Schuld und Schicksal Gehetzter, der in wachen Nächten wieder und wieder seine Tat zurückverfolgt, durch sein Leben hindurch, um sich ihre letzten Gründe und Abgründe zu deuten, in rückhaltloser Beichte, in erschütternder Klage, in furchtbarer Anklage. Wie die Gräfin A. A. Tolstoi der „Macht der Finsternis", horchen wir seiner Erzählung mit der Empfindung: „Es tut nichts, daß keiner von uns das schreckliche Verbrechen begangen hat, von dem die Rede ist, aber jeder von uns ist daran mehr oder weniger beteiligt."

„Ich führte bis zu meiner Heirat ein Leben, wie es alle Menschen unserer Kreise führen, das heißt ein ausschweifendes, und war wie alle Menschen aus unseren Kreisen überzeugt, daß ich lebe, wie der Mensch leben muß." Mit noch nicht sechzehn Jahren haben ihn Freunde in ein öffentliches Haus geführt. Fast ein Kind noch ist er der schimpflichsten Einrichtung der Gesellschaft verfallen, die Millionen Frauen zu bloßen Werkzeugen des Genusses, zur käuflichen

Ware erniedrigt, um die Männer der Verpflichtung zu entlasten, ihre Sinnlichkeit durch ihre Sittlichkeit zu beherrschen. Jahrelang ist er dieser Sünde wider den Heiligen Geist der Menschheit schuldig geworden, die unsere Gesellschaft billigt und regelt. Und nach den Kokotten verfiel er den Koketten, als Alter und Amt ihn zur Ehe wiesen. Da warteten seiner die heiratsgierigen Mädchen der Gesellschaft, von Mutter und Mode aufgeputzt mit allen Sinnenkünsten und Sinnenreizen, um die Sinnlichkeit des müßigen, überernährten Mannes zu beunruhigen. Wie im Kaufhaus saßen sie da – indes die jungen Männer hin und her gingen, und harrten und dachten und wagten nicht auszusprechen: „Freundchen mich! Nein mich! Nicht die da, mich: sieh doch, was ich für Schultern habe!" Tausende von Fabriken, Geschlechter von Sklaven sind beschäftigt, ihren geilen Putz zu fertigen, Dichter und Maler nähren und verherrlichen die sinnliche Selbstsucht unter der Lüge der Schönheit. „Das Leben unserer höheren Gesellschaftsklassen, wie es ist, in seiner ganzen Schamlosigkeit – ist es etwas Besseres als ein einziges, kolossales öffentliches Haus?"

Was wird aus der Ehe, die aus dieser giftigen Atmosphäre hervortreibt? Verliebtheit, nicht Liebe wird sie begründen. Wochen des Rausches – und: „Die Verliebtheit war mit der Befriedigung der Sinnenlust dahingeschwunden, und wir standen uns gegenüber in unserem wahren Verhältnis, als zwei einander völlig fremde Egoisten, die einer vom andern soviel Genuß als möglich begehrten." Die Ehe, das reinste Sinnbild der selbstlos liebenden, brüderlichen Einigung aller Menschen, verkehrt in ihr Gegenteil: die Befriedigung tierischer Selbstsucht. Perioden sinnlicher Gier und Übersättigung jagen Zeiten der Gereiztheit und Gehässigkeit. „Diese Gehässigkeit war nichts anderes als der Protest der menschlichen Natur gegen das Tier, das sie zu verschlingen drohte ... der gegenseitige Haß zweier Mitschuldiger an einem Verbrechen, sowohl wegen der Anstiftung als der Mittäterschaft." „Wir waren zwei Sträflinge, die einander hassen und die an eine Kette geschmiedet sind, die einander das Leben vergiften und sich alle Mühe geben, das nicht zu sehen."

Die Kinder besserten nichts, wurden nur mit hineingezogen in diese Zwistigkeiten, wurden Waffen im Kampf, „wir kämpften gleichsam mit den Kindern gegeneinander". Und dann das wachsende Grauen und Wissen, „daß neunundneunzig Hundertstel aller Eheleute in ganz derselben Hölle lebten wie ich, und daß es nicht anders sein kann."

Wenn in diese Ehen ein Dritter tritt? Er wird nur die Gewitterspannungen zur Entladung bringen. Der Wille beider, den Körper des andern sinnlich zu besitzen, über ihn zu verfügen, und das ohmnächtige Bewußtsein, ihn nicht restlos in der Gewalt zu haben, werden sich mit der Furcht, der Eifersucht mischen, daß dem Dritten Rechte vergönnt sind. Selbstsucht und Furcht werden sich dämonisch jagen und steigern, und eines Tages wird Mord oder Selbstmord der Ausgang sein. –

Aus dem rollenden Dunkel heraus wird diese Beichte gegeben, nur vom Schein der Zigaretten durchhuscht. Die Sätze hetzen, überstürzen und überspitzen sich und rasen im Wettlauf mit den polternden Rädern durch die finstere, einsame Steppe. Immer verbitterter werden die Urteile, immer unerbittlicher die Forderungen. Nicht mehr der Mißbrauch der Sinnlichkeit, die Sinnlichkeit selber wird verdammt. Nicht die Beseelung der Sinne, ihre Unterdrückung wird verlangt. Der Geist, der so leidvoll von den Sinnen beherrscht worden, will frei sein, ganz frei und rein! Angstvoll reckt er sein Ideal in den staubleeren, ach – wenn er könnte! – in den luftleeren Raum.

Tolstoi selber wird mitgerissen. Er, den die sinnlichen Ausschweifungen seiner Jugend immer noch quälen, er, der Sechzigjährige, der eben ein Kind von der Frau erhalten hat, die seine geistige Welt nicht mehr versteht, – auch über ihm dunsten noch Wolken der Sinnlichkeit und trüben den ewigen Himmel seiner Ideale. Und er, der Sohn, der Lieblingssohn der Natur, verrät die Natur an den Geist. Er stellt das Ideal absoluter Keuschheit auf, und wenn die Welt darüber aussterben solle: einmal werden doch alle Sonnen erlöschen. Er, der auf die Zinnen seines Riesenwerkes Natascha, die Mutter, gestellt hat, Kinder an Brust und Händen, der in Ljewin und Kitty das strahlende Ur- und Vorbild der Ehe geformt hat, er, der vor drei Jahren noch „Was sollen wir denn tun?“ mit dem Hohenlied auf die Mütter geschlossen hat: „Ja, ihr Frauen, die ihr Mütter seid, euch ist mehr gegeben als andern Menschen: in euren Händen liegt die Erlösung der Welt!“ – er schreibt im „Nachwort“ zur Kreutzersonate: „Die sinnliche Liebe, die Ehe, ist Dienst des eigenen Ich, sie ist deshalb in jedem Fall ein Hindernis für den Dienst Gottes und der Menschen und darum vom christlichen Gesichtspunkt – Fall, Sünde. Die Eheschließung kann den Dienst Gottes und der Menschen selbst dann nicht fördern, wenn die Eheschließungen die Fortsetzung des Menschengeschlechts zum Ziele hätten. Solche Menschen könnten, anstatt in die Ehe zu treten zur Hervorbringung von Kinderleben, weit leichter die Millionen Kinderleben erhalten und retten, die rings um uns her aus Mangel an mütterlicher Nahrung, von geistiger ganz zu schweigen, zugrunde gehen. Nur dann könnte ein Christ ohne das Bewußtsein eines Falles, einer Sünde in die Ehe treten, wenn er sähe und wüßte, daß alle vorhandenen Kinderleben sichergestellt sind."

Erst die Proteste der Freunde klären und mäßigen seinen überreizten, abstrakten Altersidealismus zu der menschlichen Lehre: „Nicht die Keuschheit soll der Mensch sich zur Aufgabe machen, sondern das Streben nach Keuschheit. Keusch kann ein lebendiger Mensch streng genommen nicht sein. Ein lebendiger Mensch kann nur nach Keuschheit streben, eben weil er nicht keusch, sondern lüstern ist. Wäre der Mensch nicht lüstern, so gäbe es den Begriff Keuschheit für ihn gar nicht. Der Fehler besteht darin, daß man sich die Keuschheit (den äußeren Zustand der Keuschheit) zur Aufgabe macht und nicht das Streben nach Keuschheit, die innere Anerkennung, daß immer, in allen Lebensverhältnissen die Keuschheit vor der Unkeuschheit den Vorzug verdient, die größere Reinheit vor der geringeren" (an E. I. Popow, 17. September 1890).

Schon 1887 hatte eine Erzählung aus der Zeit der ersten Christen, „Wandelt, dieweil ihr das Licht habt" – die in einer Tolstoi land- und zeitfremden Welt mehr Diskussion als Gestalt gibt, und die er darum nicht in seine Gesamtausgabe aufgenommen hat – das Problem der Liebe und Ehe erörtert. „Die einzige den Christen beherrschende Sorge", hatte er damals klar und ruhig bestimmt, „ist, durch seine Ehe den Willen Gottes nicht zu verletzen … Die Verletzung besteht darin, daß der Mann in einem Weibe nicht seinen Nebenmenschen liebt, sondern den persönlichen Genuß, den er durch die Verbindung mit ihr haben würde, und lediglich um dieses Genusses willen in die Ehe tritt. Eine christliche Ehe ist nur dann möglich, wenn der Mensch Liebe für seine Nebenmenschen empfindet, und wenn der Gegenstand der sinnlichen Liebe vorher der Gegenstand brüderlicher Liebe von Mensch zu Mensch war. Man kann kein Haus bauen, ohne ein Fundament zu legen … so ist die sinnliche Liebe nur dann berechtigt, vernünftig und festgegründet, wenn sie zum Fundament Achtung und Liebe von Mensch zu Menschen hat."

Ein Vierteljahr nach der Kreutzersonate vollendete Tolstoi die Erzählung „Der Teufel", die erst im Nachlaß erschien. Sie gestaltet Tolstois Überzeugung (die schon in der Schrift „Mein Glaube" sich aussprach), daß jeder Ehebruch – auch die Ehescheidung – sittlich verwerflich ist, daß jeder sinnliche Verkehr mit einem Menschen uns auf Lebenszeit an ihn bindet, sittlich und – hier spielt das machtvoll durchgeführte Thema der Erzählung – sinnlich.

Eugen Irtenjew, der junge, unverheiratete Gutsbesitzer, hat während seiner städtischen Jugendjahre den selbstischen, unwürdigen Verkehr mit Frauen gepflegt, „in dem Maße, wie er ihm für seine körperliche Gesundheit und geistige Freiheit notwendig erschien". Jetzt, da er das elterliche Gut übernommen hat, läßt er sich zur Befriedigung seiner sexuellen Unruhen vom Waldhüter heimlich die Stepanida zuführen, deren Mann in der Stadt lebt. Er gibt ihr jeweils Geld und hält die Angelegenheit damit für erledigt. Als er sich verlobt hat, beachtet er sie nicht mehr. „Mein zukünftiges Familienleben ist mir ein Heiligtum, das ich nie verletzen werde. Was früher, in meiner Junggesellenzeit gewesen ist, das ist alles begraben." Aber sein Blut ist stärker als sein Wille. Als er sie nach Monaten der

Ehe wieder sieht, branden alle sinnlichen Erinnerungen wieder verlangend in ihm auf. Er kämpft erschrocken, empört dagegen an. Er versucht, ihren Mann für Geld zu bewegen, mit ihr in die Stadt zu ziehen. Er flüchtet mit seiner Frau in die Krim. Vergebens! Beim Wiedersehen beginnen die alten Unruhen mit verzehnfachter Macht. Er fühlt, daß er verloren, unrettbar verloren ist. „Ich wollte einzig meiner Gesundheit wegen mit einem frischen, sauberen Weibe in Verkehr treten. Ich wollte mit ihr brechen, wenn es mir passen würde. Es erweist sich nun, daß man mit dem Weibe nicht so spielen darf. Ich glaubte, s i e zu nehmen – nun hat sie m i ch genommen und läßt mich nicht mehr los. Ich meinte frei zu sein und war es längst nicht mehr. Ich betrog mich selbst, als ich heiratete. Alles, was ich seither trieb, war töricht, war Betrug. Als ich mit ihr in Verkehr trat, war ich ihr verfallen, war ich ihr Gatte geworden, ich durfte mich nicht mehr von ihr trennen."

Da er sich ihrer sinnlichen Gewalt nicht entreißen, seine Frau aber nicht betrügen oder verlassen kann, bleibt ihm kein Ausweg als der Tod. – – –

Was Tolstoi hier gebildet hat, ist nicht (wie er wohl meint) ein allgemein gültiges Gesetz – Millionen Männer lösen sich leicht und auf immer von Frauen, denen sie angehört haben –, einem besonderen und doch typischen Fall schuf er machtvoll Gestalt. In diesem Weib verdichtete und verkörperte er alle schwellenden, gärenden, lockenden Kräfte, sie ist der Brodem, der aus Frühlingswiesen steigt, der Duft, der über reifen Kornfeldern wogt, der Rausch, der aus der Kelter dunstet, der Dämon des natürlichen Lebens: „Der Teufel". Wer ihr verbunden war, entrinnt ihr nie.

Daß Tolstoi sie gestalten konnte, zeigt die unvergängliche, unzerstörbare sinnliche Lebensgewalt im einundsechzigjährigen Menschen und Dichter zu eben der Zeit, da er glaubt, die Natur an den Geist verraten zu können.

Das Reich Gottes ist in Euch – Der junge Zar – Aufzeichnungen des Mönches Fedor Kusmytsch – Vater Sergius

Seit seiner Krise genügt es Tolstoi nicht mehr, sein reineres Welt- und Wunschbild in dichterischen Sinn- und Vorbildern zu gestalten, immer wieder drängt es ihn, Kritik und Aufbau gedanklich zu begründen, systematisch zu entwickeln.

„Der Hauptunterschied im Einfluß des sittlichen Bewußtseins auf das Leben“, schreibt er am 9. März 1890 in sein Tagebuch, „besteht darin, daß den einen gewisse Verhältnisse, Stände, Einrichtungen der Welt für unerschütterlich gelten, und daß sie innerhalb dieser Verhältnisse bemüht sind, die Weisungen des Christentums oder der Sittenlehre zu befolgen; für die andern, die echten, aber ersteht die Frage nach den Verhältnissen selbst, den Ständen, der Lebensordnung, und alles muß geändert werden.“ Es liegt im Wesen des großen Künstlers, daß auch seine sozialethischen Darlegungen mehr eine schöpferische Vision in ihrer Reinheit und Folgerichtigkeit entwickeln, als der Wirklichkeit in ihrer Gebrechlichkeit und Verworrenheit gerecht werden.

So hatte die „Kreutzersonate" im schöpferischen Feuer die Forderung unbedingter Keuschheit dichterisch ausgesprochen und im „Nachwort" wirklich aufgestellt, und erst die Antwort an verstimmte Freunde hatte die gütigere Fassung gebracht: „Nicht die Keuschheit soll der Mensch sich zur Aufgabe machen, sondern das Streben nach Keuschheit. Keusch kann ein lebendiger Mensch streng genommen nicht sein."

So entwickelt Tolstoi 1891–1893 in seinem Werke „Das Reich Gottes ist in Euch, oder das Christentum als eine neue Lebensauffassung, nicht als eine mystische Lehre" die Forderung des unbedingten Weltfriedens. Und wie „Die Kreutzersonate" im abstrakten Altersidealismus schließlich die wichtigste sittlich-sinnliche Lebensform, die Ehe selber verneint hatte, so verneint „Das Reich Gottes" die wichtigste sozialethische Lebensform, den Staat.

Anlagen dazu haben Tolstoi immer im Blut gelegen. Immer war er die Urnatur, der Urbauer, ganz auf sich und seine Scholle gestellt. Und wenn der Staat an diese Freiheit rührte, wie bei der Haussuchung von 1862 (wegen verbotener Schriften) oder dem Hausarrest von 1872 (weil ein junger Stier des Gutshofs einen Hirten getötet hatte), dann stürmten „Erbitterung und Ekel, beinahe Haß gegen diese liebe Regierung" in ihm auf und der Plan, das Land zu verlassen. Was dem jungen Urbauern im Blut lag, liegt dem alten Urchristen im Geist: „Das Christentum in seiner wahren Bedeutung hebt den Staat auf. So ist es auch von Anfang an aufgefaßt worden, darum ist Christus gekreuzigt worden … Erst von der Zeit an, wo die

Staatshäupter das nominelle äußere Christentum annahmen, begann man alle die unmöglichen, schlau verwickelten Theorien zu erfinden, nach denen das Christentum mit dem Staate in Einklang gebracht werden kann. Aber für jeden aufrichtigen, ernsten Menschen unserer Zeit muß die Unvereinbarkeit des wahren Christentums – die Lehre der Demut, der Verzeihung von Kränkungen, der Liebe – mit dem Staate, mit seiner Vergrößerung, seinen Gewalttaten, seinen Todesstrafen und seinen Kriegen einleuchtend sein. Das Bekenntnis des wahren Christentums schließt nicht nur die Möglichkeit der Anerkennung des Staates aus, es zerstört auch seine Grundlagen" (Das Reich Gottes).

Mit unbedenklicher Rücksichtslosigkeit erklärt dieser Urbauer und Urchrist: „Ich weiß für meine Person, daß ich keine Scheidung meiner Person von anderen Völkern brauche, und darum kann ich eine ausschließliche Zugehörigkeit zu irgendeinem Volke oder Staate oder zur Untertanenschaft unter irgendeine Regierung nicht anerkennen. Ich weiß für mich, daß ich alle Regierungseinrichtungen, die innerhalb eines Staates geschaffen werden, nicht brauche, und darum kann ich die Menschen, die meiner Arbeit bedürfen, dieser nicht berauben und sie in der Form von Steuern zu unnötigen und schädlichen Einrichtungen hergeben; ich weiß für mich, daß ich weder das Bedürfnis habe, andere Völker zu überfallen und zu töten, noch mich mit der Waffe in der Hand zu schützen. Darum kann ich nicht teilnehmen an den Kriegen und den Verbreitungen dazu" (Das Reich Gottes).

Wie in der „Kreutzersonate" schließlich nicht mehr die Beseelung, sondern die Unterdrückung der Sinne gefordert wird, so wird auch hier nicht mehr die Vergeistigung, sondern die Verneinung des Staates verlangt. Gar zu tief ist Tolstoi vom Zerrbild des russischen Gewaltstaates entsetzt und verletzt, als daß er noch an irgendeine Form des Staates glauben könnte.

Er höhnt über die Friedenskongresse, die an eine Beseitigung des Krieges durch die Staaten selber, durch ein internationales Schiedsgericht glauben: „Es ist die Geschichte vom Vogel, den man fängt, nachdem man ihm Salz auf den Schwanz gestreut hat," schreibt sein Aufsatz zum Londoner Friedenskongreß vom Jahre 1891, „er ist vorher ebenso leicht zu fangen. Den Leuten von Schiedsgericht und Abrüstung mit Zustimmung der Staaten sprechen, heißt sich über sie lustig machen. Das ist alles Gerede! Natürlich stimmen die Regierungen zu: die sind die rechten! sie wissen wohl, daß sie das nie hindern wird, doch zu tun, was sie wollen."

Alle äußeren Wandlungen werden dagegen nichts ausrichten, weder die der Pazifisten noch der Revolutionäre, am wenigsten die gewaltsamen. In prophetischer Vorschau des bolschewistischen Umsturzes schreibt er: „Wollte man sebst zugeben, daß durch besondere, den Regierungen ungünstige Umstände (wie zum Beispiel in Frankreich 1870) eine Regierung gewaltsam gestürzt würde und die Macht in andere Hände überginge, so wäre doch diese neue Macht nicht weniger bedrückend als die frühere; sie wird eher, um sich gegen alle wütenden gestürzten Feinde zu verteidigen, noch despotischer und grausamer sein als die frühere, wie es auch wirklich bei allen Revolutionen gewesen ist. Halten die Sozialisten und Kommunisten die individuelle kapitalistische Gesellschaftsordnung für ein Übel, so erachten die Anarchisten die Regierungen an und für sich als ein

Übel … und alle diese Parteien haben kein anderes Mittel, die Menschen zu einigen, als die Gewalt. Welche von diesen Parteien auch siegte – um ihre Ordnung in das Leben einzuführen und ihre Macht zu erhalten, müßte sie nicht nur alle vorhandenen Gewaltmittel anwenden, sondern auch neue erfinden. Geknechtet werden andere Menschen sein, und man wird sie zu andern Dingen zwingen, aber es wird nicht bloß dieselbe, es wird eine grausamere Gewalt und Knechtung sein, denn infolge des Kampfes wird der Haß gegeneinander wachsen, und mit ihm werden die Mittel zur Knechtung stärker werden und sich neue entwickeln."

Keine äußere Kraft und Bewegung wird der Menschheit vorwärts helfen, so wenig wie man einen Dampfwagen weitertreibt, indem man seine Räder mit den Händen dreht. Innen liegt die geheimnisvolle Kraft. Sie gilt es zu befreien und zu fördern. „Das Reich Gottes kommt nicht mit äußerlichen Gebärden. Man wird euch nicht sagen: siehe, hier oder da ist es, denn sehet das Reich Gottes ist inwendig in euch." (Lukas 17, 20)

Die Freiheit des Menschen besteht darin, daß sein sittlicher Charakter die Kausalkette der zeitlichen Erfahrung und Gewohnheit zerbrechen kann, um überzeitliche Wahrheiten, die ihm klar werden, anzuerkennen und zu bekennen und so „ein freier und freudiger Vollstrecker des ewigen und endlosen Werkes zu werden, das durch Gott oder das Leben der Welt vollzogen wird".

Solch ein weltgeschichtlicher Augenblick ist jetzt: Die alten Lebensordnungen sind erstarrt, neue reinere Wahrheiten und Lebensformen werden deutlich und appellieren an die Freiheit des Menschen, der Menschheit um ihre Anerkennung und Verwirklichung.

Bisher ist das Christentum nur in verstümmelter Gestalt den Menschen gepredigt worden, sie waren noch nicht reif dazu, seine ganze Wahrheit anzunehmen. Jetzt aber sind sie auf einem „langsamen Erfahrungsweg von Irrtümern und daraus entspringenden Leiden zu der Notwendigkeit gebracht, es in seiner wahren Bedeutung sich anzueignen".

Tolstoi unterscheidet drei Lebensauffassungen, die drei geschichtsphilosophischen Perioden entsprechen: die persönliche oder tierische – die gesellschaftliche oder heidnische – und die universelle oder göttliche. Die erste ist die des Wilden, der das Leben nur in seinen persönlichen Trieben und Wünschen anerkennt, seine Religion besteht im Erbarmen selbstgeschaffener Götter gegen seine Person. Die zweite ist die des heidnischen, gesellschaftlichen Menschen, der seinen Lebenssinn nicht mehr in der engen, sondern weiteren, übertragenen Form seiner Person erkennt: in der Familie, im Stamm, im Staat; seine Religion besteht in der Verehrung der Ahnherren, der Fürsten, der Stammes- und Staatsgötter. Die dritte, die universelle, göttliche Lebensauffassung erkennt den Lebenssinn nicht mehr in einer Persönlichkeit oder begrenzten Gemeinschaft, sondern im Urquell des ewigen, nie sterbenden Lebens: in Gott. Ihre Triebfeder ist die Liebe (während die Triebfeder der ersten Stufe der Selbstgenuß, der zweiten der Ruhm ist), ihre Religion ist die Verehrung der Werke und des wahren Urquells aller Dinge: Gottes.

Diese dritte Weltanschauung ist die eigentlich christliche, sie hat zur Zeit des kaiserlichen Roms die gesellschaftliche und staatliche abgelöst, wie diese einst die tierische und persönliche überwunden hat. Aber in der Mischung von Lehre und Kirche, von Kirche und Staat hat sie ihre Wahrheit bislang nur in verstümmelter Form durchgesetzt. Jetzt ist die Menschheitsstunde der reinen, restlosen Verwirklichung.

Die Grundwahrheit der christlichen Lehre ist, „daß wir alle Kinder eines Vaters sind, alle, wo wir auch leben, welche Sprache wir auch sprechen, daß wir alle Brüder sind und nur dem einen Gesetz der Liebe unterliegen, das der gemeinsame Vater in unsere Herzen gelegt hat". Zu dieser Grundwahrheit steht im schärfsten unversöhnlichen Widerspruch der Krieg und seine Voraussetzungen: die stehenden Heere, die allgemeine Wehrpflicht, die gewaltigen Kriegssteuern. „Ohne von all den anderen Widersprüchen des Lebens und der Erkenntnis zu sprechen, die das Menschenleben unserer Zeit erfüllen, genügt der eine zwischen der äußerst kriegerischen Lage Europas und seinem christlichen Bekenntnis, um den Menschen zur Verzweiflung zu bringen, ihn an der Vernünftigkeit der menschlichen Natur irre werden zu lassen und ihn dahin zu führen, daß er seinem Leben in dieser vernunftlosen und kriegerischen Welt ein Ende macht." „Wie? Wir alle, wir Christen, wir bekennen nicht nur die Liebe zu unseren Nebenmenschen, wir leben in Wirklichkeit ein gemeinsames Dasein, in einem Schlage pocht der Puls unseres Lebens, wir helfen einer dem andern, wir nähren uns mehr und mehr zu gegenseitiger Freude und Liebe einer dem andern; in dieser Annäherung liegt der Sinn des ganzen Lebens – und morgen spricht irgendein wahnsinniges Regierungshaupt irgendeine Dummheit, ein anderes antwortet ebenso, und ich soll hingehen, mich selbst dem Totschlag preisgeben und Menschen töten, die mir nicht nur nichts getan haben, sondern die ich liebe? Und das ist keine ferne Zufälligkeit, das ist eben das, worauf wir uns alle vorbereiten, es ist nicht nur ein wahrscheinliches, es ist ein unvermeidliches Ereignis. Es genügt, dies deutlich erkannt zu haben, um den Verstand zu verlieren oder sich zu erschießen."

Nie ist der Weltkrieg deutlicher vorausgesagt, nie der Weltwiderspruch zwischen Krieg und Christentum in heiligerem Zorn verwiesen worden als von diesem ehemaligen Offizier, der im Kaukasus und vor Sewastopol seine Tapferkeit dargetan, von diesem Dichter, der in „Krieg und Frieden" das größte Kriegsepos der neueren Zeit gestaltet hat.

Daß dieser heilige Eifer sich – wie in der Kreutzersonate – übersteigert, sich ins Wesenlose versteigt, daß er den Staat – den unentbehrlichen Träger der sozial-ethischen Lebensordnung — verneint, statt ihn zu beseelen, daß er den Patriotismus verdammt, statt ihn zu verinnerlichen, das muß dem einsamen Propheten verziehen werden. Wesentlich bleibt der Kern: das religiöse Gebot des Weltfriedens. Es gibt heute kein wichtigeres.

Wir mögen zugestehen, daß der Zwiespalt mit dem Wesen der Welt, der „Schuld der Individuation" gesetzt ist, wir mögen uns vergegenwärtigen, daß Tolstoi, der ihm bis in den Vegetarismus entflieht, eben damals in sein Tagebuch schreibt: „Wie soll man sich ernähren, ohne Pflanzen zu töten, ohne Gras und Insekten zu zertreten, das heißt: ohne gegen die Liebe zu handeln? ... die Verwirklichung der vollen Liebe, die Aufhebung der Grenzen zwischen Ich und Welt ist unmöglich" (13. Juni 1894). Aber es muß uns bewußt sein, in täglichem Verantwortungsernst müssen wir es uns und der Welt immer neu ins sittliche Bewußtsein rufen: daß der Weltfriede ein Gebot, das heute wichtigste sittliche Gebot der Menschheit ist, ein Ideal, vielleicht niemals ganz gegeben, aber ernster und heiliger aufgegeben als jedes andere. Es können Konflikte entstehen, in denen ein Krieg – ohne eigene Schuld – unvermeidlich wird, aber das sind die Unerbittlichkeiten der Tragödie, eine letzte Ausflucht wie der Selbstmord, denen man sich erschüttert unterwerfen, die man aber nicht zum gewohnten Werkzeug der Politiker, zum Spielzeug der Parteiinstinkte machen darf.

Nicht rückwärts führt dieser Weg, wie Tolstois Urnatur glaubt, zur Staatenlosigkeit – die ist unmöglich im Zeitalter des Weltverkehrs, der Weltwirtschaft – sondern vorwärts zu einem christlichen – im weitesten, weltanschaulichen Sinne „christlichen" – Staatenbund, von dem der heutige „Völkerbund" nur ein äußerlicher Vorentwurf ist.

Dichterisch sucht Tolstoi die im „Reich Gottes" gegeißelten Sünden des Staates zur geschlossenen, furchtbaren Anschauung zu bringen in der Skizze „Der junge Zar" (1894). Der junge Zar, ermüdet von der Durchsicht und Unterschrift der Gesetze über Branntweinvertrieb, Steuereintreibung, Unterdrükkung des Sektierertums, Einberufung der Rekruten usw., ist eingeschlafen und wird im Traum entführt zu all den Orten, da diese Gesetze sich auswirken. Er sieht im Kerker die Gefangenen, die schnell und zwecklos auf und ab schreiten wie Raubtiere im Käfig („die größere Hälfte rechtschaffener als du und ihre Richter!"), Ungeziefer, Gestank, Einzelzellen, deren Insassen wahnsinnig werden, Landstreicher, die in sibirischen Gefängnissen mit Peitschen gezüchtigt werden, er sieht die Bauern, denen um der Steuern willen die letzte Kuh verkauft wird, er sieht Familien, die bis auf die Kinder im Säuferwahnsinn zugrunde gehen, indes der Staat am Branntweinmonopol sich mästet, degenerierte Frauen und Männer, abstumpfende Arbeit und auf der anderen Seite die Minister und Gouverneure, Ehrgeiz, Prunksucht, Streben nach Einfluß und Macht. Und die Stimme des Führers schallt vorwurfsernft: „Du hast sie alle auf dem Gewissen, denn in deinem Namen werden sie verführt, all die Unzähligen, die unter deiner Gewalt stehen.“ „Was soll ich aber tun,“ ruft der Zar verzweifelt, „würde ich mich auch nur für ein Hundertstel von alledem verantwortlich fühlen, dann würde ich mich sofort erschießen. Denn so kann man nicht leben.“ Und er erwacht unter Tränen und fühlt entsetzt zum erstenmal die ganze Verantwortung, die auf ihm lastet.

Erregt erzählt er dem nächsten alten Höfling seine Träume. „Das beweist nur“, erwidert dieser Schmeichler, „den unvergleichlich hohen Schwung Ihrer Seele.“ Seine junge, kluge Gemahlin rät ihm, den größeren Teil der Verantwortung einer Volksvertretung zu übertragen. Lauter aber mahnt die Stimme des Führers in seinem Innern an die ewige Pflicht des Menschen gegen Gott und seine Seele, „die nur erfüllt wird, indem er seine innere Heiligung anstrebt und die Verwirklichung des Reiches Gottes auf Erden“. „Welchen Weg der junge Zar beschritt, wird nach fünfzig Jahren berichtet werden.“

Die Skizze ist Fragment geblieben, wahrscheinlich, weil ihre Anlage nur zum dichterischen Traktat, nicht zur Dichtung vordringen konnte.

Zwölf Jahre später führt Tolstoi die innere Linie dieser Erzählung weiter in den „Aufzeichnungen des

Mönches Fjodor Kusmitsch“. Fjodor Kusmitsch ist Zar Alexander I., der auf einer Reise in dem entlegenen Städtchen Taganrog gestorben ist, nach dem Volksglauben aber seinen Tod nur vorgetäuscht hat, um unter der Maske dieses Mönches in Sibirien noch siebenundzwanzig Jahre lang dem Dienste Gottes zu leben. Die Aufzeichnungen sollen die „verbrecherischen Erinnerungen“ des Zaren geben als Lehre für die Menschen. Er hat das Leben gelebt, das dem „jungen Zaren“ bevorstand, in aller Fülle der Schuld, bis Gott ihm die Augen öffnete und er entfloh. Anlaß zur Umkehr und Flucht wird, daß der Zar in Taganrog dazu kommt, wie sein ihm überaus ähnlicher Doppelgänger, Unteroffizier Strumenskij beim Spießrutenlaufen zu Tode gepeitscht wird. Er sieht sich selber – auf seinen Befehl – unter diesen Ruten stöhnen und verbluten, und sieht aus der Seele des mißhandelten, sterbenden Untertanen heraus sein ganzes Leben schuldvoll und schrecklich. Der Entschluß, davonzugehen und ungekannt seiner Seele zu leben, der ihn schon öfter bedrängt hat, läßt ihn jetzt nicht mehr. Er stellt sich krank und besticht den Militärarzt, die Leiche seines Doppelgängers, des totgepeitschten Unteroffiziers, in sein Bett zu verbringen.

Dreizehn Jahre später beginnt er im sibirischen Urwald seine Aufzeichnungen. „Jetzt stehe ich als Greis von zweiundsiebzig Jahren schon mit beiden Füßen im Grabe. Ich habe erkannt, wie eitel und töricht das Leben war, das ich einst gelebt, und wie bedeutsam dagegen jenes Leben ist, das ich als heimatloser Pilger geführt habe und jetzt noch führe.“ Wunschträume und Geständnisse Tolstois, der unter diesem kaiserlichen Einsiedler sehnend sich selber zeichnet, werden Wort.

Aber die fremden historischen Daten aus Alexanders I. Leben hemmen ihn bald. Über Kindheitserinnerungen kommt die Skizze nicht hinaus.

Rein und ergreifend wird die innerste Idee des „Reiches Gottes“, die Umkehr von der Gewalt und Ehrsucht des staatlichen Lebens zur Demut, Armut und Liebe des christlichen Seelenlebens erst Bild und Vorbild im „Vater Sergius“ (1890–1891 und 1898), einer der vollkommensten Alterserzählungen Tolstois.

Fürst Stephan Kassatskij entwuchs – nach dem frühen Tode seines Vaters – dem Kadettenkorps als musterhafter und bildschöner Offizier. Eine ungewöhnliche Begabung und ein unstillbarer Ehrgeiz trugen ihn von Stufe zu Stufe. Schon war er Kommandeur der Leibschwadron des Kürassierregiments, schon stand die Ernennung zum Flügeladjutanten des leidenschaftlich verehrten Kaisers in Aussicht, schon versprach seine Verlobung mit einem reichen, schönen, geliebten Hoffräulein ihm die höchsten Kreise der Hofgesellschaft zu eröffnen, da erfährt er, daß seine Braut ein Jahr vorher die Geliebte des Kaisers gewesen ist.

Dies Erlebnis drängt ihn aus seinem ganzen Zusammenhang mit Staat und Gesellschaft, in ihrer Welt gibt es dafür keine Lösung, jeden anderen Liebhaber seiner Braut hätte er fordern und töten können, nicht aber den vergötterten Zaren. So verläßt und verneint sein wunder Stolz diese Welt und tritt in ein Kloster, den Leuten zu zeigen, daß er alles das verachte, was ihnen und ihm einst so wichtig erschienen. „Er schwang sich zu einer Höhe empor, von der aus er auf die Leute herabschauen konnte, die er früher beneidete.“ Zugleich aber wird durch die tiefe Erschütterung der Urgrund seiner

Seele aufgerührt, metaphysische Erinnerungen seiner Kindheit tauchen wieder auf und führen ihn wahrhaft zu Gott.

Der Feuerdrang seiner Natur erobert ihm bald die gleiche Vollkommenheit als Mönch, die er als Offizier besessen. Nach drei Jahren wird er zum Klostergeistlichen geweiht, nach sieben Jahren erhält er ein Amt in einem Kloster nahe der Residenz. Hier treten die Versuchungen, zumal der Sinnlichkeit und des Stolzes mit neuer Macht an ihn heran. In seiner stolzen Demut verletzt durch seinen früheren Regimentskommandeur, der ihn wie ein Wundertier besichtigen kommt, flieht er in eine Bergklause des Klosters Tambino, deren Einsiedler gestorben ist. Sechs Jahre lebt er dort, nicht ohne Kämpfe des Glaubens und der Sinne, da wettet eine schöne, exzentrische, geschiedene Frau der Nachbarstadt in lustiger Gesellschaft, sie werde den interessanten Mönch verführen. Sie klopft an seine Tür, sie verlangt Einlaß, weil sie in Schnee und Nacht verirrt, durchnäßt, durchfroren und übermüdet sei, und läßt in der Klause alle Künste der Verführung spielen. Er aber, da er merkt, daß die Sinne über ihn Macht gewinnen, hackt sich mit dem Holzbeil den Zeigefinger ab. Die schamvoll Erschütterte nimmt ein Jahr darauf den Nonnenschleier.

So hat er die Lockung der Sinnlichkeit mit der Kraft eines mittelalterlichen Heiligen überwunden, aber sein Stolz unterhöhlt ihn und bringt ihn schließlich zu Fall.

Der Ruhm seiner Heiligkeit verbreitet sich. Pilger und Kranke kommen fernher, daß er sie segne. Wunderbare Heilungen zeugen von ihm. Das Kloster nutzt ihn als Lockvogel, um Besucher und Spenden anzuziehen. Er fühlt, wie alles Innere sich veräußerlicht.

Je mehr er sich als eine helle Leuchte für die Menschen fühlt, desto blasser schwindet und lischt das göttliche Licht, das in ihm brennt. „Er staunte oft darüber, wie es geschehen konnte, daß er, Sergius Kassatskij, ein solcher Heiliger, ja beinahe Wundertäter wurde: Tausende Werst weit kommen die Menschen zu mir, die Zeitungen schreiben über mich, der Kaiser kennt mich, und in Europa, dem ungläubigen Europa, spricht man von mir.“ Wenn er auch gelegentlich betet: „Befreie mich von der Begierde nach eitlem Weltruhm, die mich erfüllt“, im tiefsten fühlt er, wie selbstbefangen sein Leben geworden ist, wie ihm die Liebe fehlt. Und so fällt er eines Maienabends, als ihm die schwachsinnige, üppige, sinnliche Tochter eines Kaufmanns zur Heilung gebracht wird. Und entsetzt vor sich selber, schneidet er sein Haar, legt Bauernkleidung an und verläßt seine Klause. Gedanken an Selbstmord wühlen in ihm.

Da, im Halbschlaf am Straßenrand steigen Kindheitserinnerungen auf: eine magere, kleine, einfältige Base, über die sie sich als Buben lustig gemacht haben, das verzerrte, gutmutige demutvolle Lächeln, mit dem sie auf ihre Quälereien geantwortet hat, ihre Heirat mit einem Trinker und Verschwender, der sie geprügelt, ihre Witwenschaft, als sie ihn einmal geschmacklos, unbedeutend und erbärmlich im Kloster besucht hat … Und er hört eine Stimme im Traum: „Geh zu Paschenka und frage sie, was du tun sollst, worin deine Sünde und worin deine Rettung besteht.“

Und er macht sich auf und wandert als Bettler dreihundert Werst in die kleine Stadt, die Paschenka bewohnt. Und er trifft sie als altes, ausgetrocknetes, runzliges Mütterchen, als Schwiegermutter eines verlotterten Trunkenboldes, die den Stellungslosen, die Tochter und fünf Enkel mit Musikstunden ernährt, zwischendurch noch für Küche und Kinder sorgt und mit einem Verschlag in dunkler Ecke für sich zufrieden ist.

Er bekennt ihr seinen Fall und seine Verzweiflung: „Ich, der ich alles zu wissen meinte, der ich andere lehrte, wie man leben solle – ich weiß gar nichts und bitte dich, mich es zu lehren.“ Sie glaubt, daß er sich über sie lustig mache. Und als er in sie dringt, ihm zu erzählen, was für ein Leben sie geführt habe, da spricht sie erschrocken, in Schuld und Demut von ihrer Ehe, ihren Kindern, ihrem Schwiegersohn, von Trunksucht, Armut und Krankheit, von ihrer Unfähigkeit und Hilflosigkeit, und zwischendurch muß sie ein zweijähriges Kind auf den Schoß nehmen oder für den heimkehrenden Schwiegersohn das Mittagessen rüsten. Die kirchlichen Pflichten, nach denen er fragt: „Ach, sprechen Sie gar nicht davon! So trag, so nachlässig bin ich darin. Ich gehe wohl mit den Kindern zusammen zum Abendmahl, aber sonst komme ich monatelang nicht in die Kirche, auch schäme ich mich, so zerlumpt in die Kirche zu gehen.“ „Und beten Sie zu Hause?“ „Ja, aber was für ein Gebet ist das, so rein mechanisch. Ich weiß, man muß anders beten, aber ich habe nicht die rechte Andacht. Nur daß man eben seine eigene Erbärmlichkeit kennt …“

Und er geht hinaus, als Bettler auf die Landstraße, und weiß: „Paschenka ist das, was ich hätte sein sollen und was ich nicht war. Ich lebte für die Menschen unter dem Vorwande, daß ich für Gott lebe, und sie lebt für Gott in dem Glauben, daß sie für die Menschen lebt.“ Und allmählich begann Gott sich in ihm zu offenbaren. – – –

Wenn Dichten Gerichtstag halten ist über das eigene Ich, im Bilde Kassatskijs hat Tolstoi sich selber gerichtet und gereinigt. Seine jugendliche Verehrung und männliche Verachtung der großen Welt, sein Einsiedlertum, sein Ruhm, seine zahllosen Besucher, seine oft geplante Flucht auf die Landstraße, seine Versuchungen: die Sinnlichkeit und vor allem der Stolz. Schon 1854 hatte er in sein Tagebuch geschrieben: „Es gibt Dinge, die ich mehr liebe als das Gute: den Ruhm. Ich bin so ehrgeizig, daß ich oft fürchte, ich würde, wenn ich zwischen Ruhm und Tugend zu wählen hätte, jenen wählen." Und 1890 schrieb er an Popow: „Ich glaube, die Ursache der Seelenlast und des Kampfes, in dem Sie stehen und ich stehe, ist vor allem darin zu suchen, daß wir noch nicht von der Sorge um den Ruhm bei den Menschen, um das Urteil der Menschen über uns frei geworden sind ... Nichts verwirrt uns so bei unsern Entscheidungen, und nichts schwächt uns so im Handeln, nichts ruft ein so qualvolles Gefühl des Kampfes wach, wie das Vermengen zweier Motive: des Wirkens um Gottes und des menschlichen Ruhmes willen." „Ich fürchte den Ruhm bei den Leuten und frage mich stündlich, ob ich nicht darin sündige, und bemühe mich, mir ein strenger Richter zu sein und nur Gott zuliebe zu handeln" (an Gué, 9. November 1891).

Aber immer reiner und ruhiger, immer steiler brannte die Flamme seines Herzens, der Stolz des Dichters und Propheten verglühte in ihr, immer schlichter und demütiger erkannte er das Wesen und Wirken der göttlichen Liebe, die Worte Christi wurden sein Lebenswort: „Nehmet auf euch mein Joch und lernet von mir, denn ich bin sanftmütig und von Herzen demütig; so werdet ihr Ruhe finden für eure Seelen." „Ich kann Ihnen", schreibt er 1889 an Rachmanow, „nicht das Gefühl wiedergeben, das diese Worte bei mir immer wachriefen und wachrufen, und wie sie mir Antwort auf alles sind. – Nicht vervollkommnen soll ich mich, ich Hochmütiger, Gemeiner, sondern diese Lage, diesen Leib, diese Gesundheit, diesen Charakter, diese Vergangenheit, diese Sünden auf mich nehmen und mit Sanftmut und Demut in meinem Herzen jeden Augenblick nach einer Gelegenheit suchen, die Werke zu tun, die Er braucht. Eigne ich mich vielleicht, irgendein Loch zu verstopfen? Kann man mit mir etwas abwischen? Bin ich nicht als Beispiel der Gemeinheit, des Lasters und der Sünde zu gebrauchen? Kann mein Leib nicht einfach als Dünger dienen? – Wenn es gelingt, sich so zu fühlen, dann ist alles wunderbar leicht und klar."

Gleich Vater Sergius hat Tolstoi den Weg durchmessen vom Reich der Welt und ihren Süchten zum Reiche Gottes in uns, vom Bürger des heidnischen Gewaltstaates zum vorbildlichen – ach, noch heimatfernen – Bürger des christlichen Friedensstaates.

Auferstehung

Schon 1889 hatte Tolstoi in einem Briefe an G. A. Rusanow bekannt: „Manchmal bekomme ich doch wieder Lust zu schreiben und – stellen Sie sich vor – am ehesten wieder einen Roman, breit, frei, in der Art der Anna Karenina, in den ohne Anstrengung alles hineinginge, was ich von einer neuen, ungewohnten und den Menschen nützlichen Seite erkannt zu haben glaube“ (14. März). Nach den religiösen, politischen und sozialen Abhandlungen, nach den Erzählungen und Dramen, die einzelnen der abgehandelten Probleme Gestalt und Schicksal gegeben hatten, verlangte ihn wieder nach einem großen epischen Werke, darin er aus seiner in langen, wehen Kämpfen errungenen Weltanschauung ein neues Gesamtbild seines Landes und seiner Zeit gestalten könnte.

Im Herbst 1895 beginnt, im Dezember 1899 beendet er die „Auferstehung“. Schon im Frühling 1899 hatte der Abdruck in der Zeitschrift „Niwa“ eingesetzt.

Die Anlage dieses dritten großen Romans unterscheidet sich von jener der beiden vorhergehenden nicht wesenhaft. Fürst Nechljudow (der Held der früheren Erzählungen, Tolstois moralisches Ich) entwickelt sich aus selbstischer Befangenheit und gesellschaftlicher Gebundenheit durch das Erlebnis des einfachen russischen Volkes zur selbstlosen, opferfreudigen, göttlichen Liebe. Den gleichen Weg war Pierre in „Krieg und Frieden“, Ljewin in „Anna Karenina“ gegangen.

Nur waren die ersten Romane reicher episch gebreitet, Tolstois Ich war noch mannigfaltiger über die Welt verstreut. Er hatte es in seinen verschiedenen Anlagen und Eigenschaften auf Andrej Bolkonskij, Pierre Besuchow, Nikolaij Rostow, auf Ljewin und Wronsky verteilen können. Jetzt hatten sich alle jungen Möglichkeiten erfüllt als bestimmte und begrenzte Wirklichkeiten. Die Fülle der Linien hatte sich zu einer einzigen geschlossen, eindringlicher, aber auch einseitiger. Das reiche epische Nebeneinander der ersten Romane ist ein straffes, balladeskes In- und Nacheinander geworden.

Und während früher die gesellschaftliche Welt den Roman beherrscht hat, von ihr aus die Werte des einfachen Volkes begriffen und in diese Welt übernommen sind, steht jetzt – nach Tolstois tiefster Erkenntnis – die Welt des einfachen Volkes im Vordergrund, von ihr aus wird die Gesellschaft gesichtet und gerichtet. Anfangs hatte Tolstoi mit dem Fürsten Nechljudow: der Welt der Gesellschaft eingesetzt – und kam nicht weiter. Er erkannte: „Ich habe falsch angefangen ... ich habe begriffen, daß man vom Leben der Bauern ausgehen muß, daß sie ein Was, etwas Positives sind, während jenes ein Schatten, etwas Negatives ist. Das gilt auch für die ‚Auferstehung‘. Man muß mit ihr (der Maslowa, der bäuerlichen Heldin) beginnen. Sogleich will ich anfangen“ (Tagebuch, 5. November 1895).

Die kritische Gegenüberstellung der Volks- und Gesellschaftswelt vom Boden der Volkswelt aus macht er geradezu zum Stilgesetz seines Werkes: „Abwechselnd muß man ihr und sein Leben, ihre und seine Gefühle schildern, positiv und ernst die ihrigen, negativ und mit Lächeln die seinigen“ (Tagebuch, 5. Januar 1897). Wir werden an die Lichtverteilung von Rembrandts religiösen Radierungen gemahnt: links die Gruppe der Reichen, trotz edler Stoffe und Steine stumpf, zu Schatten geballt, rechts die Armen, Gefangenen, aber aus ihrer Mitte bricht überirdisches Licht und verklärt ihre Ketten und Lumpen.

Die Umwelt wird in die Schroffheit dieses Halbdunkels einbezogen. Gleich der Anfang stellt der Großstadterde, die durch Pflaster und Asphalt, der Großstadtluft, die durch Kohlen und Naphta verunstaltet ist, den Frühling gegenüber, „die Schönheit der Gotteswelt, die allem Lebenden zur Freude gegeben ist“. Und diese verderbte, gottvergessene Großstadtwelt zerrt die reine Welt der Natur in ihren Schmutz und Zwiespalt, um der Zerstörten und Erniederten anmaßend und lieblos das Urteil zu sprechen: „Der Aufseher öffnete rasselnd das Schloß und rief, indem er die Tür der Zelle aufsperrte, aus der ihm eine übelriechende Luft entgegendrängte: Maslowa, vor Gericht!“

Aber wie eine tröstende Verheißung der Natur flattert auf dem Wege zum Bezirksgericht bebenden Flügelschlags eine blaugraue Taube hart am Ohre der Arrestantin vorbei und überschauert sie mit einem Windhauch. Und sie lächelt.

Und nun wird uns das Schicksal der Maslowa erzählt, ein alltägliches, aber gerade in seiner Alltäglichkeit erschütterndes Schicksal: das sechste Kind einer unverheirateten Hofmagd und eines durchwandernden Zigeuners, von einem mitleidigen alten Gutsfräulein halb als Ziehkind, halb als Stubenmädchen erzogen, von einem zweiundzwanzigjährigen Neffen der Herrschaft verführt, mit hundert Rubeln bezahlt, mit ihrem lebensunfähigen Kind in die Welt verwiesen, von den Männern gehetzt, der Kupplerin und schließlich einem öffentlichen Hause zugejagt, und eines Tages unter die falsche Anklage gestellt, an der Ermordung und Beraubung eines Gastes schuldig zu sein.

Unter den Geschworenen, die über sie richten sollen, sitzt – durch Zufall und Schicksal – ihr Verführer: Fürst Nechljudow.

Und während er noch zweifelt in Schuld und Schrecken, ob diese Dirne und Mörderin wirklich Katjuscha ist, die Unschuldvolle, anmutreiche, die er frevelnd zerstört hat, während die Atmosphäre des Bordells aus den Akten schwelt, die Anklage verlesen und begründet wird, steigen die Tage seiner ersten Jugend und Liebe in ihm auf.

„Dann dachte ich heute", schreibt Tolstoi um die Zeit der Niederschrift (am 17. November 1897) in sein Tagebuch, „ganz unerwartet an die zarte Anmut, ja Anmut der aufkeimenden Liebe: wann auf dem Grunde heiterer, angenehmer, freundschaftlicher Beziehungen plötzlich dieses Sternchen auffunkelt. Es ist wie ein herbeigewehter Duft von Linden, wie der Dämmerschein einer Mondnacht. Noch ist die Zeit der satten Blüte nicht, kein deutlicher Schatten, kein volles Licht, aber es ist eine Freude und Furcht, erzeugt durch das Neue, Zauberische dieses Gefühls. Das ist etwas Schönes – nur dann jedoch, wenn es zum ersten- und letztenmal ist."

Wohl nie hat ein Siebzigjähriger so den zarten, farbigen, freudigen, weltverklärenden Glanz der ersten Liebe zu malen vermocht wie Tolstoi in diesen Szenen der „Auferstehung“, das staunende Erwachen der Sinne, die vom Herzen geweckt sind.

Und dann drei Jahre später das Wiedersehen – vier Tage der Durchreise – des Jünglings, den inzwischen die Selbstsucht und Lüge der Gesellschaft zu einem entarteten, verfeinerten Egoisten gemacht haben, der nur den Genuß liebt. Einmal noch lebt die Reinheit und Verzücktheit seiner ersten Liebe auf. Einmal noch verklärt ihn – zu eins mit der Geliebten – die Frühlings- und Osternacht, der metaphysische Jubel der Ostermesse: „Christ ist erstanden! Freuet euch, ihr Menschen!“ Dann werden die tierischen Triebe in ihm wieder mächtig, dann verführt und mißbraucht er die Geliebte, wie er schon viele Frauen mißbraucht hat, betäubt seine Gewissensbisse: „So machen's alle“, und drängt ihr zum Abschied hundert Rubel auf.

Das war das erste Glied jener Kette von Schuld und Schande, deren letztes da im Gerichtssaal vor ihm niederklirrt. Und ihm ist, „als ob nicht er zu Gericht sitzen, sondern über ihn das Urteil gesprochen werden sollte“. In der Tiefe seiner Seele fühlt er „die ganze Grausamkeit, Niedrigkeit und Gemeinheit nicht nur dieser seiner Tat, sondern auch seines ganzen müßigen, unsittlichen, grausamen und eigensüchtigen Lebens. Und jener furchtbare Vorhang begann sich zu lüften, der ihm wie durch ein Wunder die ganze Zeit hindurch, während dieser ganzen zwölf Jahre nicht nur dieses Verbrechen, sondern auch sein nachfolgendes Leben verborgen hatte“.

Die Maslowa wird durch Nachlässigkeit und Müdigkeit der Geschworenen zu vier Jahren sibirischer Zwangsarbeit verurteilt. Ihm aber bleibt die schwere sittliche Aufgabe, dieses Fehlurteil – durch Berufung und Bittschrift – umzustoßen und seine Sünde an ihr wieder gutzumachen.

In wenigen Tagen löst er seine Beziehungen zur gesellschaftlichen Welt, gibt seine Wohnung auf, nimmt zwei bescheidene möblierte Zimmer nah beim Gefängnis, verschenkt oder verpachtet sein Land an die Bauern und entschließt sich, die Maslowa zu heiraten. „Ich zerreiße diese Lüge, in die ich verstrickt bin, möge es kosten, was es wolle. Ich sage alles und allen die Wahrheit und tue die Wahrheit … Ich werde sie heiraten, wenn es nötig ist." „Er betete und bat Gott, ihm zu helfen, ihn zu läutern, und während er dieses tat, war das, warum er bat, schon geschehen. Gott, der in ihm lebte, war in seinem Bewußtsein erwacht."

Psychologisch ist dieser jähe Umbruch nicht zwingend gerechtfertigt. Die Helden der früheren Romane: Pierre, Ljewin, waren im gleichen Alter wie der schaffende Dichter, hier hat Tolstoi die Erlebnisse und Erkenntnisse seines siebzigjährigen Lebens in die Seele des fünfunddreißigjährigen Nechljudow gedrängt.

Nur Dostojewski hätte einen so plötzlichen religiösen Bruch gestalten können, aber nicht aus den Erinnerungen und Folgen längst erstarrter Sünden, sondern aus unmittelbarer sündiger Verlorenheit, aus dem irrationalen Ineinander-Umschlagen religiöser Gegensätze.

Die Maslowa weist den Antrag Nechljudows mißtrauisch ab, sie will nicht zurückdenken, sie kauft Schnaps für sein Geld, die Erinnerung an ihre Jugend und Unschuld zu betäuben. „Er fühlte, daß er sie geistig erwecken müsse, und daß das furchtbar schwer sein würde." Keine Enttäuschung zermürbt, kein Widerstand ermüdet ihn. Er wird zum Anwalt der

Gefangenen, übernimmt ihre Klagen, vermittelt ihre Bitten, gewinnt Advokaten und Senatoren, und immer wird ihm mehr gegeben als er je zu geben vermöchte. In diesen Bauern, Handwerkern und Revolutionären erkennt er Unschuldige, Entschuldbare, sozial Verführte und Verbitterte, erfährt er Wahrheit, Menschlichkeit, Selbstlosigkeit und Standhaftigkeit, die ihm erst den Sinn des Lebens offenbaren. Er empfindet „eine fortwährende Freude der Befreiung und ein Gefühl des Neuen, wie es ein Reisender erfahren muß, wenn er neue Länder entdeckt".

Der Kreis, der ihn bisher umschlossen hat, erscheint ihm leer, unnatürlich, widerwärtig. „Nicht aus Überlegung, sondern instinktiv, mit seinem ganzen Wesen hatte ihn eine heftige Abneigung erfaßt gegen die Welt, in der er bislang gelebt hatte, gegen jene Gesellschaft, in welcher die Leiden, die Millionen von Menschen ertragen, zur Bequemlichkeit und Lust einer kleinen Anzahl, so sorgfältig verborgen werden, daß die Gesellschaft von ihnen nichts weiß, nichts wissen kann und daher nicht einmal zum Bewußtsein ihrer grausamen und verwerflichen Lebensweise kommt." Ihre konventionellen Mienen erstarren ihm zur Grimasse, ihre seelenlosen Bewegungen zum Automaten. „Wenn sie sprachen, so taten sie es nur dem physiologischen Bedürfnis zuliebe, nach dem Essen die Zungen- und Kehlmuskeln zu bewegen."

An einem brennenden Julitage begleitet er den Gefangenentransport zum Bahnhof. Er folgt ihm von Etappe zu Etappe, sucht, spricht, stützt ihn, wo seine Rubel ihm Raum geben. Er fühlt die Wiedergeburt der Maslowa, er fühlt, daß sie ihn aufs Neue liebt, daß sie aus Liebe seine Heirat ablehnt, um sein Leben nicht zu zerstören. Er fühlt das bisher ungekannte

Gefühl einer stillen Freude, Ruhe und Liebe zu allen Menschen. Alle Schrecken der Verschickung begegnen ihm, Ungerechtigkeit und Gewaltsamkeit, Ungeziefer und Gestank, Typhus und Tod. Ratlos fragt er sich, wozu der Wahnwitz dieser Strafpflege diene, der vielfach die nervösesten, leidenschaftlichen, stärksten und unvorsichtigsten Menschen der Freiheit beraube, auf Jahre in Gefängnisse sperre, dem natürlichen und sittlichen Leben entfremde, allen denkbaren Erniedrigungen, leiblichen, geistigen und sittlichen Gefahren überantworte. Gerechtigkeit? Schutz der Gesellschaft? Zehn Ungefährliche werden vernichtet, um einen Gefährlichen unschädlich zu machen. „Statt der Abschaffung der Verbrechen war es nur eine Verbreitung … statt der Besserung eine systematische Ansteckung mit allen Lastern. Das Bedürfnis nach Vergeltung aber wurde nicht gemildert, sondern anerzogen, wo es nicht existiert hatte." Seine Menschlichkeit empört sich gegen den „Staatsdienst, bei dem man mit den Menschen wie mit Sachen umgehen", bei dem einer die Verantwortung dafür auf den andern abschieben kann.

Aber „woran er jetzt auch dachte, was er auch tat, seine Grundstimmung war immer jenes Gefühl des Mitleids und der Rührung, nicht nur der Maslowa, sondern allen Menschen gegenüber. Dieses Gefühl brach in seiner Seele dem Strom der Liebe Bahn, der früher keinen Ausgang gefunden hatte, jetzt aber sich über alle Menschen ergoß, denen er begegnete."

Endlich, an einem sibirischen Etappen-Hauptort, trifft die Begnadigung der Maslowa ein. Noch einmal bietet er ihr die Ehe an. „Auch Sie müssen leben," erwidert sie, „Sie haben sich schon genug gequält." Sie wird einen der politischen Gefangenen heiraten, der sie achtet und liebt, einen Fanatiker und Idealisten. Das ist das Opfer ihrer geläuterten Menschlichkeit.

Er aber liest – einem neuen Leben offen – im Zimmer seines Gasthauses das Evangelium, das ein reisender Engländer ihm wie den Gefangenen geschenkt hat. In der überpersönlichen Qual und Liebe dieser Monate ist er reif geworden für das Verständnis Christi, für die Bergpredigt, für die Worte der Liebe und der Verheißung. Er fühlt, wie vor Gott wir alle schuldig sind, und wie die in solcher Schuld Verbundenen einander nicht richten dürfen, sondern lieben und verzeihen müssen, immer und ohne Ende verzeihen. Er fühlt, daß nur diese göttliche Demut und Liebe die Menschen von ihrer gegenseitigen Entwürdigung und Vergewaltigung befreien, selbstlos vereinen und zu einer „wunderbaren, vollständig neuen Einrichtung der menschlichen Gesellschaft" emporführen wird: zum Reiche Gottes auf Erden.

„Seit dieser Nacht begann für Nechljudow ein ganz neues Leben, nicht so sehr, weil er in neue Lebensbedingungen eintrat, sondern weil alles, was er seitdem erlebte, für ihn eine ganz andere Bedeutung gewann. Wie diese neue Periode seines Lebens endet, wird die Zukunft zeigen."

Längere Zeit dachte Tolstoi an „eine Fortsetzung ber Auferstehung: Nechljudows Bauernleben" (Tagebuch, 8. Januar 1900). Pierre und Ljewin hatten als Gutsbesitzer geendet. Nechljudow sollte offenbar auch sein letztes Gut an die Bauern verschenken und so seine – an Henry George und Spencer geformten – Überzeugungen verwirklichen, daß der Boden nicht Privateigentum sein dürfe. Er sollte als Bauer unter

Bauern leben und wohl die russische Dorfverfassung, den Mir, in urchristlichem Sinne gestalten.

Gottfried Keller sagt von seinem Alterswerk „Martin Salander“: „Es ist freilich mehr ein trockenes Predigtbuch als ein Roman.“ Und dazu neigen epische Alterswerke. Es ist das Vorrecht des Greises, Ideen, die er aus der ganzen Fülle seines Lebens gewonnen hat, nun seinerseits an die Wirklichkeit heranzutragen. Die künstlerische Gefahr dieser epischen Altersdidaktik und -pädagogik ist die Entsinnlichung. Und weder Kellers „Salander“ noch Goethes „Wanderjahre“ sind ihr entgangen. Auch Tolstoi vermag ihr nicht ganz auszuweichen. Predigt und Lehre waren ihm wichtiger geworden als Anschauung und Gestalt. Aber die Sinnenkraft seiner Urnatur hat sie doch auch jetzt noch unvergleichlich gesondert, geformt und gefärbt. Und wenn sein Tagebuch klagt, daß im Alter die Grenzen sich verwischen, die Sinne stumpf werden (22. Oktober 1897) oder daß er nur mehr Typen, Kollektivpersonen, nicht mehr Individuen kenne (15. August 1897), so sind die stumpferen Sinne des alten Tolstoi doch immer noch schärfer als die des jugendlichen Durchschnittsmenschen, seine Kollektivpersonen noch reicher an Sonderzügen als die Individuen der meisten jungen Dichter.

Halb Vor-, halb Nachklang der „Auferstehung“ und der „Macht der Finsternis“ ist die Erzählung „Der gefälschte Coupon“. Ende der achtziger Jahre ward sie begonnen, 1902, 1903, 1904 fortgeführt und schließlich unvollendet gelassen. Wie „Die Macht der Finsternis“ offenbart sie die furchtbare Unerbittlichkeit, in der aus einer sittlichen Schuld die zweite, die dritte, die unabsehbare Kette der Verschuldung folgt, bis sittliche Wiedergeburt, religiöse Erneuerung sie zerreißt. In der „Macht der Finsternis" war diese Kette die geschlossene tragische Folge eines Lebens oder Lebenskreises, im „Gefälschten Coupon" verliert sie sich zu immer neuen Menschen und Gruppen. Mehr die soziale als die tragische Verkettung jeder Schuld wird aufgezeigt. Ein Gymnasiast fälscht einen Coupon von 2½ Rubel in 12½ Rubel und betrügt mit ihm einen Photographen. Der schmiert ihn einem Bauern an für eine Holzfuhre. Es kommt zur Klage. Der Photograph und sein Hausknecht schwören einen Meineid. Der Hausknecht verliert darüber jeden religiösen Halt und bestiehlt seinen Herrn, der Holzbauer wird zum Pferdedieb, um wieder zu seinem Gelde zu kommen, empörte Bauern ergreifen und erschlagen ihn. Sein Mörder verdirbt im Gefängnis und ermordet und beraubt nach seiner Entlassung fünf Menschen. Unter ihnen ist eine jener Heiligen des Alltags, die, gleich Paschenka, der Base des Vaters Sergius, sich in stiller Demut für eine unwürdige Familie opfert. Von ihr beginnt die Gegenkette der christlichen Liebe, der religiösen Erneuerung, die schließlich selbst den sechsfachen Mörder und seine Kerkergenossen umspannt und wandelt. Immer mehr weicht die künstlerische Kausalkette der sozialen und empirischen. Bilder und Lehren aus der „Macht der Finsternis" und der „Auferstehung" tauchen – oft eindringlich – auf, ohne deren ursprüngliche Lebens- und Formeinheit zu erreichen. So bleibt das Werk notwendig Bruchstück.

Hadschi Murat

Während Tolstoi darum kämpfte, die Welt zu vergeistigen, die Menschheit in eine Arbeits- Opfer- und Liebesgemeinschaft zu wandeln, war die Natur, die Urnatur in ihm keineswegs verkümmert. Er konnte sie im Schmerz über die Dumpfheit und Ichsucht der menschlichen Triebe, im glühenden Verlangen nach dem reinen Ideal, wohl vergessen, ja verleugnen, aber sie wirkte in ihm fort, sie war und blieb sein Wesensgrund. Mit unvergleichlicher Kraft erfüllt und bereichert sie auch den Greis bis in sein letztes, zweiundachtzigstes Jahr. Der Sechsundfünfzigjährige schreibt seiner Frau, daß er Ski läuft, der Siebenundsechzigjährige, daß er Radfahren lernt, der Neunundsechzigjährige, daß er Schlittschuh fährt: „Ach, wie schön ist das!", noch der Zweiundachtzigjährige macht seinen täglichen Morgenritt durch Wald und Feld, auf schmalsten Wegen, über Gräben hinweg, bis er sich verirrt und die Entgegenkommenden über den Weg nach Jasnaja Poljana befragen muß (Bulgakow, „Bei Tolstoi in seinem letzten Lebensjahr"). Und dem Schriftsteller Iwan F. Naschiwin gesteht der Achtundsiebzigjährige, daß es ihm noch nicht gelungen sei, das Geschlechtsgefühl in sich völlig zu besiegen: „Das

Tolstoi mit einer Enkelin

Fleisch ist noch mächtig, und ich muß immer noch kämpfen und ringen."

Mitten unter Tagebucheinträge, die an einen christlichen Anachoreten gemahnen, braust die panische Ergriffenheit des Achtundsechzigjährigen: „Unlängst ging ich abends über den Bannforst hinaus und weinte vor Freude und Dankbarkett für das Leben" (19. Juni 1896). „Die Natur erfüllte mich mit Rührung," schreibt der Zweiundsiebzigjährige in sein Tagebuch, „die Wiesen, die Wälder, die Getreidefelder, die Äkker, die Heumahd. Ich frage mich, ob dies nicht der letzte Sommer ist, den ich zu leben habe. Nun ja, auch das ist gut. Dank für alles! Ich bin unendlich mit Wohltaten überhäuft werden. Wie habe ich doch immer zu danken, und wie groß ist die Freude!" „Die ungewöhnliche Schönheit des Frühjahrs", schreibt der Neunundsechzigjährige seiner Frau, „kann Tote erwecken. Warmer Wind bewegt die jungen Blätter auf den Bäumen, Mondschein und Schatten, Sperlinge – überall die Stimmen des Frühlings, in der Ferne die Frösche und Ruhe; duftende, laue Luft, und das alles zur rechten Zeit; sehr seltsam und gut! Morgens wieder das Spiel des Lichtes und die Schatten großer, schon entfalteter Birken, die auf dem hohen, dunkelgrünen Grase zittern, und Veilchen, und die stummen Brennesseln – alles, besonders aber das Blinken der Birken in der Allee, ganz so wie seinerzeit, als ich vor etwa sechzig Jahren diese Schönheit zum erstenmal bemerkte und sie liebgewann" (4. Mai 1897).

Das alles ist mit derselben Schärfe und Inbrunst erlebt und erliebt wie in Jugendtagen, und noch vertieft durch das Greisenwissen um seine Vergänglichkeit.

Vor der Erinnerung des Neunundsechzigjährigen taucht ein schöner kraftvoller Frauenleib auf, der seine Jugend erregt hat: „Fuhr an den Hürden vorbei. Erinnerte mich der Nächte, die ich dort verbracht, der Jugend und Schönheit der Dunjascha (ich hatte nie Beziehungen zu ihr), ihres kräftigen Frauenleibes. Wo ist er hin? Schon längst nur mehr Gebein. Was ist dieses Gebein? Was hat es für einen Bezug zur Dunjascha?“ – und der Greis, der oft so vergeistigte, christianisierte Greis, beruhigt sich im Gedanken an eine große leibliche Unsterblichkeit, der Tod erlöst uns von unserem leiblichen Sondersein, wir werden Teil, wieder Teil des riesigen panischen Erdenleibes: „Es gab eine Zeit, da war dieses Gebein ein Teil des gesonderten Wesens, das die Dunjascha war. Nachher hat dieses Wesen sein Zentrum verändert und das, was die Dunjascha war, ist ein Teil des der Größe nach ungeheuren, für mich unzulänglichen Wesens geworden, das ich die Erde nenne. Wir kennen das Leben der Erde nicht, und darum halten wir sie für tot, wie ein Insekt, dessen Leben eine Stunde dauert, meinen Körper für tot halten muß, weil es seine Bewegungen nicht wahrnimmt“ (Tagebuch, 14. Oktober 1897).

Gerade um das siebzigste Lebensjahr sind Tolstois geistige Unruhen entspannt, eine natürliche Fülle und Heiterkeit beglückt ihn: „Menschen, die sich zur Gotteskindschaft bekennen, begehen eine Sünde, einen großen Fehler, wenn sie sich ihres Lebens nicht freuen“ (13. Dezember 1897). Selbst seine Todes- und Jenseits-Vorstellungen sind von einer wundervollen naturhaften Sicherheit und Seligkeit: „Zurück bin ich durch Turgeniews Wald gefahren, es dämmerte schon: Im Walde frisches Grün, sternbesäter Himmel, das Duften der blühenden Silberweide, der welkenden Birkenblätter, der Lärm der Sperlinge, das Summen der Käfer, Kuckucksrufe – Kuckuck und Einsamkeit – der angenehme, fröhliche Gang des Pferdes, physische und seelische Gesundheit. Und ich dachte – woran ich jetzt ununterbrochen denke – an den Tod. Und so klar wurde mir, daß es auf jener anderen Seite, nach dem Sterben, ebenso gut, wenn auch anders sein wird, und ich begriff, weshalb die Juden sich das Paradies als einen Garten vorstellten. Die reinste Freude ist die Freude an der Natur. Mir wurde klar, daß es drüben ebenso gut, ja besser sein werde!“ (an seine Frau, 6. Mai 1898).

Um diese Zeit erwacht in Tolstoi der Wunsch, auch dichterisch einmal wieder ganz Natur zu werden, jenseits aller sozialen, ethischen, religiösen Polemik und Didaktik in der Natur und im naturhaften Volkstum bildend daheim zu sein. „Bilder aus dem Samarer Leben stiegen sehr lebhaft vor mir auf: die Steppe, der Kampf des Nomadisch-Patriarchalischen mit der Kultur des Ackerbaus lockt mich“ (Tagebuch, 19. Juni 1896). Erinnerungen an den Kaukasus, seine Kämpfe und Helden regen sich, die frühen kaukasischen Erzählungen klingen wieder. Eine Gestalt löst und steigert sich zum Mythos.

Am 23. Dezember 1851, als Artillerie-Feuerwerker, hatte er seinem Bruder Sergej aus Tiflis geschrieben: „Wenn es Dir Spaß macht, bei Deinen Bekannten mit frischen Nachrichten vom kaukasischen Kriegsschauplatz zu renommieren, dann kannst Du erzählen, daß die wichtigste Persönlichkeit nach Schamyl, ein gewisser Hadschi Murat, sich dieser Tage der russischen Regierung unterworfen hat. Er war der tapferste Mann der ganzen Tschetschna.“

Jetzt wächst ihm diese Gestalt aus dem Naturbild eines Spaziergangs visionär entgegen: „Gestern ging ich über frisch gepflügtes Brachland. Soweit das Auge reicht, nichts als schwarze Erde, kein einziger, grüner Grashalm. Und da, am staubigen, grauen Wegrand ein ‚Tatar' (Distel). Drei Stauden: eine niedergetreten, die weiße, schmutzbedeckte Blüte hängt hinab; die zweite gebrochen, mit schwarzem Schlamm besudelt, der Stengel geknickt und beschmutzt; die dritte Staude ragt zur Seite, auch diese schwarz vor Staub; aber noch ist Leben in ihr, an der Spitze schimmert es rötlich. Hat mich an Hadschi Murat erinnert. Habe Lust zu schreiben. Verteidigte sein Leben bis zuletzt, er allein im weiten Feld; und wenn er es auch verloren – irgendwie hat er es doch gerettet" (Tagebuch, 19. Juli 1896).

Zwei Monate später, am 14. September 1896, notiert er: „Entwurf zu Hadschi Murat; sehr schlecht ausgefallen." Aber erst nach mehr denn einem Jahr, am 19. November 1897, meldet er seiner Frau: „Ich beendete die letzte Fassung der Arbeit über die Kunst (Was ist Kunst?) und begann etwas Neues – Künstlerisches, eine kaukasische Erzählung, die mich bereits seit langem interessiert." Acht Jahre dauert es, bis diese epische Erzählung (1904) vollendet wird. Alles, was Tolstoi über die historischen Orte, Gestalten und Geschehnisse erfahren konnte, durch die Literatur, die Schätze des Rumjanzew-Museums in Moskau, die staatlichen Archive von Petersburg und Tiflis, durch Persönlichkeiten, die noch etwas zur Sache wußten, zog er heran. Aber wieder – und mehr noch als in „Krieg und Frieden" – ist hier alles Natur und nichts Geschichte. Und von Anfang an schaut der geistige Prediger dem naturhaften Bildner in Tolstoi mit immer neuen Bedenken zu. „All meine Gedanken und meine ganze Arbeit sind jetzt auf die kaukasische Erzählung gerichtet, obwohl ich die Beschäftigung damit als eine Schande empfinde“ (an seine Frau, 21. November 1897). „Schrieb seither an Hadschi Murat,“ heißt es fünf Jahre später im Tagebuch, „bald mit Lust, bald ohne Lust, mit Scham“ (5. August 1902).

Hadschi Murat, der Awaren-Führer, steht zwischen dem Iwan Schamyl, der die Tschetschenzen, Kumyken, Osseten und Lesghier in einem theokratischen Staatswesen zum „Chasawat“, dem heiligen Krieg, vereint hat, und den Russen. Anfangs den Russen freundlich, geht er zu Schamyl über, bringt den Russen in kühnen Gefechten und verschlagenen Überfällen Schaden über Schaden, fällt aus gekränktem Ehrgeiz wieder von Schamyl ab, den Russen zu, kann sich aber nicht im offenen Kampf auf deren Seite stellen, weil seine Mutter, seine Frau und sein Sohn in Schamyls Hand sind. Aus Sorge um sie entflieht er den Russen im kühnen Handstreich aufs Neue, wird eingeholt, umzingelt und mit seinen Begleitern im heroischen Kampfe niedergemacht.

Als Tolstoi im März 1885 Sewastopol wiedersah, die Stätte seiner jungen Kämpfe und Gefahren, schrieb er seiner Frau: „Wir fuhren an den Stellen vorüber, die für uneinnehmbar galten, wo feindliche Batterien aufgestellt waren, und sonderbar: die Erinnerungen an den Krieg sind sogar von einem heiteren Gefühl und jugendlichen Schwung begleitet. Fast ist es, als wäre es danach zu irgendeinem Volksfest oder sonst einem freudigen, gemeinsamen Erlebnis gegangen.“ Tolstoi, der eben in diesen Jahren seine zornigen Anklagen und Aufrufe gegen den Krieg schleudert, in seinen kriegerischen Jugenderinnerungen erlebt er den Krieg lebensvoll und verklärt, als ein Heldenlied der Natur. Und so gestaltet er ihn im „Hadschi Murat". Selten, ganz selten gestattet er der Idee, dem Ethos ein kritisches Wort. Die Kämpfe gehen diesseits der Idee vor sich, im Wettkampf natürlicher Kräfte. Es ist, wie wenn edle Raubtiere einander beschleichen und bekriegen. Nur einmal, beim Tode eines Generals, wird der Blick zwischen zwei Welten hin und wider geworfen: „Keiner von ihnen sah in diesem Tode jenen wichtigen Augenblick des menschlichen Daseins, in dem das Leben zu Ende geht und zu jenem Urquell, aus dem es hervorgegangen, zurückkehrt – alle sahen nur die Tapferkeit des kühnen Offiziers, der mit dem Säbel in der Faust auf die Bergbewohner losgestürmt war und verzweifelt auf sie dreingehauen hatte."

So wird der Heldentod, so die Blutrache empfunden und besungen. Drei herrliche tatarische Romanzen müssen die Erzählung hymnisch steigern. In einer Romanze wird am Todesmorgen Hadschi Murats von seinen Begleitern der nahe Heldentod vorweg erlebt und bejaht. Ihr Wetzen der Dolche mischt sich mit dem Flöten der Nachtigallen.

Und auch der junge Gardeoffizier Butler empfindet „während dieser ganzen Zeit die Poesie des Krieges, nicht nur im Dienste, sondern auch außerhalb. Mit Vorliebe trug er ein tscherkessisches Kostüm, tummelte nach Art der Dschigits sein Roß und legte sich mit dem ob seiner Tapferkeit berühmten Bogdanowitsch in den Hinterhalt, um die Feinde zu belauern."

Gegen eine vierzigfache Übermacht kämpft der umzingelte Hadschi Murat, todesmutig und zäh wie je ein Romanzenheld. Die erste Kugel trifft seine Schulter, er reißt ein Stück Watte aus seinem Beschmet, verstopft die Wunde und schießt weiter. Die zweite, tödliche, trifft seine Seite, wieder verstopft er sie, rafft seine letzte Kraft zusammen, schießt einen Soldaten nieder, bricht aus dem schützenden Graben vor und geht, schwerfällig hinkend, mit dem Dolche in der Faust den Feinden entgegen. Von neun Schüssen durchbohrt, stürzt er. Aber vor den heraneilenden Soldaten, die sich auf seinen Leichnam werfen wollen, reckt er sich noch einmal, einen Baumstamm umfassend, blutig und schrecklich empor. Dann fällt er plötzlich nieder „wie eine Distel, die die Sense getroffen“. Über ihm und seinen toten Mannen stehen die Feinde „wie der Jäger über dem getöteten Wild“. Und die Nachtigallen, die während des Feuers geschwiegen, flöten von neuem.

Zwischen diesen Heldenstrophen stehen die militärischen Geschehnisse und Gestalten, die uns aus den kaukasischen Erzählungen „Sewastopol“ und „Krieg und Frieden“ vertraut sind: ein Streifzug der Russen in die feindlichen Bergwälder, ihr Überfall auf ein Dorf, Garnisons- und Lagerbilder, die Schlachten- und Todesruhe des einfachen russischen Soldaten, Ehrgeiz, Eitelkeit und Ränke der Offiziere, hinauf bis zum General, zum Kriegsminister, zum Zaren. Die Festigkeit und Farbigkeit der Linienführung erreicht durchaus die der jungen Werke, ist aber frei von jugendlicher Empfindsamkeit oder Gereiztheit. Ein zorniger Angriff gegen den Zaren Nikolaus und seine Vorgänger ist als stilwidrig ausgemerzt.

„Hadschi Murat“ ist die objektivste von Tolstois größeren Schöpfungen. Jene Altersfreiheit und -reife durchdringt sie, die der Siebzigjährige im Tagebuch zeichnet: „Etwas Freudiges ist es, daß sich im Alter entschieden ein ganz neuer Zustand herausgebildet hat, der ein großes, unverlierbares Gut ist … ein Übergang aus dem Wirrsal des Leidens zur Klarheit und Ruhe … Es ist, wie wenn einem Flügel gewachsen wären. Ist es zu schwer, zu schmerzhaft, auf den Füßen zu gehen, dann breitet man die Flügel aus" (19. Februar 1898).

Der lebende Leichnam

Die Vollendung und Verklärung, die Gotteinigkeit des letzten Jahrzehnts geben der Weltanschauung des Siebzig- und Achtzigjährigen eine neue bewußte Lebensbejahung, die der naturhaften des Jünglings an Sicherheit und Unbedingtheit überlegen ist. „Mein Leben wird nach wie vor mit jedem Tage und mit jeder Stunde freudevoller," schreibt der Einundachtzigjährige an W. A. Molotschnikow, „und ich staune über die Menschen und bedaure sie, daß sie nicht Dankbarkeit zu empfinden vermögen für die Wohltat, am Leben zu sein." Oft hat er das Gefühl, den Menschen diese Schönheit und Freudigkeit des Lebens verdeutlichen zu müssen, „ich bringe das aber nicht fertig, offenbar bin ich dessen nicht würdig, es geht über meine Kraft" (8. Januar 1909). Der Vierundsiebzigjährige schreibt die Schöpfer-Bejahung des siebenten Tages fast mit denselben Worten nieder wie der achtundsiebzigjährige Goethe. Das Dornburg-Gedicht „Der Bräutigam" endet mit der schlichtesten und tiefsten Bejahung des Goetheschen Lebensglaubens: „Wie es auch sei das Leben, es ist gut." Und Tolstoi schreibt am 24. März 1902 in sein Tagebuch: „Das Leben, wie es auch sei, ist ein Gut, über das hinaus es kein größeres gibt." Zwei

Genien sind aus der Kraft und Ursprünglichkeit ihrer Natur durch alle Wege und Weiten, alle Gründe und Abgründe der Menschheit gegangen, um sich auf letzten, einsamen, strahlenden Gipfeln zu begegnen.

Auf diesen Höhen löst sich dem greisen, weltweisen Tolstoi die besondere Bindung seines Lebens- und Liebesevangeliums an das Christentum: „Für mich ist die Lehre Christi eine jener schönen Religionslehren, die wir vom ägyptischen, jüdischen, indischen, chinesischen und griechischen Altertum überkommen haben. Die beiden großen Prinzipien Christi: Liebe zu Gott – das heißt mit einem Wort: absolute Vollkommenheit – und Liebe zum Nächsten, zu allen Menschen ohne Unterschied, sind von allen Weltweisen gepredigt worden: von Krischna und Buddha, von Laotse und Konfuzius, von Sokrates, Plato, Epiktet, Mark Aurel, und unter den Neueren von Rousseau, Pascal, Kant, Emerson, Channing und vielen anderen. Die religiöse und sittliche Wahrheit ist überall und zu allen Zeiten dieselbe. Ich habe durchaus keine Vorliebe irgendwelcher Art für das Christentum. Wenn ich ein besonderes Interesse an der Lehre Christi hatte, so lag dies erstens daran, daß ich in dieser Religion geboren wurde und unter Christen gelebt habe; zweitens daran, daß es mir eine große geistige Freude war, diese Lehre in ihrer Reinheit von den erstaunlichen Fälschungen durch die Kirche zu befreien“ (Juli-August 1909 an den Maler Jan Styka).

Tolstoi fühlt sich den Menschheitssuchern aller Zeiten und Zonen liebend und dankbar nah. Ihre edelsten Jünger finden sich zu ihm. Chinesen, Japaner, Inder, Amerikaner, Deutsche, Franzosen – alle Erbteile und Völker suchen bei ihm Rat. Und er antwortet voll Ernst, Liebe und Demut. Er will keine Jünger küren, keine Schule bilden. Nicht zu ihm – zu Gott soll jeder den Weg suchen. „Wir sollen nicht einer zum andern streben, sondern alle zu Gott … Ihr sagt: Zusammen ist es leichter … Was? – Ackern, mähen, ja. Aber Gott kann man sich nur allein nähern … Ich stelle mir die Welt als einen Riesentempel vor, in dem das Licht von oben und gerade in die Mitte fällt. Um sich zu vereinigen, müssen alle zum Lichte drängen. Dort werden wir alle, die wir von verschiedenen Seiten kommen, uns mit Menschen zusammenfinden, die wir nicht erwarteten: und darin liegt die Freude" (an Teneremo, Juni 1882).

Immer reiner und reicher erlebt er „die Freude, zu erkennen, daß meine Tätigkeit gute Früchte bringt und daß die Zahl der Menschen, die mir im Geiste nahestehen, im Zunehmen ist" (11. März 1907). „Zuerst blieb ich allein, aber, wie ich glaube, mit Gott; dann jedoch zeigte sich's, daß ich keineswegs allein war, sondern in der Gemeinschaft aller der Menschen aus Vergangenheit und Gegenwart, mit denen ich eine Verbindung am meisten wünschte" (an N. N. Nepliujew, 10. Dezember 1893).

„Diese Erweiterung des Hörerkreises ist nicht deshalb wichtig, daß ihrer so viele werden, sondern weil unter Millionen von Menschen der verschiedensten Völker und sozialen Schichten, denen ein Buch zugänglich ist, die Gesinnungsgenossen von selbst ausgelesen werden, und daß sie dank dem Buch, ob sie auch durch Zehntausende von Meilen getrennt sind und einander nicht kennen, doch in eins verbunden werden und Seele in Seele leben und geistige Freude und Mut gewinnen in dem Bewußtsein, daß sie nicht allein sind. Solch eine Einigung erlebe ich jetzt mit Ihnen und mit vielen, sehr vielen Menschen anderer Nationen, die mich nie gesehen haben, die mir aber näher stehen als meine Söhne und Brüder“ (an P. W. Werigin, 21. November 1895).

Aus dieser liebenden Selbstbestätigung und -erweiterung gewinnt Tolstoi jene Sicherheit und Gelassenheit, die seiner Exkommunikation durch den Heiligen Synod (auf Grund der „Auferstehung“) erwidern kann: „Ich bin es meinem Glauben schuldig, in Frieden und Freude zu leben und auch in Frieden und Freude dem Tode entgegenzugehen“ (4. April 1901), die ihn dem liebesreinsten aller Christen, dem heiligen Franziskus, an die Seite rückt: „Franz von Assisi wieder gelesen. Wie schön, wenn er sich an die Vögel wendet, als zu seinen Brüdern! Und das Gespräch mit dem Bruder Leo über die Freude!“ (Tagebuch, 19. Juni 1903). Aus ihr gewinnt er die Freiheit und Freude zu den dichterischen „Bagatellen“ der letzten Jahre, den kleinen Erzählungen (darunter einem Meisterstücke wie „Aljoscha, der Topf“, Februar 1905) und Dramen wie „Der lebende Leichnam“ oder „Er ist an allem schuld“. „Diese Bagatellen füllen meine freie Zeit aus und geben mir Erholung nach den echten, ernsten Gedanken, von denen meine Seele übervoll ist“ (an A. A. Tolstoi, 26. Januar 1903).

Das Drama „Der lebende Leichnam“ – das im Grunde eine dialogisch und szenisch geführte Novelle ist – begann er im Januar, vollendete er im August 1900. Ein wirkliches Begebnis gab die Anregung: eine Frau, die ihren Gatten für tot hält, heiratet einen andern, plötzlich enthüllt sich, daß der erste Mann lebt, sie wird mit ihrem zweiten Mann verhaftet und wegen Bigamie verurteilt. Mittelpunkt des Stückes wird der erste Mann, „der lebende Leichnam“. Er wächst zum Urbild eines russischen Charakters und Schicksals.

Ein reiner, wahrer, slawisch weicher und empfindlicher Mensch wird in die Leere und Lüge der russischen Welt gestellt. Was bleibt ihm? „Entweder kann er ein Amt bekleiden, kann Geld verdienen und den Schmutz, in dem wir leben, vermehren – das war mir zuwider, oder vielleicht verstand ich es auch nicht, vor allem aber war es mir zuwider. Oder er kann diesen Schmutz bekämpfen, doch dazu muß er ein Held sein, und der bin ich nie gewesen. Oder endlich drittens: Er sucht zu vergessen, wird liederlich, trinkt und singt – das habe ich getan."

Als Leonid Andrejew auf Jasnaja Poljana zu Besuch war, kam ein betrunkener Bauer vorgefahren, um Tolstoi zu sehen. Er möge wiederkommen, wenn er nüchtern sei, sagte ihm einer der Söhne. Nüchtern könne er nicht kommen, dann habe er Angst, erwiderte er. Da man Tolstoi das am Mittagstisch, erzählt, sagt er plötzlich wie für sich: „Ich liebe Trunkenbolde!“ „Das klang so gut,“ berichtet Andrejew, „daß man es schwer wiedergeben kann.“

Die Güte und Ehrfurcht des greisen Dichters spricht daraus. Er weiß, daß in Rußland oft gerade die feinsten und reinsten Menschen zum Alkohol flüchten, weil sie unerträglich leiden, weil sie Rausch und Vergessen brauchen, um leben zu können. So flieht Fedja, „der lebende Leichnam“, zum Wein und zur Musik. Zigeunerweisen entführen ihn in eine Traumwelt, eine reinere Welt. „Ach, ist das schön! Wenn man nur nicht wieder erwachte! Wenn man so sterben könnte!“

Er hat eine Frau geheiratet, die – unbewußt – vielleicht schon damals den lebenshärteren und -tüchtigen Jugendfreund geliebt hat. Das Leid, das er der Frau antut in Trunk, Verschwendung und Verpfändung, führt beide einander zu. Und nun drängt ihn sein Zartgefühl, seiner „Wege zu gehen, um nicht fremdes Glück zu stören". „Sie liebt ihn, wie eben eine anständige, moralisch empfindende Frau lieben kann, die ihrem Gatten die eheliche Treue wahrt. Aber sie wird ihn anders lieben, sobald dieses Hindernis (er zeigt auf sich selbst) beseitigt ist. Und ich werde es beseitigen, und sie werden glücklich sein … und ich werde mich freuen über ihr Glück und mir sagen, daß ich nichts Besseres tun konnte."

Und so opfert er sich und sein Glück, er täuscht einen Selbstmord im Flusse vor. Nach Wochen findet man eine zerfetzte Leiche, die man für die seine hält. Frau und Freund sind eins und beglückt.

Dieser „schwache, moralisch ganz gesunkene, dem Trunke ergebene Mensch" offenbart die höchsten, religiösen Tugenden: Wahrheit – auch vor sich selbst, Schuld- und Schamgefühl vor Gott und den Menschen („wenn ich so über mich und mein Leben nachdenke, dann fühle ich jedesmal, daß alles verfehlt ist, und dann schäme ich mich so … Den Adelsmarschall zu spielen, im Aufsichtsrat einer Bank zu sitzen – das alles scheint mir Anlaß, sich zu schämen. Trinkt man, dann verliert sich dieses Schamgefühl") und eine selbstlose Liebe und Opferbereitschaft bis in den Tod.

Das Tagebuch Tolstois vom 7. Mai 1901 erzählt: „Im Traum sah ich den Typus eines Greises … er wirkte dadurch außerordentlich stark, daß er fast ein Heiliger war, dabei aber ein Trinker und Schelter." Hier ist ein Trinker gestaltet, der fast ein Heiliger ist, ein russischer Heiliger. Durch seine niederen, schmutzigen Hüllen hat Tolstois greise Güte in die metaphysische Schönheit und Zartheit seiner Seele geleuchtet. Der zweiundsiebzigjährige Dichter hat neue Lebenswerte geholt, nicht aus dem Altersreich der Idee, sondern – mehr als jemals – aus den Erdentiefen des Alltags, in ehrfürchtiger, schöpferischer, uns wahrhaft bereichernder Menschheitsdeutung.

Die tragische Ironie des Dramas ist, daß dies heroische Opfer des Trinkers und Heiligen durch einen Zufall enthüllt wird, daß die blinde, verlogene Gesellschaft nichts weiß und wissen kann von seiner Größe, daß sie es mit ihren leeren, äußerlichen Gesetzesformeln mißt, daß sie den Trinker, die Frau, den zweiten Gatten wegen Bigamie vor Gericht zieht („man hat das Gefühl, als ob nicht sie vor Gericht ständen, sondern zu Gericht säßen über die Gesellschaft") und schließlich Fedja zwingt, sein Opfer zu vollenden und den erst vorgetäuschten Selbstmord wirklich zu vollziehen: vor den Türen des Gerichtssaals erschießt er sich.

Und das Licht scheinet in der Finsternis

Der russisch-japanische Krieg vertobte, vor Mulden zerfiel das Landheer, bei Tsuschima versank die Flotte Rußlands. Tolstoi witterte den „Zusammenbruch nicht nur der russischen Armee, nicht des russischen Reiches, sondern den Zusammenbruch der ganzen pseudochristlichen Zivilisation … Die Geschichte gibt den Christen eine negative Belehrung: sie zeigt ihnen, was sie nicht tun, woran sie ihre Kräfte nicht setzen sollen“ (Tagebuch, 18. Juni 1905).

Über den Trümmern der Niederlage erhob sich die Revolution und setzte die Gewaltsamkeiten fort. Revolutionäre wagten, Tolstois Schriften und Gedanken, seine Angriffe gegen Staat, Kirche und Gesellschaft für ihre Zwecke zu mißbrauchen. Entrüstet schrieb er einem dieser Betrüger: „Die Revolutionäre können mit meinen Schriften machen, was sie wollen, ich kann sie daran nicht hindern, aber ihnen meine Schriften dazu geben oder sie unterstützen, wäre dasselbe, wie wenn man das Evangelienbuch dazu benutzte, ein Dorf in Brand zu stecken“ (30. Juni 1906). Die Gewalttaten des Krieges wie der Revolution waren für Tolstoi die gleiche unverzeihliche Sünde wider den heiligen Geist der Liebe. Zudem widersprach die „schwache, trügerische und lügenhafte Theorie des Sozialismus“ seiner tiefsten Überzeugung. „Der Sozialismus bezweckt, die niedrigste Seite der menschlichen Natur zu befriedigen: das Streben nach materiellem Wohlergehen. Aber selbst das kann mit den Mitteln, die der Sozialismus verkündet, nicht erreicht werden. Das wahre Wohl der Menschheit – das geistige und moralische – schließt materielles Wohlergehen in sich, und dieses höchste Ziel kann nur durch religiöse und moralische Vervollkommnung jeder einzelnen Persönlichkeit erreicht werden, da die Völker und die ganze Menschheit aus einzelnen Persönlichkeiten bestehen“ (an den Japaner Iso-Abe, 1905).

Weder die politische noch die soziale, nur die religiöse Erneuerung ist Tolstoi von entscheidender Bedeutung. Und der Weltkrieg und seine Folgezeit haben ihm Recht gegeben. Alle politischen und sozialen Umwälzungen haben die Seele und damit das Schicksal Europas nicht gewandelt. Tiefer als je wissen wir, daß nur ihre religiöse Wiedergeburt uns retten kann. Von ihr träumt der greise Prophet. Er weissagt den Bolschewismus: „Die Vandalen sind schon bereit in Rußland, und sie werden besonders schrecklich sein für unser tiefreligiöses Volk, weil wir nicht die Hemmungen kennen, die bei den europäischen Völkern so stark ausgebildet sind: die Konvention und die öffentliche Meinung.“ Aber er weissagt auch die rettende seelische Revolution, die wir ersehnen: „Ich glaube, daß genau zu dieser Stunde die große Revolution beginnt, die sich seit zweitausend Jahren in der Christenwelt vorbereitet: die Revolution, die an Stelle des verfälschten Christentums und der daraus hergeleiteten Herrschaft das wahre Christentum setzen wird, die Grundlage für die Gleichheit unter den Menschen und die echte Freiheit, nach der alle vernunftbegabten Wesen streben“ (Das Ende einer Welt).

So bleibt Tolstoi abseits der eigentlichen Zeitereignisse und wehrt sich gegen Versuche, ihn literarisch hineinzuziehen: „Das Mißverständnis läuft darauf hinaus, daß man von mir die Tätigkeit eines Publizisten verlangt, während ich ein Mensch bin, der ganz mit einer sehr bestimmten Frage beschäftigt ist, die mit der Bewertung der Zeitereignisse nichts zu tun hat: nämlich mit der religiösen Frage und ihrer Anwendung im Leben“ (Brief vom 27. April 1903). Nur wo diese betroffen ist, wendet er sich unerschrocken in warnenden oder beschwörenden Kundgebungen und Briefen an die Zeitungen, den Zaren, die Minister. Viele dieser Kundgebungen können nur im Ausland veröffentlicht werden. Seit der „Beichte“ hat die russische Zensur all seine theoretischen Schriften verstümmelt oder unterdrückt. In Schreibmaschinenabschriften laufen sie heimlich um. Ab und zu wird einer seiner Anhänger wegen ihrer Verbreitung ins Gefängnis geworfen. Vergebens fordert Tolstoi, nicht diese unschuldigen Personen, sondern ihn, den Urheber, zu verfolgen. Ihn wagt man nicht anzutasten. Die ganze Welt würde Protest erheben.

Aber je reiner und höher er zum Gewissen seines Landes, ja der Welt emporwächst, desto schwerer drückt und quält ihn, daß sein Leben und seine Lehre nicht voll übereinstimmen. „Meine Tätigkeit, wie nützlich sie auch den Menschen scheinen mag, verliert – ich möchte nicht sagen alles, aber ganz gewiß den größten Teil ihrer Bedeutung dadurch, daß ich den Hauptbeweis für die Ehrlichkeit meines Glaubens schuldig bleibe" (an M. S. Dudtschenko, 10. Dezember 1903).

Er hat die Einfachheit, Armut und Opferbereitschaft verkündet, hat gelehrt, daß wir nicht zwei Röcke behalten dürfen, solange noch jemand da ist, der keinen hat. Und er lebt – nachdem er 1881 der Familie vergebens vorgeschlagen hat, „den größten Teil des Gutes wegzugeben und in vier Zimmern zu wohnen" – weiter mit Frau und Kindern und Dienern in den reichen, verhaßten Formen der Gesellschaft. Er hat gepredigt, daß Grund und Boden nicht Privateigentum sein dürfen. Und um ihn keimt der Familienbesitz Jasnaja Poljanas, und seine Frau läßt die Bauern verhaften, die aus Not ein paar Bäume fällen. „Wenn ich von mir", schreibt er am 2. Juli 1908 in sein Tagebuch, „als einem Fremden reden hörte: ein Mensch, der in Luxus lebt, alles, was er kann, den Bauern nimmt, sie verhaften läßt und dabei das Christentum bekennt und predigt, Fünfkopeken-Stücke als Almosen austeilt und sich bei all seinen gemeinen Handlungen hinter seine liebe Frau verkriecht – ich würde mich nicht bedenken, einen solchen Menschen als Schuft zu bezeichnen! Und eben das müßte auch mir gesagt werden, damit ich von der Eitelkeit der Welt loskomme und nur der Seele lebe ... Eines wird mir mehr und mehr martervoll: die Falschheit sinnloser Pracht, in der ich lebe, von einer Not umgeben, die nicht herrschen dürfte. Das verschlimmert sich von Tag zu Tag, wird schwerer und schwerer. Ich kann nicht darüber hinweggehen, es nicht mehr mitansehen ... Mir kommen Zweifel, ob ich recht tue, zu schweigen und ob es nicht besser für mich wäre, fortzugehen, mich zu verbergen. Ich tu' es vornehmlich deshalb nicht, weil ich es in meinem Interesse täte, um mich aus der von allen Seiten vergifteten Lebensatmosphäre zu befreien. Und ich glaube, es ist mir aufgegeben, gerade dieses Leben zu ertragen … Ich kann es nicht länger ertragen, ich kann nicht, ich muß mich aus dieser qualvollen Lage befreien. So zu leben, ist unmöglich. Ich wenigstens kann nicht so leben, ich kann und werde es nicht. Hilf mir, o Herr, wieder möchte ich auf und davon. Und kann mich nicht dazu entschließen. Aber ich verzichte auch nicht darauf."

1884 hat er den ersten Fluchtversuch unternommen und ist umgekehrt wegen der Schwangerschaft seiner Frau, die in derselben Nacht die Tochter Alexandra gebar. „Sie tat mir leid," schreibt er andern Tags in sein Tagebuch, „dabei erkannte ich aber, wie hoffnungslos alles war. Sie wird bis zu meinem Tode ein Mühlstein um meinen und den Hals meiner Kinder bleiben. Wahrscheinlich muß es so sein. Ich muß lernen, mit einem Mühlstein um den Hals nicht unterzugehen."

Die Tragödie im Hause Tolstoi: zwei Menschen, die beide nach dem Gesetz ihres Wesens handeln. Tolstoi, der Dichter und Prophet, dessen Berufung ist, der Menschheit nicht nur das dichterische Bild, sondern auch das Lebensvorbild zu schaffen. Die Gräfin, ein Geschöpf der Verfeinerung, das weder körperlich noch seelisch über Tolstois Urkräfte verfügt, das zerbrechen würde über dem Versuch, Tolstois patriarchalisches Bauernideal zu verwirklichen – und dazu die Mutter, die für die Erziehung, die Bildung, das Glück ihrer Kinder, ihre Stellung nicht außerhalb, sondern in der Gesellschaft kämpft – nicht alle würden die Kraft haben, draußen zu stehen.

So kommt es zu immer neuen erbitterten, unlösbaren Auseinandersetzungen. Schon im Juli 1891 plant die – rückhaltärmere – Gräfin, sich unter einen Zug der Eisenbahnstation Koslowka zu werfen.

Und doch haben beide dreizehn Kindern das Leben gegeben. Und haben segensreichste Jahrzehnte gemeinsamen Werdens und Wirkens durchlebt. Gemeinsam haben sie das Gut verwaltet, Obstgärten und Bienenstöcke gelegt, kranke Bauern kuriert und Dorfschulen errichtet. Jeden der großen Romane hat die Gräfin in seinen Umarbeitungen mehrfach abgeschrieben. Und gemeinsam haben sie schwerstes Leid, den Tod mehrerer Kinder und lieber Verwandten getragen.

Die Liebe, die sie vereint, läßt sich wohl verstören, aber nicht zerstören, immer wieder beweist sie ihre Kraft, ihre schimmernde Zartheit. An einem Maimorgen 1897 erscheint die Gräfin, unerwartet von Moskau kommend, am Bette des Schlummernden. „Mein Erwachen und dein Erscheinen“, schreibt er der Rückgereisten, „ist einer der stärksten und freundlichsten Eindrücke, die ich empfangen habe – und dies im neunundsechzigsten Jahre von einer zweiundfünfzigjährigen Frau!“ Noch der Zweiundachtzigjährige schreibt vier Monate vor seinem Tode: „Wie ich Dich in der Jugend immerwährend geliebt habe, so liebte und liebe ich Dich immerwährend auch jetzt, wenn auch aus verschiedenen Gründen eine Entfremdung eingetreten ist.“

Um dieser Liebe willen, die ihm nicht nur Glück und Gnade, sondern auch Pflicht und Verantwortung ist, gibt Tolstoi immer wieder dem Lebensgesetz seiner Frau nach und wird dem eigenen untreu. „Jeder Christ, der unter Menschen dieser Welt lebt,“ rät er im Januar 1890 dem Eisenbahnbeamten Worobjow, der sich in ähnlichen Schwierigkeiten an ihn wendet, „befindet sich in solchen Verhältnissen, daß er, um sich dieser Lage nur zu nähern, erst die Schlingen der alten Sünden lösen muß, durch die er an die Menschen gebunden ist. Und darum ist seine wichtigste und erste Aufgabe, nach dem Gesetz der Liebe zu Gott und dem Nächsten diese Schlingen zu lösen, nicht aber sie zuzuziehen und vor allem denen nicht weh zu tun, an die er gebunden ist.“ Und achtzehn Jahre später, am 7. April 1908, schreibt er ganz in diesem Sinne über sein Lebensproblem an Dudtschenko: „Eines kann ich nur sagen: die Ursachen, die mich abhalten von jener Lebensänderung, die Sie mir raten, und deren Unterlassung mir eine Qual bedeutet – die Ursachen, die mich von dieser Änderung abhalten, entspringen ganz dem gleichen Grundgesetz der Liebe, das diese Änderung Ihnen und mir wünschenswert macht.“

In schmerzlichen Kompromissen hatte er wenigstens das Erreichbare zu verwirklichen gesucht. 1891 hatte er alle seit 1881 veröffentlichten Werke freigegeben. 1894 hatte er seinen ganzen Besitz gerichtlich der Frau und den Kindern zugeschrieben, „um weniger schuldig zu sein“. 1897 hatte er auch die Vermögensverwaltung seiner Frau übertragen, um nichts mehr mit dem Gelde zu schaffen zu haben, das er verleugnete.

Er war nur mehr der Gast seiner Familie. Seine Bedürfnisse beschränkte er auf das Notwendigste. Persönliche Dienstleistungen wies er möglichst zurück. Er heizte Öfen, holte Wasser, hackte Holz und nahm an den Landarbeiten teil. Seine Kleidung und Nahrung war bäuerlich einfach. Um der Liebe zu den Tieren willen war er Vegetarier geworden.

Dennoch litt es ihn nicht. Am 8. Juli 1897 schreibt er einen Abschiedsbrief an seine Frau, der ihr erst nach seinem Tode übergeben wurde: „Seit langem quält mich der Widerspruch zwischen meinem Leben und meinem Glaubensbekenntnis ... So weiterleben, wie ich diese sechzehn Jahre tat, widerstrebend und gereizt, verführt und allerlei Kompromisse eingehend, kann ich nicht mehr, und da beschloß ich – was ich schon seit langem tun wollte – fortzugehen ...“

Wieder vermag er's nicht. Aber von draußen kommen und mahnen die Briefe: Bauern und Studenten, die seine Kämpfe nicht ahnen, die das heroische Ideal, das sie in ihm lieben, rein verwirklicht sehen wollen, fragen: „Warum haben Sie das Letzte und Wichtigste nicht getan? Entsagen Sie Ihrem Grafentitel, verteilen Sie Ihre Habe an Ihre Verwandten und unter die Armen, bleiben Sie ohne eine Kopeke Geld und ziehen Sie als Bettler von Stadt zu Stadt“ (ein Kiewer Student, im Februar 1910).

Qualvoll erfuhr Tolstoi, wie er verkannt und öffentlich mißdeutet wurde. Und wenn seine Liebe und Demut, seine sichere Gotteinigkeit bereit war, diese Verkennung auf sich zu nehmen – um seiner Lehre, um seiner überpersönlichen Bedeutung willen mußte er sich rechtfertigen. So schrieb er Ende der achtziger Jahre, 1900, 1902 die Tragödie seines Lebens unter dem Titel des Johannisverses: „Und das Licht scheinet in der Finsternis“ – dessen schmerzlicher Nachsatz lautet: „und die Finsternis hat's nicht begriffen.“

Nie hat ein Genius sich und sein Schicksal so nackt hingestellt. Diese Tragödie hat Tolstoi nicht geformt, sondern gelebt. Es ist, als hätte der Dichter die tragischen Lebensdokumente des Menschen nur ausgewählt und angeordnet. Den Kern der Dialoge könnte man in seinen Schriften, Briefen und Tagebüchern fast wörtlich auffinden.

Da ist der Priester, der durch Tolstois Schriften am orthodoxen Glauben irre geworden ist und sein Amt niederlegt. Da ist der Militärpflichtige, der nach Tolstois Lehre den Fahnenschwur verweigert und die Waffe zurückweist. Da ist – unter der Gestalt des Nikolai Iwanowitsch Sarynzew – Tolstoi selber so unmittelbar, daß jeder Schauspieler hier seine Maske anlegt. Und da ist seine Frau und die Verwandten seiner Frau, die Tolstois Gewissensforderungen „seine fixe Idee" nennen. Und all die wehen und tragischen Szenen sind da, die seine und seiner Frau Tagebücher und Briefe widerspiegeln, der unlösbare Kampf zwischen den Forderungen seiner Liebe und seiner Lehre. „Ich will Dich ja verstehen", wehklagt die Frau, „aber ich vermag es nicht. Ich begreife nicht, was mit Dir vorgegangen ist." „Was soll ich tun, wenn Du unsere Kinder zu Bettlern machen willst? Ich kann das nicht ruhig mit ansehen. Du weißt doch, daß ich für mich selbst nichts verlange." – „Man soll und muß alles hingeben," erwidert er, „auch seine Freiheit und sein Stückchen Brot ... auch das Brot der Kinder, und nicht nur das Brot, sondern sein ganzes Ich. Das ist der Inhalt der Lehre Christi." „Ich komme ins Haus, ich sehe es weihnachtlich geschmückt, man gibt einen Ball, wirft Hunderte zum Fenster hinaus – während anderswo die Menschen Hungers sterben. Nein, ich kann so nicht weiterleben. Habe Mitleid mit mir, ich bin zu Ende mit meiner Kraft. Laß mich gehen! Leb' wohl!" Sie aber wirft sich nieder vor ihm, weinend umklammert sie seine Füße: „Wenn du gehst, dann gehe ich mit dir. Und wenn du mich nicht mitgehen läßt, werfe ich mich unter den Zug, mit dem du davonfährst."

Und das Mitleid übermannt ihn, er kann die Gefährtin, die ihm ihre Jugend geschenkt, die ihm Kind auf Kind geboren, nicht hilf- und haltlos im Staube weinen sehen. Um seiner Liebe willen wird er seiner Lehre untreu – und bleibt.

Aber er sieht voraus, „daß alle mit dem Finger auf mich weisen werden und sagen: Seht, er redet immer nur, aber er handelt nicht“. „Jeder hat das Recht, mich einen Betrüger zu heißen.“

Und die Einheit und Reinheit, die er seinem eigenen Leben nicht zu geben vermag, noch weniger gibt er sie seinen Jüngern. Der Priester, der um der Wahrheit willen sein Amt niedergelegt hat, ist für die eisig-einsame Wahrheit nicht stark genug, ist reuig zur Kirche zurückgekehrt. Boris, der Bräutigam von Sarynzews-Tolstois Tochter, der den Militärdienst verweigert hat, ist ins Gefängnis gesteckt, der Irrenabteilung überwiesen, zur Strafkompanie verurteilt. Seine Mutter, die Fürstin, flucht seinem Lehrer: „Sie, Sie haben ihn ins Unglück gestürzt, Sie haben ihn auf dem Gewissen … Was ist das für ein gottvergessenes Christentum, das die Leute nur ins Unglück stürzt und zugrunde richtet? Ich hasse dieses Christentum, das Ihr hier predigt.“ Und Ljuba, Sarynzews Tochter, verläßt den Bräutigam, den man zu Tode martert, und verlobt sich einem gefügigen Gesellschaftsmenschen.

Liebe und Freude hat Sarynzew-Tolstoi den Menschen bringen wollen – „Es kann nichts Schlimmes geben. Alles, was erst schlimm erscheint, erfüllt nachträglich das Herz mit Freude“ – und was er entfesselt hat, sind Unrast, Qualen und Haß.

Auf der Bühne steht der letzte Prophet und faltet die Hände vor den Augen der Welt: „Vater, steh mir bei! Hilf mir, nicht meinen, sondern deinen Willen erfüllen!“ „Ich komme aus dem Zweifel nicht heraus, ob ich auch recht gehandelt habe. Nichts habe ich ausgerichtet – Boris habe ich ins Unglück gestürzt, Wassilij Nikanorowitsch ist wieder in die Kirche aufgenommen. Ljuba heiratet. – Ich bin ein warnendes Beispiel menschlicher Schwäche. Offenbar will Gott nicht, daß ich sein Diener sei. Er hat viele andere Diener, die auch ohne mich sein Werk vollenden werden. Wenn ich mir das bedeute, werde ich ruhiger."

Den letzten Akt dieser Tragödie hat Tolstoi nicht geschrieben, weil er ihn noch nicht gelebt hat. Die wenigen Sätze des Entwurfs lassen die Mutter des unglücklichen Boris ins Zimmer stürzen und den betenden Propheten niederstechen. Über diesen unhaltbaren Bühneneinfall drängt Tolstois Leben zum wahren, reinen, sieghaften Schluß des heroischen Dramas.

Eine neue Figur tritt auf: Wladimir Georgjewitsch Tschertkow, Tolstois nächster Jünger und Mitarbeiter. Er sah Tolstoi jenseits seiner persönlichen Bindungen, sah nur den Meister in ihm und den Lehrer der Welt, den Künder eines neuen Lebens. Dessen – überpersönliche! – Pflichten waren entscheidend, sie mußten erfüllt werden. Der Menschheit mußte ein Mensch, auch der liebste, weichen. So drängt er Tolstoi unaufhörlich zur Flucht. Je mehr aber die Gräfin diesen Einfluß spürt, desto ängstlicher, eifersüchtiger, hysterischer wird sie. Ihre Zustände werden krankhaft, rauben ihr Willen und Selbstbeherrschung, führen zu peinlichen, überreizten Szenen, machen Tolstoi das Haus täglich unhaltbarer. „Höre auf, Du Liebe," schreibt er ihr, „nicht andere, sondern Dich selbst zu quälen. Denn Du leidest hundertmal mehr als alle" (14. Juli 1910). Noch am 25. Oktober 1910 schreibt er in sein Tagebuch: „Wenn ich daran denke, wegzugehen, und daran, wie die Dinge stehen, überkommt mich Mitleid, und wieder kann ich es nicht."

Drei Tage später, im Morgengrauen, bricht er auf. „Es gibt nichts, was so stark wirkt und alle Menschen in die gleiche Stimmung zwingt wie ein Lebenswerk und zuletzt ein ganzes Menschenleben", hatte er am 23. März 1894 in sein Tagebuch geschrieben. „Wenn die Menschen doch nur die volle Bedeutung und Gewalt dieser künstlerischen Gestaltung des eigenen Lebens begriffen! Wenn sie sich ihr doch nur ebenso eifrig hingäben, alle Kräfte daransetzten, nichts zu verderben und das Höchstmaß von Schönheit zu erreichen!"

Das ist der tiefste Sinn dieser Flucht. Tolstoi mußte der Menschheit sein Bild als Vorbild vollenden, den letzten Akt seines Lebensdramas gestalten, den Helden zur Einheit und zum Siege führen.

Die weitere Verwirklichung war ihm kaum deutlich. Sein Arzt und Jünger Duschan Petrowitsch Makowitzky begleitete ihn. Beide zusammen hatten nur zweiunddreißig Rubel mitgenommen und planten, über Rostow, Odessa, Konstantinopel nach Bulgarien zu reisen. Ein Traum von weltferner Rückkehr zur Natur und zu Gott umschwebte ihn – „wie die Inder ungefähr mit sechzig Jahren in den Wald gehen" – indes schon die Spitzel, Reporter und Photographen seinen Spuren folgten.

„Bemüht Euch," schrieb er seinen Kindern, „die Mutter zu trösten, für die mich ein Gefühl aufrichtigen Mitleids und inniger Liebe erfüllt", und sein Tagebuch grübelt prophetisch am ersten Abend der Flucht: „Unterwegs dachte ich die ganze Zeit über einen Ausweg aus meiner und ihrer Lage nach und konnte keinen finden; es muß sich aber einer finden, ob man will oder nicht, und es wird wohl ein ganz anderer sein, als wir vermuten; darum soll man nur daran denken, daß man keine Sünde begeht. Was kommen muß, wird kommen."

Am ersten Tage fuhr er bis Koselsk im Gouvernement Kaluga, übernachtete im Kloster Optina und besuchte am nächsten Tage seine Schwester Maria Nikolajewna im nahen. Nonnenkloster Schamardino. Früh am 31. Oktober verließ er die Klosterherberge, bestieg in Koselsk den Zug und löste mit dem Arzt und seiner inzwischen nachgekommenen Tochter Alexandra Fahrkarten nach Rostow am Don. Mittags aber stellten sich Fieber und Schüttelfrost ein. Auf der nächsten größeren Station, in Astapowo, mußte er den Zug verlassen. Der Bahnhofsvorsteher, ein Verehrer seiner Schriften, stellte dem Kranken zwei Zimmer zur Verfügung. Eine Lungenentzündung entwickelte sich.

Seine Fieberträume verraten die Angst, an der Weiterreise gehindert zu werden: „Nur fort, nur fort, sonst holt man mich ein!" Er beschwört seine Tochter, die Familie weder über seine Krankheit noch seinen Aufenthaltsort zu verständigen. Nur Tschertkow wünscht er zu sehen.

Aber sein Zustand wird täglich ernster und hoffnungsloser. Kinder und Freunde treffen ein, bedeutende Ärzte werden herbeigerufen. Von der Schriftleitung des „Rußkoje Slowo" über Ort und Krankheit benachrichtigt, erscheint seine Frau, die sich am Tage der Flucht verzweifelnd in den Gutsteich gestürzt hat. Die Kinder und Ärzte verweigern ihr den Zutritt. Der Sterbende selber diktiert ein Telegramm an die Kinder, die er noch mit der Mutter in Jasnaja Poljana glaubt: „Zustand besser, das Herz aber so schwach, daß Wiedersehen mit Mama für mich verderblich wäre."

Indes Telegramme des Generalgouverneurs und Gendarmeriechefs hin und her fliegen, Offiziere und Unteroffiziere zur Aufrechthaltung der Ordnung befohlen werden, indes Berichterstatter aller großen russischen Zeitungen sich sammeln und Eisenbahnwagen zu Notwohnungen herrichten, indes Photographen und Kinematographen ihre Apparate zücken und das traurigste und schamloseste aller Bilder festhalten: wie Tolstois Frau durch das verhängte Fenster des Stationshauses nach ihrem sterbenden Gatten sucht, sinnt dieser am Tode noch über die ewigen Fragen, in Angst und Mühe, noch jetzt das letzte, erlösende Wort zu finden: „Nimm das Notizbuch, die Feder und schreibe," sagt er der Tochter, „Gott ist jenes unbegrenzte All, von dem der Mensch sich als einen begrenzten Teil fühlt. In Wirklichkeit existiert nur Gott allein. Der Mensch ist die Offenbarung Gottes in Stoff, Zeit und Raum. Je mehr die Offenbarung Gottes im Menschen mit den Offenbarungen anderer Wesen sich vereinigt, umso mehr existiert er. Die Vereinigung dieses seines Lebens mit dem Leben anderer Wesen geschieht durch Liebe."

Neue medizinische Autoritäten treffen von Moskau ein, sechs Ärzte weilen am Krankenlager. „Auf der Erde sind Millionen Menschen, von denen viele leiden. Weshalb sind denn alle bei mir allein?" Aus Wesenstiefen ringt sich sein Seufzer: „Aber die Bauern – wie sterben die Bauern!" Brechenden Auges ruft er Sergej, den Sohn, heran: „Serjoscha! Die Wahrheit … ich liebe viel …" Die Wahrheit, der die Liebe den Weg weist: das war die Botschaft seines ganzen Lebens gewesen, das war sein letzter, verhauchter Laut.

Am 7. – nach unserer Zeitrechnung am 20. – November 1910, morgens 6 Uhr, starb er. Am 9. wurde er in Jasnaja Poljana begraben. Kein Geistlicher war zugegen. Bauern schaufelten sein Grab. Bauern hoben den Sarg. Bauern trugen an langen Stangen die Inschrift voraus: „Leo Nikolajewitsch! Das Andenken an Deine Güte wird unter uns nicht sterben. Die verwaisten Bauern von Jasnaja Poljana!“

Beim Tode seines jüngsten, siebenjährigen Sohnes hat Tolstoi seiner alten Freundin Worte geschrieben, die den Sinn eines erfüllten Lebens deuten; sie könnten seine Grabschrift sein:

„Er lebte,
um in sich die Liebe zu mehren,
um in der Liebe zu wachsen,
weil dies wohlgefällig ist dem,
der ihn ins Leben sandte;
er lebte,
um uns mit dieser Liebe zu durchdringen
und die in ihm aufgesproßte Liebe
nach seinem Heimgang zu dem, der die Liebe ist,
uns zu hinterlassen,
daß wir uns alle in Liebe finden.“

Milton Keynes UK
Ingram Content Group UK Ltd.
UKHW042139031224
452078UK00004B/323

9 783963 370090